Online-Mediation

Anne Rickert

Online-Mediation

Konfliktklärung im virtuellen Raum

Springer Gabler

Anne Rickert
Institut Online Mediation & Moderation IOM
Stuttgart, Deutschland

ISBN 978-3-658-39413-4   ISBN 978-3-658-39414-1   (eBook)
https://doi.org/10.1007/978-3-658-39414-1

Die Deutsche Nationalbibliothek verzeichnet diese Publikation in der Deutschen Nationalbibliografie; detaillierte bibliografische Daten sind im Internet über http://dnb.d-nb.de abrufbar.

Planung/Lektorat: Stefanie Winter
Springer Gabler ist ein Imprint der eingetragenen Gesellschaft Springer Fachmedien Wiesbaden GmbH und ist ein Teil von Springer Nature.
Die Anschrift der Gesellschaft ist: Abraham-Lincoln-Str. 46, 65189 Wiesbaden, Germany

Vorwort

Ist Ihnen folgendes Szenario schon einmal begegnet? In einem Unternehmen gibt es eine Meinungsverschiedenheit zwischen einem Mitarbeiter und seiner Führungskraft, in der es um die Leistungsbeurteilung des Mitarbeiters geht. Trotz mehrerer Gespräche zwischen den beiden kann der Konflikt nicht geklärt werden und der Mitarbeiter fällt mehrere Monate aus. Für das Wiedereingliederungsgespräch nach der Abwesenheit wird eine interne Mediatorin angefragt und es steht im Raum, ob die Mediation online oder offline stattfinden soll. Dann hätten Sie sich – ganz unabhängig davon in welcher Rolle Sie sich wiedererkennen – womöglich eine Entscheidungshilfe und fundierte Informationen zum Thema Online-Mediation[1] gewünscht.

Dieser Band richtet sich vornehmlich an – frische wie erfahrene – Mediationskolleg:innen[2], die sich für Online-Mediation interessieren oder bereits planen, das Online-Format in ihr Portfolio aufzunehmen. Erst durch die Corona-Pandemie und die damit verbundenen Kontaktbeschränkungen ist das Arbeiten im virtuellen Raum für viele Mediator:innen überhaupt zu einer Option geworden. Jedoch gab es bislang kaum gebündelte, strukturierte Informationen zu diesem Thema – eine Lücke, die ich mit dieser Publikation schließen möchte. Sie finden nach einem kurzen historischen Abriss (Kap. 1) grundlegende Informationen zur professionellen Online-Kommunikation (Kap. 2), detaillierte Informationen zur praktischen Umsetzung des Mediationsverfahrens im virtuellen Raum (Kap. 3) sowie Wissen zu Technik und Datenschutz (Kap. 4). Überlegungen zu Herausforderungen und Potenzialen von Online-Mediation sowie ein Ausblick auf offene Fragen und das Kompetenzprofil einer Online-Mediatorin (Kap. 5) schließen den Band ab. Wenn Sie als Nicht-Mediator:in zunächst Ihre Kenntnisse über

---

[1] Definitionen zu Fachbegriffen siehe Glossar.

[2] Ich verwende in diesem Text, sofern der Lesefluss nicht gestört wird, den barrierefreien Gender-Doppelpunkt sowie – wenn es der besseren Lesbarkeit dient – in losem Wechsel die weibliche und männliche Form und meine damit jeweils alle Geschlechter.

das Mediationsverfahren allgemein vertiefen oder auffrischen möchten, finden Sie Erläuterungen z. B. auf der Website des Bundesverbands MEDIATION e. V.[3]

Mit der vorliegenden Publikation wende ich mich darüber hinaus an Führungskräfte, zu deren maßgeblichen Aufgaben das frühzeitige Erkennen von Konflikten in ihrem Arbeitsumfeld und das rasche Einleiten jeweils passender Maßnahmen gehört. Diese könnte darin bestehen, eine professionelle Mediatorin hinzuzuziehen oder selbst als Konfliktmoderator einzugreifen. Nun hat bekanntermaßen die Pandemie Entwicklungen in der Arbeitswelt beschleunigt, die im Kontext der digitalen Transformation schon seit Jahren im Gang sind, und unter anderem eine Neudefinition von Mitarbeiterführung mit sich gebracht. Wissenschaftler:innen des Fraunhofer Institut Arbeitswirtschaft und Organisation (IAO) in Stuttgart benennen Vertrauen, Empathie, Führungspräsenz und die medienübergreifende Kommunikation als Erfolgsfaktoren des neuartigen „Hybrid Leadership". In einer Umfrage des Fraunhofer IAO von 2021[4] werden u. a. die „Verschlechterung der sozialen Beziehungen untereinander", „erhöhte Koordinations- und Kommunikationsaufwände" und auch „höhere Konfliktneigung" als Schmerzpunkte von Führungskräften genannt. In einer hybriden Arbeitswelt gehört es somit zur Führungskompetenz, klärende Gespräche auch online durchführen zu können. Auch wenn sich dieser Band am Ablauf des Mediationsverfahrens orientiert, können zahlreiche Informationen und Anregungen – insbesondere die allgemein gültigen Hinweise in Kap. 2 – auf das Verfahren der Konfliktmoderation sowie weitere zwischenmenschlich intensive Gesprächssituationen wie Online-Coaching, Online-Beratung, Online-Therapie und Online-Supervision übertragen werden.

Meine Vision ist, dass durch die Etablierung von Online-Mediation als einfach zugänglicher Kommunikationsdienstleistung das Verfahren der Mediation insgesamt noch bekannter und selbstverständlicher wird. In den letzten 15 Jahren war ich in der E-Learning-Branche tätig und konnte beobachten, wie sich Angebot und Nachfrage entwickelt und perfektioniert haben und dabei neue Formate mit eigenem Mehrwert erschaffen wurden. Erwachsenenbildung ist heute ohne Online-Trainings nicht mehr vorstellbar und Online-Trainerin als eigenständiger Beruf etabliert. Eine vergleichbare Entwicklung und ähnliches Potenzial sehe ich für den Einsatz der Online-Mediation und andere emotional intensive Kommunikationsdienstleistungen.

Die Zeit „vor Corona", in der Präsenzmediation als „normal" und „Gold-Standard" und Online-Mediation als Ausnahme und „Notlösung" galt, wird nicht zurückkommen. Bei vielen Menschen ist zugleich das Bewusstsein gewachsen, dass eine aktive und achtsame Auseinandersetzung mit Konflikten nicht nur der eigenen Lebensqualität und Gesundheit dienlich ist, sondern auch einen Beitrag zum gesamtgesellschaftlichen

---

[3] https://www.bmev.de/mediation/was-ist-mediation.html (Zugriff: 01.05.2022).

[4] https://blog.iao.fraunhofer.de/hybrid-leadership-mehr-als-fuehrung-auf-distanz/#comment-22681 (Zugriff: 02.06.2022).

Frieden leistet. Wir Mediator:innen fördern und ermöglichen dies mit unserer Arbeit – online oder offline. Unsere Aufgabe ist es, jeweils zu entscheiden, welches Format für den nächsten Schritt das geeignetere ist – immer mit dem Ziel vor Augen, den Gesamtprozess für unsere Klient*innen so unterstützend, zielführend und für ihre Bedarfe passend zu gestalten wie nur möglich.

Stuttgart   Anne Rickert
im August 2022

Inhaltsverzeichnis

Über die Autorin

Anne Rickert ist eine Pionierin und eine der führenden Expertinnen für Online-Mediation in Deutschland, Gründerin und Leiterin des Institut Online Mediation (IOM, www.iom-rickert.de) sowie Leiterin der Fachgruppe Online-Mediation im Bundesverband MEDIATION e. V.

Sie forscht, lehrt und veröffentlicht bereits seit über 10 Jahren zum Thema Mediation im virtuellen Raum und verknüpft auf innovative Weise ihre Expertise als lizenzierte Mediatorin (BM®) mit wissenschaftlichem Hintergrund, langjährigem Consulting Know-how in der IT-Branche und über 15-jähriger Erfahrung als (Online-) Trainerin und (Online-)Moderatorin.

Nach ihrem kulturwissenschaftlichen Studium (International Cultural and Business Studies an der Universität Passau und Universidád de Málaga), forschte sie am Fraunhofer Institut Arbeitswirtschaft und Organisation (IAO) im Bereich E-Learning und mediengestützter Erwachsenenbildung. Danach war sie als Senior Consultant für Online-Kommunikation, Projektleiterin, Train-the-Trainerin und Akademie-Leiterin in der IT-Branche tätig.

Anne Rickert ist Mediationsausbilderin sowie Mediationssupervisorin und hält Lehraufträge zu den Themen (Online-)Mediation, Konfliktmanagement und (Online-) Moderation an Universitäten und Bildungseinrichtungen.

Online-Mediation – was ist das?

1

Von der unbekannten Nischendienstleistung zur neuen Normalität

Zusammenfassung

In diesem Kapitel erfahren Sie, was sich hinter dem Begriff „Online-Mediation" verbirgt und welche Formen von Online-Mediation es gibt. Sie lernen außerdem in einem geschichtlichen Rückblick die Entwicklung des Fachgebiets Online Dispute Resolution (ODR), zu dem die Online-Mediation zählt, kennen. Ein Blick auf den heutigen Stand dieses insbesondere seit 2020 dynamischen Tätigkeitsfeldes rundet das Kapitel ab.

1.1 Begriffsklärung: Was ist Online-Mediation?

Streitbeilegungsverfahren, die eine Alternative zum Gericht darstellen (sog. Alternative Streitbeilegungsverfahren, engl. Alternative Dispute Resolution (ADR)) umfassen ein breites Spektrum von der Verhandlung, über Schiedsverfahren bis zur Schlichtung und Mediation. Die Nutzung von Online-Kommunikationsmedien für die Durchführung alternativer Konfliktbeilegungsverfahren etabliert sich zögerlich seit ca. 20 Jahren. Erst die Pandemie holte ab 2020 das Thema Online-Streitbeilegung (engl. Online Dispute Resolution (ODR)) aus dem Nischendasein. Seit Anfang der 2000er Jahre konnte sich ODR – besonders in den USA – aufgrund von drei parallel verlaufenden Entwicklungen (vgl. [1, 6]) überhaupt etablieren:

- die Verbreitung von E-Commerce Angeboten führte zu online entstandenen Konflikten zwischen räumlich getrennten Parteien
- alternative Streitbeilegungsverfahren wurden insgesamt in vielen Bereichen bekannter und akzeptierter
- das Internet etablierte sich und erste Online-Kommunikationssoftware wurde entwickelt

Während ODR in ihren Anfängen als kleiner Teilbereich der ADR angesehen wurde, betrachten wir die beiden Bereiche heute als gleichwertige, voneinander unabhängige Formate (Abgrenzung und Beispiele vgl. [1], S. 177 f., [10]). Es gibt reine ADR-Verfahren wie z. B. eine Schlichtung vor Ort und es gibt reine ODR-Verfahren wie z. B. ein online tagendes Gericht. Und es gibt einen Bereich, in dem sich ADR und ODR überlappen wie z. B. die Online-Mediation, die Thema dieses Buches ist.

Online-Mediation in einem Videokonferenz-System bewegt sich als virtuell durchgeführtes, alternatives Streitbeilegungsverfahren in dieser Schnittmenge (s. Abb. 1.1). Während im englischsprachigen Raum die Begriffe „cyber-mediation", „Internet Dispute Resolution" (iDR), „Electronic Dispute Resolution (eDR)" und „Electronic ADR (eADR)" verwendet werden, hat sich im Deutschen der Begriff „Online-Mediation" und vereinzelt „E-Mediation" durchgesetzt.

Die Pioniere der Online-Mediation im deutschsprachigen Raum erklärten den Begriff 2003 so: „Wenn von Online-Mediation gesprochen wird, handelt es sich im Kern um keinen anderen Verfahrenstypus als den der Mediation mit anerkannten Standards wie Vertraulichkeit […] In der Online-Mediation tauschen sich die Beteiligten unter Zuhilfenahme von Computernetzwerken […] aus. Online-Mediation kann sowohl den gesamten Mediationsprozess als auch einen Teil davon umfassen." (vgl. [7], S. 11).

Online-Mediation lässt sich somit als „sozio-technisches System" ([7], S. 12) bezeichnen, das aus einer technischen Komponente – Hard- und Software – und einer sozialen Komponente – den Beziehungen der Beteiligten untereinander und ihren Kommunikationsregeln – besteht. Veränderungen einer Komponente führen zu Veränderungen der anderen Systemkomponente, d. h. die Funktionalitäten der genutzten Software haben Einfluss darauf,

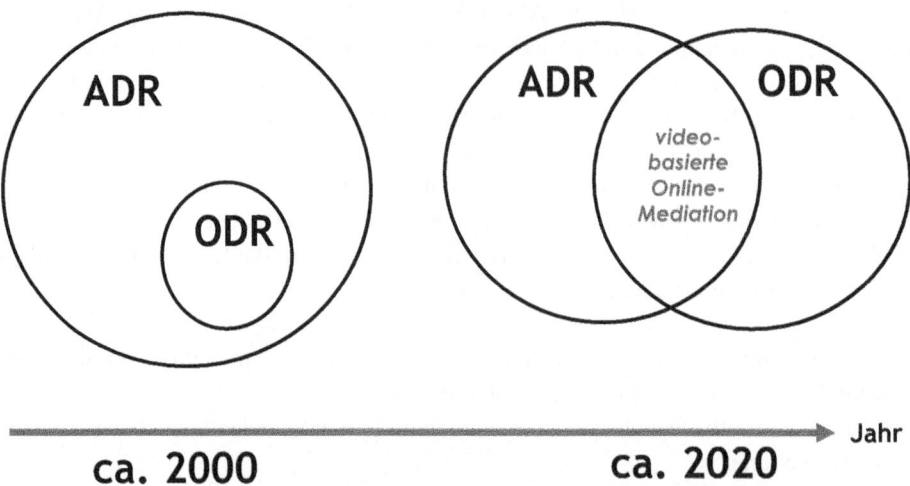

Abb. 1.1 Verhältnis ODR-ADR und Verortung der videobasierten Online-Mediation im Zeitverlauf. (Eigene Darstellung in Anlehnung an Adrian, 2022)

wie miteinander agiert wird, was sich wiederum auf die Gestaltung der Beziehungen und somit des Prozesses auswirkt. Vice versa beeinflussen die Beziehungen und Interaktionsregeln zwischen den Konfliktparteien, welche Kommunikationstools bevorzugt werden. Ein wesentlicher Erfolgsfaktor der Online-Mediation ist somit die Passung der Systeme, die Abstimmung des technischen und des sozialen Systems aufeinander – eine Herausforderung, mit der sich verschiedene Medien- und Kommunikationstheorien beschäftigen Abschn. 2.4.1.

1.2 Ein Blick in die kurze Geschichte der ODR

Online-Streitbeilegung ist eine junge Disziplin, die auf eine lediglich ca. 20-jährige Historie zurückblicken kann. Mit der Verbreitung des Internets und technischer Verbesserungen der Endgeräte (Heim-Computer) ab Ende der 1990er Jahre, wuchs in den USA der Online-Handel stark an. Im Zuge dieser Entwicklung tauchten erstmals auch Konflikte auf, die ihren Ursprung im Internet haben. Bei diesen sog. E-Commerce-Konflikten geht es meist um geringe Geldsummen; die Beteiligten kennen sich i. d. R. nicht persönlich und haben auch kein Interesse daran, eine persönliche Beziehung weiterzuführen. In der Konsequenz wurde nach einer kostengünstigen Möglichkeit gesucht, diese Art von Konflikten unkompliziert online zu lösen. Web- bzw. Videokonferenz-Systeme waren kaum verbreitet, sodass mit Online-Streitbeilegung damals in aller Regel ein textbasiertes Beschwerdemanagement-Tool gemeint war. In einem Formular konnte die Konfliktpartei schriftlich den Fall einreichen und erhielt nach einiger Zeit schriftlich eine Antwort von einem neutralen Vermittler (Mediator), der inzwischen auch Kontakt zur Gegenpartei hatte.

Diese Form der Online-Streitbeilegung existiert noch heute. Pionier auf dem Gebiet ist eBay, damals wie heute größte E-Commerce-Plattform weltweit. Das Unternehmen hatte bereits in den ersten Jahren Millionen von Beschwerden zu bewältigen und startete aus diesem Grund 1999 ein Pilotprojekt, um Konflikte zwischen Verbrauchern oder zwischen Unternehmen und Kunden mithilfe von ODR zu lösen. Anfang der 2000der Jahre entstanden auch im Bereich E-Commerce verschiedenste Online-Streitbeilegungssoftware, die es Konfliktparteien ermöglichten, per „double-blind" Technologie vertrauliche Angebote bzw. Forderungen einzureichen, die der Gegenpartei nicht angezeigt werden. Das System vergleicht automatisch die abgegebenen Angebote und Forderungen und ermöglicht so eine schnelle Einigung auf ein gegenseitig akzeptables Ergebnis (sog. Legal Tech 2.0 Anwendungen). Aktuell schafft der Einsatz künstlicher Intelligenz (KI) völlig neue Möglichkeiten in diesem Bereich, die von der Vorhersage rechtlicher Entscheidungen bis hin zur (teilweisen) Substitution menschlicher Anwälte führt (sog. Legal Tech 3.0) – Entwicklungen, die in Bezug auf das Mediationsverfahren wachsam zu beobachten sind (vgl. [5]). Eine Übersicht über ODR-Anbieter findet sich auf der

Website des National Center for Technology & Dispute Resolution[1]. Eine detaillierte Geschichte der ODR findet sich bei Katsh/Rabinovich-Einy ([6], S. 1–17).

In Europa entwickelten sich mit einigen Jahren Verzögerung erste alternative Online-Streitbeilegungsverfahren ebenfalls im Bereich des Online-Handels und Verbraucherschutzes. Bereits im Jahr 2000 wird in der OECD-Guideline „Leitlinien für den Verbraucherschutz im Zusammenhang mit dem elektronischen Geschäftsverkehr"[2] die „innovative Nutzung von Informationstechnologien" zur alternativen Streitbeilegung empfohlen. Die 2016 erneuerte Richtlinie[3] verweist nochmals ausdrücklich auf *„online dispute resolution systems"*, insbesondere bei *„low value or cross-border transactions"*. Eine EU-Richtlinie empfiehlt 2008 Mediation als Verfahren, das „dem Einsatz moderner Kommunikationsmittel nicht entgegenstehen sollte"[4] und legt somit die Anwendung von Informations- und Kommunikationstechnologie (IuK) zur Konfliktlösung nahe. Eine weitere EU-Verordnung über Online-Streitbeilegung in Verbraucherangelegenheiten (ODR-VO) von 2013 betrifft die alternative Streitbeilegung für den elektronischen Geschäftsverkehr, die zum Ziel hat, das Wachstum und das Vertrauen in den EU-Binnenmarkt zu fördern und die Zusammenarbeit mit den nationalen Stellen für alternative Streitbeilegung zu regeln. In diesem Zusammenhang wurde 2016 die Europäische Plattform für Online-Streitbeilegung[5] ins Leben gerufen, die neben der kostenlosen Bereitstellung eines elektronischen Fallbearbeitungsinstruments auch Übersetzungsleistungen sowie ein Feedback-System und einen Selbsttest zur Wahl des angemessenen Streitbeilegungsverfahren bietet. Die EU-Plattform wurde 2019 von 2,8 Mio. Nutzern besucht. Einzelheiten zu Fallzahlen und Nutzungsverhalten finden sich im *„3rd Report on the Functioning of the ODR Plattform"*[6] aus dem Jahr 2020. Im Unterschied zum Grundsatz der Freiwilligkeit in der Mediation ist die Teilnahme an der alternativen Streitbeilegung verbraucherrechtlicher Streitigkeiten bei Online-Geschäften für Unternehmen (Händlern) verpflichtend.

---

[1] https://odr.info/provider-list/ (Zugriff: 01.08.2022)

[2] vgl. Leitlinien für den Verbraucherschutz im Zusammenhang mit elektronischem Geschäftsverkehr https://www.oecd.org/sti/consumer/34023538.pdf, S. 15 (Zugriff: 01.08.2022).

[3] vgl. OECD Recommendation Consumer Protection in E-Commerce https://www.oecd.org/sti/consumer/ECommerce-Recommendation-2016.pdf, S. 17 (Zugriff: 01.08.2022).

[4] s. Richtlinie 2008/52/EG, 2008, Kap. 3 und 9http://eur-lex.europa.eu/LexUriServ/LexUriServ.do?uri=OJ:L:2008:136:0003:0008:DE:PDF (Zugriff: 01.08.2022)

[5] ODR Plattform https://ec.europa.eu/consumers/odr/main/?event=main.home2.show (Zugriff: 01.08.2022).

[6] Nutzungsstatistiken: https://ec.europa.eu/consumers/odr/main/?event=main.statistics.show (Zugriff: 01.08.2022).

Im deutschsprachigen Raum sind Beispiele für internetbasierte Konfliktlösungs-methoden Anfang der 2000der Jahre rar. Heraus sticht die bereits 1999 gegründete, staatlich finanzierte Internet Ombudsstelle[7] in Österreich, die bis heute eine hoch frequentierte Anlaufstelle für außergerichtliche Streitschlichtung für Verbraucher in Österreich und ganz Europa ist. In Deutschland wurde am Fraunhofer Institut AIS 2003 ein Pilotprojekt zur Online-Mediation als Instrument für eine nachhaltige Stadt- und Raumplanung durchgeführt (vgl. [7], S. 287 ff.), das mit dem Thema Online-Bürger-beteiligungsprozesse seiner Zeit weit voraus war. Darüber hinaus hatte bis vor Corona mediengestützte Konfliktklärung lediglich in Rechtsschutzversicherungen verbreitet Fuß gefasst. Seit ca. 2010 gehört die telefonische Shuttle-Mediation zunehmend zum – für Versicherungsnehmer kostenlosen – Standardangebot. Vertiefende Informationen zur ODR in Europa siehe Poblet/Ross [8].

Zusammenfassend lässt sich sagen, dass sich Online-Konfliktklärung in den letzten 20 Jahren – abgesehen vom Verbraucherschutz – in Europa kaum durchgesetzt hatte, obwohl die technologischen Voraussetzungen in den letzten 10 Jahren zunehmend vor-handen und rechtlich gesehen der Boden auf politischer Ebene bereitet waren. Wenn überhaupt wurde nicht das klassische Mediationsverfahren mit zwei oder mehr Parteien online abgebildet, sondern (telefonische) Einzelgespräche oder Schlichtungsverfahren geführt. Dies mag daran liegen, dass auf der Nachfrage-Seite weder die Mediation als Verfahren der Konfliktklärung noch Online-Kommunikation im virtuellen Raum der breiten Masse der Bevölkerung geläufig waren. Auf der Anbieter-Seite waren viele Mediator:innen ebenso wenig vertraut mit Online-Kommunikation und standen der Umsetzung des Mediationsverfahren online äußerst skeptisch gegenüber.

Mit Ausbruch der Pandemie 2020 und damit einhergehenden Kontaktbeschränkungen änderte sich dies schlagartig. Laut Internationaler Fernmeldeunion (ITU) hat seit Aus-bruch der Pandemie die Internetnutzung weltweit um 17 % im Vergleich zu 2019 zugenommen[8] und lag in 2021 bei rd. 4,9 Mrd. Nutzer:innen. Dies entspricht 63 % der Weltbevölkerung. Viele Kommunikationsformate – von der Teambesprechung über Konferenzen bis zum Schul- und Musikunterricht – wurden notgedrungen und erst-malig virtualisiert, und zu Zeiten des Lockdowns kam praktisch niemand mehr darum herum, sich in einen virtuellen Raum einzuloggen. Viele waren von den Möglichkeiten positiv überrascht und wagten „learning by doing" den Sprung ins kalte Wasser der Digitalisierung. Andere werden mit dem Online-Format einfach nicht richtig warm und werden auch in Zukunft – wann immer möglich – in physischer Präsenz arbeiten. Ich persönlich – wie auch etliche Kolleg:innen – gehe davon aus, dass Online-Mediation zukünftig fester Bestandteil des Mediationsspektrums bleibt bzw. sich sogar als „neue Normalität" (vgl. [1, 5]) weiter etablieren wird.

---

[7] http://www.ombudsstelle.at/ (Zugriff: 01.08.2022).

[8] https://www.zeit.de/news/2021-11/30/corona-befluegelt-internetnutzung vom 30.11.2021 (Zugriff: 01.08.2022).

1.3   Formate der Online-Mediation

Da sich unter dem Begriff ODR und dem Begriff Online-Mediation als ein mög-
liches ODR-Verfahren viele verschiedene Formate subsummieren lassen, herrscht oft
Unklarheit, was genau gemeint ist. Sowohl in Bezug auf die Wahl und das Ausmaß
des Medieneinsatzes als auch in Bezug auf die Rolle des Mediators gibt es eine große
Bandbreite. Adrian [1] unterscheidet verschiedene Level an Digitalisierung in einem
ODR-Kontinuum (s. Abb. 1.2). Hierbei kommt links der „Mitte des Kontinuums"
Informationstechnologie lediglich den Prozess unterstützend zum Einsatz; dies bedeutet,
dass eine menschliche Mediatorin das Verfahren durchführt und dabei verschiedene
Arten von Medien in unterschiedlichem Maße nutzt. Rechts der Mitte beschreibt das
Kontinuum ODR-Verfahren, bei denen die Technologie den Prozess transformiert und
maßgeblich steuert; dies bedeutet, dass künstliche Intelligenz bzw. eine Software mit
Hilfe eines Algorithmus den Verhandlungsspielraum der Parteien auswertet. Das System
schlägt den Verhandlungspartnern automatisiert Lösungsoptionen vor, ohne dass ein
menschlicher Mediator zu jedem Zeitpunkt involviert wäre. So entstehen zum Teil neue
automatisierte Verfahren (sog. Legal Tech 2.0 und 3.0 Anwendungen). Eine detaillierte
Erläuterung der ODR-Formate mit Beispielen liefert Adrian ([1], S. 178–183).

Der Begriff Online-Mediation ist schwammig, denn es wird nicht automatisch
klar, ob von asynchroner (zeitversetzter) oder von synchroner (zeitgleicher) Online-
Kommunikation die Rede ist. In der Umsetzung bedeutet es jedoch erhebliche Unterschiede für das Verfahren, ob die Mediatorin den Prozess zeitversetzt im Einzelkontakt
mit den Mediand:innen und überwiegend schriftbasiert durchführt oder ob alle
Betroffenen gleichzeitig virtuell in einer Videokonferenzsoftware kommunizieren.

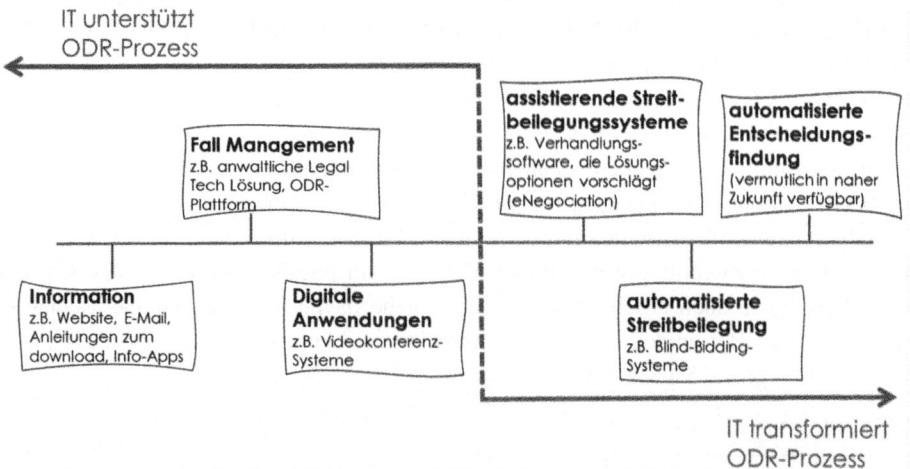

Abb. 1.2 ODR-Kontinuum mit verschiedenen Digitalisierungsgraden. (Eigene Darstellung in
Anlehnung an Adrian, 2022)

Während Online-Mediation per Videokonferenz in Bezug auf Gesprächsführung und Methoden eine nahezu identische Umsetzung des Mediationsverfahrens wie in physischer Präsenz ermöglicht, sind viele klassische Mediationsmethoden in der asynchronen textbasierten Online-Mediation – sei es per E-Mail oder per Formular – nicht umsetzbar. Zu Vor- und Nachteilen der textbasierten versus audio-videobasierten Online-Mediation siehe Bollen [2] und Rickert [9].

Dieses Buch legt den Fokus auf die synchrone *„live"* Online-Mediation in Video-konferenz- Systemen, im ODR-Kontinuum knapp links der „Mitte des Kontinuums". Die Umsetzung des Mediationsverfahrens im virtuellen Raum möglichst nahe am *Face-to-Face* (F2F)-Verfahren verlangt von der Mediatorin einige Anpassungen in der Gesprächsführung (Abschn. 2.3) und in der Methodik (Kap. 3). Es bleibt abzuwarten, ob synchrone Online-Mediation sich in den kommenden Jahren auf dem ODR-Kontinuum eher nach rechts der „Mitte" bewegt, etwa weil Mediator:innen im Zusammenspiel mit der Technologie neue Praktiken entwickeln, die den Mediationsprozess auf eine Weise mitbeeinflussen, die wir heute noch nicht genau abschätzen können.

Analog zur E-Learning Branche, in der die Unterscheidung zwischen asynchronem Online-Lernen in Learning Management Systemen (LMS), die Lerner selbstgesteuert zu einem beliebigen Zeitpunkt nutzen[9], und synchronem *„live"* E-Learning in Virtual-Classroom-Systemen unterschieden wird, spreche ich in früheren Veröffentlichungen in Bezug auf synchrone Online-Mediation im virtuellen Raum auch von „Live Online-Mediation". Mit den Erfahrungen der Pandemie wird jedoch – so mein Eindruck – auch im deutschsprachigen Raum unter „Online-Mediation" inzwischen in aller Regel die synchrone Online-Mediation per Videokonferenz verstanden.

Mit Blick auf Praktikabilität und Praxisnähe plädiere ich daher dafür zukünftig mit dem Begriff „Online-Mediation" die „live Online-Mediation im virtuellen Raum" zu bezeichnen – auch wenn dies sprachlich nicht ganz sauber ist –, da es dem Anspruch vieler Mediator:innen und der Erwartung vieler Mediand:innen entspricht. Im allgemeinen Sprachgebrauch zeigt sich die Problematik, die Unterschiede zwischen den Verfahrensarten zu benennen. Es haben sich (leider) „Präsenz" und „online" als Gegensatz etabliert, was implizieren könnte, dass die Teilnehmenden im virtuellen Raum „nicht präsent" also „abwesend" sind (weitere Überlegungen zu Begrifflichkeiten siehe [3], S. 250 und [4], S. 225 ff.). Ich bevorzuge daher die Begriffe „physische Präsenz" und „virtuelle Präsenz" um den Unterschied deutlich zu machen.

Da die technische Umsetzung mit gestiegenen Internetbandbreiten und Hardwareverfügbarkeit in nahezu allen Haushalten und an den allermeisten Arbeitsplätzen heute kein Thema mehr ist, gehe ich davon aus, dass die Online-Mediation in Videokonferenzen sich als Hauptformat weiter durchsetzen wird und sich die textbasierte Online-Mediation

---

[9]Zwar können auch LMS synchrone Elemente (z. B. Chat) enthalten, jedoch liegt der Fokus auf asynchronem Lernen.

eher zu einer Randerscheinung entwickelt. Aktuelle Zahlen über die prozentuale Verteilung und Nutzungsszenarien von asynchroner textbasierter versus synchroner videobasierter Online-Mediation liegen mir aktuell nicht vor und wären – gerade auch im weltweiten Vergleich – sicherlich ein interessantes Forschungsfeld.

1.4   Online-Mediation heute

Außerhalb international agierender Organisationen und über Online-Trainings hinaus fehlten vielen Menschen bis vor der Pandemie regelmäßige Erfahrungen mit virtuellen Räumen; entsprechend weit verbreitet war die Meinung, dass Online-Kommunikation schwierig, unpersönlich und für emotional tiefergehende zwischenmenschliche Gespräche ungeeignet sei.

Nachdem das Thema Online-Mediation somit über Jahre im Dornröschenschlaf steckte, hat sich das Interesse – sowohl von Anbieter- als auch von Nachfragerseite – durch und während der Corona-Pandemie stark vergrößert. Als im März 2020 das gewohnte Privat- und Arbeitsleben auf den Kopf gestellt wurde, mussten sich viele Menschen über Nacht mit der Arbeit im Homeoffice und einem Leben unter Kontaktbeschränkungen auseinandersetzen. Für viele Berufstätige stellte die Online-Kommunikation eine Herausforderung dar, mit der sie sich erst anfreunden mussten. Gerade Berufsgruppen, deren Dienstleistung vor allem auf persönlichen Gesprächen und unmittelbarem zwischenmenschlichen Kontakt basiert, standen der Idee, ihre Arbeitsweise zu virtualisieren, skeptisch gegenüber. Hierzu zählten auch viele Mediator:innen, die sich nur mit Mühe, ein Mediationsverfahren im virtuellen Raum vorstellen konnten, das qualitativ an eine Präsenzmediation heranreicht. Seither sind knapp 2,5 Jahre vergangen, in denen nicht nur Mediator:innen weltweit Erfahrungen mit Online-Mediation sammeln konnten, sondern auch erstmals Teile vieler Mediationsausbildungen online stattgefunden haben.

In einer von Dezember 2020 bis Mai 2021 an der Waseda University durchgeführten Studie[10] zum Thema Online Mediation beantworteten knapp 500 Mediator:innen weltweit den in mehreren Sprachen verfügbaren Fragebogen zu Vorteilen, Hürden, Best Practices und Abschlussraten von Online-Mediation. Aus den insgesamt ca. 250 englisch-sprachigen Antworten[11] lässt sich Folgendes zusammenfassen:

- 83 % bezeichnen ihre Erfahrungen in Bezug auf Online-Mediation als „positiv", darunter 41 % sogar als „sehr positiv", 13 % als „neutral". 5 % haben negative Erfahrungen gemacht.

---

[10] vgl. https://www.mediate.com/articles/claxton-verifiable-facts.cfm# (Zugriff: 01.08.2022).

[11] davon ca. 50 % aus Nord- und Südamerika, ca. 33 % aus Europa. Ungefähr die Hälfte aller Befragten hatte vor der Pandemie keinerlei Erfahrung in Online-Mediation.

- 36 % beobachten, dass Online-Angebote höheren Führungskräften und Entscheidern erleichtern, an der Mediation teilzunehmen.
- 44 % stellen fest, dass die Dauer der einzelnen Mediationssitzungen (in Tagen) kürzer ist als in Präsenz. Gründe dafür können die höhere Anstrengung in der Online-Situation und die Teilnahme von Parteien aus unterschiedlichen Zeitzonen sein.
- 41 % berichten, dass sie mehr Eins-zu-Eins-Sitzungen (Shuttle-Mediation) anbieten als in der Präsenzmediation.
- 5 % sehen einen Anstieg an Co-Mediationen und 8 % einen Anstieg an Experten-Beteiligung.
- 71 % berichten, dass der Wechsel zu Online-Sitzungen keine maßgeblichen Auswirkungen auf die Abschlussraten hatte bzw. dass die Zahl erfolgreicher Abschlüsse gleich hoch blieb.

Als Vorteile von Online-Mediation stellen 81 % eine bessere Erreichbarkeit der Parteien fest, 80 % berichten von höherer zeitlicher Effizienz, 70 % von höherer Kosteneffizienz. Als Nachteile identifizieren 65 % technische Probleme – eine Zahl, die heute (mit einem Jahr mehr Erfahrung) deutlich niedriger liegen dürfte. 43 % berichten von Ablenkung durch die Umgebung bzw. Unterbrechungen aufgrund der Teilnahme von zu Hause aus, 42 % von erschwerter Rapport-Bildung und 28 % von geringerer Verbindlichkeit und niedrigerem Engagement der Parteien.

67 % der befragten Mediator:innen gaben an, dass sie Online-Mediation auch nach der Pandemie häufiger anbieten werden als vorher; 18 % wollten sogar standardmäßig als bevorzugtes Format online arbeiten, 4 % gaben an, gar nicht online arbeiten zu wollen. So interessant diese Ergebnisse sind, müssten sie im zeitlichen Kontext gesehen werden. Heute, gut ein Jahr später, mögen manche Einschätzungen bereits wieder anders ausfallen. Eine Zusammenfassung zu Herausforderungen und Chancen von Online-Mediation finden Sie in Abschn. 5.1.

Literatur

1. Adrian, L. (2022). The new normal: Online dispute resolution and online mediation. In U. Gläßer, L. Adrian, & N. Alexander (Hrsg.), *Mediation moves – Concepts. Systems. People*, Wolfgang Metzner Verlag (S. 175–194).
2. Bollen, K., & Kollenhof-Bruning, M. (2011). Online-dispute resolution. *Zeitschrift für Konfliktmanagement, 3*, 74–79.
3. Bond, G. (2021). Neue verfahrensalternativen: Online-Mediation und Online-Mediationsausbildung. *Perspektive mediation, 4*, 249–255.
4. Ferz, S., & Sonnleitner, K. (2021). Von Überlegungen, Initiativen und Boostern. Mediative Streitbeilegung nach der digitalen Evolution. *Perspektive mediation, 4*, 224–232.
5. Gläßer, U. (2023). Mediation und Digitalisierung. In T. Riem & S. Dörr (Hrsg.), *Digitalisierung der Ziviljustiz*, in Druck.

6. Katsh, E. (2021). Online Dispute Resolution (ODR): A look at history. In D. Rainey, E. Katsh, & M. S. Abdel Wahab (Hrsg.), *Online Dispute Resolution – Theory and Practice*, Eleven International Publishing (2 Aufl., S. 1–17).

7. Märker, O., & Trénel, M. (Hrsg.) (2003). *Online-Mediation: Neue Medien in der Konfliktvermittlung – Mit Beispielen aus Politik und Wirtschaft.* edition sigma

8. Poblet, M., & Ross, G. (2021) ODR in Europe. In D. Rainey, E. Katsh, & M. S. Abdel Wahab (Hrsg.), *Online dispute resolution – Theory and Practice*, Eleven International Publishing (2 Aufl., S. 647–666).

9. Rickert, A. (2009). Online-Mediation im virtuellen Raum. *Zeitschrift für Konfliktmanagement, 6*, 168–172.

10. Rickert, A. (2019). Online-mediation – Ein Zukunftstrend? *Konfliktdynamik, 8*(1), 64–71.

Souveräne Online-Kommunikation

Was wir aus der E-Learning Branche lernen können

2

Zusammenfassung

In der Weiterbildungsbranche hat vor ca. 15 Jahren ein vergleichbarer Prozess der Virtualisierung stattgefunden wie nun in der Mediationsbranche. Auch wenn die Prozesse und Gesprächsinhalte andere sind, sind doch die Herausforderungen und Schritte von der Präsenzschulung zum E-Learning-Kurs und vom Dozenten zum Online-Trainer in vielen Punkten ähnlich. Daher können wir Erfahrungen und Erkenntnisse aus der E-Learning-Branche in Bezug auf die Transformation von der Vor-Ort-Mediation zur Online-Mediation und von der Mediatorin zur Online-Mediatorin nutzen.

2.1 Charakteristika der synchronen Online-Kommunikation

Während sich Videokonferenzen vor Ausbruch der Pandemie nur in der standortübergreifenden Unternehmenskommunikation sowie in der E-Learning-Branche wirklich durchgesetzt hatten, werden seit Frühjahr 2020 Meetings, Konferenzen und Fortbildungen, Schul-, Sport- und Musikunterricht sowie Treffen im privaten Bereich online durchgeführt, sodass den Nutzer:innen die typischen Eigenschaften der videobasierten Online-Kommunikation inzwischen hinlänglich bekannt sind:

- der technische Rahmen, die Mediennutzung und Notwendigkeit der Software-Bedienung,
- die räumliche Distanz und der fehlende gemeinsame, physische Raum
- die andersartige soziale Wahrnehmung und eingeschränkte Sichtbarkeit nonverbaler Signale
- die höhere Konzentrationsanforderung und schnellere Ermüdung

Diese Aspekte untermauern auf den ersten Blick die Bedenken gegenüber Online-Kommunikation in Krisen- und Konfliktsituationen. Dass ein intensiver zwischenmenschlicher Kontaktaufbau über Medien – gerade in Notsituationen – nicht nur möglich und hilfreich, sondern mitunter das Mittel der Wahl ist, ist jedoch längst erwiesen. Seit Jahrzehnten gibt es erfolgreiche Angebote mediengestützter – überwiegend audiobasierter – Krisengespräche, allen voran seit Mitte der 1950er Jahre die Telefonseelsorge. Aber auch Suchthotlines, virtuelle Selbsthilfegruppen und telefonische Schwangerschaftskonfliktberatung sind seit langem erfolgreich etabliert – gerade wegen ihres niederschwelligen und anonymen Zugangs. Seit ca. 2015 wurden zunehmend auch Online-Therapie, Online-Coaching und in sehr geringem Umfang auch Online-Mediation angeboten, wobei überwiegend die Software Skype für videobasierten Online-Gespräche bekannt war.

In Bezug auf die Unterschiede und Grenzen von Online-Kommunikation im Vergleich zum persönlichen Face-to-Face-Gespräch, gibt es zahlreiche Veröffentlichungen (siehe beispielhaft [25]), die häufig sowohl auf zeitversetzte als auch auf die zeitgleiche Online-Kommunikation eingehen. Viele Defizite der asynchronen textbasierten Online-Kommunikation sind jedoch nicht auf die synchrone videobasierte Online-Kommunikation übertragbar bzw. lassen sich durch kompetente Moderation ausgleichen oder sogar in Vorteile verwandeln. Wenn im Folgenden von „Online-Kommunikation" die Rede ist, beziehe ich mich ausschließlich auf synchrone „live" Online-Kommunikation im virtuellen Raum.

2.1.1   Technische Ausstattung & Softwarebedienung

Für die Teilnahme an einer Online-Sitzung, die naturgemäß in einer technischen Umgebung (Videokonferenz-Software) stattfindet, benötigt man technische Ausstattung (Hardware). Die Auseinandersetzung mit diesen beiden Komponenten hat viele technische Laien zunächst abgeschreckt. Mangelnde Zeit und Lust, sich in technische Aspekte einzuarbeiten und die Sorge, unvorhersehbaren technischen Fragestellungen ausgesetzt zu sein, auf die nur ein IT-Experte eine Antwort weiß, setzte viele Nutzer:innen – nachvollziehbarerweise – unter Druck. Tatsächlich hat sich die Teilhabe an virtuellen Sitzungen erst in den letzten Jahren stark vereinfacht, da nun…

- …eine stabile Internetbandbreite und WLAN-Zugang an vielen Standorten verfügbar ist, sodass die Gefahr von abrupten Verbindungsabbrüchen und Bandbreitenproblemen, die sich in schlechter Audio- und Videoqualität zeigen, deutlich gesunken ist.
- …die notwendige Hardware-Ausstattung in den meisten Haushalten zum Standard gehört, sodass keine aufwändige Geräteauswahl und zusätzliche Investitionen notwendig sind.

Nichtsdestotrotz war noch im Frühsommer 2020 vielen Menschen das Einloggen in virtuellen Sitzungen nicht geläufig, geschweige denn die Bedienung einer Videokonferenz-Software als Moderatorin, Trainer oder Mediatorin. Die Anschaffung der geeigneten Hardware und die Überprüfung, ob die technische Ausrüstung am eigenen Standort zuverlässig funktioniert, sind erste Schritte und Grundvoraussetzungen dafür, Online-Mediation überhaupt mit gutem Gefühl anbieten zu können. Hat man die eigene Technik im Griff, stellt sich immer noch die Frage, wie die Internetverbindung und Technik-Ausstattung der Gesprächspartner:innen aussieht – ein Restrisiko, dem sich mit geeigneter Vorbereitung begegnen lässt (siehe Abschn. 3.1.1).

Unabhängig von der Hardware steht und fällt der Erfolg einer Online-Sitzung mit der souveränen und routinierten Bedienung der jeweiligen Software. Hier führt an einer intensiven Einarbeitung kein Weg vorbei. Wie einfach und intuitiv die Softwarebedienung empfunden wird, hängt vom Vorwissen des Nutzers und dem Funktionsumfang der Software ab. Generell verfügen Virtual-Classroom-Systeme, die für Online-Trainings konzipiert wurden, über umfangreichere kollaborative Funktionen als Videokonferenz- oder Meeting-Systeme. Einige Funktionen, wie z. B. die Option, Sitzungen aufzuzeichnen oder die Dauer der Anwesenheit zu dokumentieren, sind im Rahmen einer Mediation irrelevant. Letztendlich muss jede:r die Software finden, deren Funktionalität und Benutzeroberfläche zur Umsetzung des eigenen Moderationsstils am besten passt und dem Zweck der Online-Veranstaltung dienlich ist. Zum Überblick über gängige Videokonferenz-Systeme (siehe Abschn. 4.2.1).

▷ **Tipps für den Umgang mit technischen Herausforderungen**
(vertiefend siehe Abschn. 4.1 und Abschn. 4.2)

- Investieren Sie in eine gute Hardware-Ausstattung, d. h. ein professionelles Mikrofon bzw. Headset, eine gute Webcam, eine externe Lichtquelle, einen großen und einen zweiten Monitor. Auch ein guter Bürostuhl gehört dazu.
- Testen Sie verschiedene Videokonferenz-Systeme, bevor Sie entscheiden, ob Sie eine Lizenz erwerben. Viele Anbieter bieten kostenlose Testsitzungen an.
- Nutzen Sie die Möglichkeit als Co-Moderatorin mit Kolleg:innen in einer für Sie fremden Software teilzunehmen, um Erfahrungen zu sammeln.
- Arbeiten Sie sich in 1–3 Systeme intensiv ein, sodass Sie die Softwarebedienung nicht mehr als Zusatzanstrengung empfinden. Nutzen Sie Software-Schulungen, um sicher zu gehen, dass Sie alle Funktionalitäten einer Software kennen gelernt haben und korrekt einsetzen können.
- Überfordern Sie sich (und Ihre Gesprächspartner:innen) nicht durch zu lange Sitzungen; 90–120 Min. sind für den Anfang genug. Bieten Sie lieber mehrere Sitzungen in kurzen Abständen an.
- Vereinbaren Sie einen Vorab-Termin mit den Teilnehmenden, bei dem Sie deren Technik überprüfen und sie in die Bedienoberfläche der gewählten Software einführen.

2.1.2 Räumliche Distanz

Die Möglichkeit, dass sich Menschen über räumliche Distanzen hinweg, sehen, hören, austauschen und kollaborieren können, ist das wesentliche Alleinstellungsmerkmal und der unbestrittene Mehrwert von Videokonferenzen. Weitere Potenziale finden Sie in Abschn. 5.1.

Jedoch bringt die räumliche Distanz die Notwendigkeit mit sich, zu verifizieren, ob am anderen Ende der Leitung wirklich die Person sitzt, die wir zu dem Gespräch erwarten und ob sie sich allein im Raum befindet. Dies ist auch im E-Learning Sektor, wenn es um den Nachweis der Teilnahme an Weiterbildungsveranstaltungen und um Online-Prüfungen geht, äußerst relevant. Sollte man die Stimme der Person nicht sehr gut aus einer vorherigen persönlichen Begegnung kennen, ist die Freigabe der Webcam daher unabdingbar. Falls die Kamera nicht (durchgehend) angeschaltet bleibt, ist außerdem unklar, womit sich der Teilnehmer eventuell nebenher gerade beschäftigt oder ob er überhaupt noch vor dem Rechner sitzt. In der Online-Mediation taucht diese Problematik jedoch praktisch nicht auf, da sich die Mediand:innen i. d. R. untereinander kennen, emotional stark involviert sind und ein hohes Interesse an einem effektiven Gesprächsverlauf mitbringen.

Der fehlende gemeinsame physische Raum kann als „Ungeschütztheit" und Anonymität erlebt werden, in der es schwerfällt, sich zu öffnen und Vertrauen aufzubauen. Auf der anderen Seite – und dies ist kein Widerspruch – nehmen viele Menschen gerade den virtuellen Raum als schützenden Rahmen wahr, da sie in vertrauter Umgebung bleiben können und zwischenmenschlichen Reaktionen nicht so unmittelbar ausgesetzt sind.

▶   **Tipps für den souveränen Umgang mit der räumlichen Distanz**
      (vertiefend siehe Abschn. 2.3.1, 3.2.4 und 4.3.3)

   • Sprechen Sie die fehlende physische Nähe und leichtere Ablenkbarkeit zu
     Beginn der Zusammenarbeit als Herausforderungen an.
   • Schaffen Sie Zugangssicherheit, indem Sie pro Online-Sitzung einen
     sitzungsbezogenen Link erstellen. Bitten Sie Ihre Gesprächspartner:innen,
     zu bestätigen, dass sie allein im Raum sind.
   • Sprechen Sie das Thema Vertraulichkeit an und vereinbaren Sie klare
     Regeln.
   • Beachten Sie die Grundlagen der Online-Moderation, um die Teil-
     nehmenden zu integrieren und zu aktivieren.

2.1.3 Soziale Wahrnehmung

Im virtuellen Raum ergibt sich zwangsläufig durch die räumliche Distanz und den technischen Rahmen eine andere Wahrnehmung der Personen, mit denen wir im Gespräch sind. Nonverbale Signale bzw. die gesamte Körpersprache sind nur eingeschränkt über die Kamera sichtbar; und direkter Blickkontakt ist nicht möglich. Schauen Sie in die Kamera, sehen Sie eben nicht in die Augen des Gegenübers – und umgekehrt. Dies macht es schwerer einen umfassenden Eindruck des Gegenübers zu erhalten, besonders wenn wir uns physisch noch nie begegnet sind.

Da unter „nonverbaler Kommunikation" eine Vielzahl an Ausdrucksformen subsummiert werden, lohnt sich ein differenzierter Blick auf die Möglichkeiten der Übertragbarkeit im virtuellen Raum. Allgemein verstehen wir unter „Körpersprache" folgende 4 Möglichkeiten, nonverbal zu kommunizieren:

- **Mimik** ist das bewusste oder unbewusste Bewegen bzw. Verziehen des ganzen Gesichts oder Teile davon, z. B. Augenbewegungen, Verziehen des Mundes, Naserümpfen, Backen aufblasen, … Diese Signale können online über die Webcam sehr gut wahrgenommen werden. Mehr dazu im Interview zur Mimikresonanz® Abschn. 3.4.4.
- **Gestik** beinhaltet das Bewegen von Armen, Händen und Kopf, z. B. Hochziehen/ Hängenlassen der Schultern, Nicken, Winken, Arme verschränken, Kopf aufstützen, …. Wenn die Webcam so eingestellt ist, dass wir den Oberkörper sehen, können diese Signale auch virtuell gut wahrgenommen werden.
- Unter **Proxemik** versteht man das Gestalten des Raumes und insbesondere von Nähe und Distanz in der Kommunikationssituation. Sie drückt sich über die Entfernung, aber auch durch den Winkel aus, den die Gesprächspartner zueinander einnehmen. Nähe kann in Berührung übergehen, z. B. Umarmen oder Schulterklopfen. Dieser gesamte Bereich fällt in der Online-Mediation naturgemäß weg. Verwendet man Software, in der man sich in der Draufsicht eines Raumes virtuell neben jemanden setzen kann (z. B. vitero) kommt man der Proxemik im physischen Raum näher. Was Entwicklungen im Bereich der Telepräsenz für diese Thematik bedeuten, bleibt abzuwarten.
- Die **Haltung** umfasst – über die Gestik hinaus – die Position des Körpers: die Körperhaltung (Neigung, Orientierung, Bewegung), die Kopfhaltung (Blickkontakt, Seitwärtsneigung) und die Beinhaltung (Orientierung, Übereinanderschlagen). Hier kann im virtuellen Raum auf jeden Fall die Haltung des Oberkörpers sowie die Kopfhaltung erfasst werden.

Weitere Aspekte der nonverbalen Kommunikation sind:

- **Habitus:** das Auftreten und die gesamten Umgangsformen. Das Erscheinungsbild wie Kleidung und Körperinszenierungen (Schmuck, Frisur, Tattoos, …) gehören genauso dazu wie die Bewegungsrhythmik, Gangart oder Gehgeschwindigkeit. Auch wenn online vom Habitus nicht alles wahrnehmbar ist, werden dennoch über die Webcam entscheidende Elemente wie die Frisur, Oberbekleidung, Schmuck usw. sichtbar.

- **Timing**: der Umgang mit Zeit hat eine starke Aussagekraft und lässt sich in der Online-Kommunikationssituation gut wahrnehmen. Die Einstellung zu Pünktlichkeit wird sich auch im virtuellen Raum durch rechtzeitiges bzw. zu frühes/zu spätes Einloggen zeigen. Aber auch, wie ein Teilnehmer mit dem Sprechrecht (Wer ergreift zuerst/wie schnell das Wort?) umgeht und seine allgemeine Reaktionsgeschwindigkeit geben Aufschluss über sein Timing.
- **Ideomotorik:** körperliche Vorgänge, die nicht gesteuert werden können wie unwillkürliche Bewegungen (z. B. Zucken des Lids oder der Beine) und Körperreaktionen (z. B. Schwitzen, Erröten, Erbleichen, Puls, Atmung). Diese Faktoren können online nur eingeschränkt wahrgenommen werden, sofern sie sich im Gesicht bzw. Oberkörper abspielen.
- **Olfaktorik:** Wahrnehmung des Geruchs; findet – in den meisten Fällen – unbewusst statt, außer eine Person verwendet starkes Parfum oder hat auffallenden Körpergeruch. Definitiv ist dieser sensorische Aspekt nicht in den virtuellen Raum übertragbar. Über unseren Geruchssinn lässt sich jedoch auch unser eigenes Wohlbefinden aktiv beeinflussen, z. B. durch eine Duftlampe, Raumspray und regelmäßiges Lüften. In dieser Weise für die eigene Konzentration und Entspannung zu sorgen, macht Sinn.

Diese differenzierte Betrachtung zeigt, dass die Aussage, nonverbale Signale kämen im virtuellen Raum nicht an, so pauschal nicht stimmt. Da nonverbale Signale häufig unterbewusst wahrgenommen und ausgewertet werden, nehmen wir online vermutlich sehr viel mehr wahr als wir meinen. Nicht erst seit der Pandemie ist – besonders für die jüngere Generation – die Kontaktaufnahme und -pflege über eine Webcam vollkommen selbstverständlich, wenn nicht sogar der gewohntere Weg zur Herstellung menschlicher Nähe geworden.

▶ **Tipps zum Umgang mit der besonderen sozialen Wahrnehmung**
(vertiefend Abschn. 2.4.3)

- Sorgen Sie dafür, dass Sie selbst optimal über die Webcam zu sehen sind und bringen Sie Ihre eigene Mimik und Gestik aktiv ein.
- Geben Sie ihren Gesprächspartner:innen entsprechende Hinweise, damit sie über ihre Webcam so gut wie möglich sichtbar sind.
- Achten Sie darauf, wie sich Ihre Gesprächspartner:innen in Bezug auf das Timing verhalten: wer loggt sich wie früh ein? Wer ergreift als Erste:r das Wort? Berücksichtigen Sie, dass die ungewohnte Situation eine Ursache für verlangsamte Reaktionen und Zögerlichkeit sein kann.
- Schärfen Sie Ihre auditive Wahrnehmung
- Häufig gehen mit nonverbaler Kommunikation paraverbale Ausdrücke wie z. B. Räuspern, Seufzen, Grunzen, Lachen oder Schluchzen einher. Richten Sie Ihr Augenmerk online gerade auf diese Kommunikation neben der Lautsprache.

2.1.4   Stress und Ermüdung *(Zoom fatigue)*

Die (technischen) Unwägbarkeiten und die besondere Kommunikationssituation in Online-Sitzungen führen bei vielen Menschen zu erhöhter Konzentration und starker Angestrengtheit. Für die damit einhergehende Erschöpfung hat sich der Begriff *Zoom fatigue* etabliert. Selbstverständlich ist das Phänomen nicht auf die Software Zoom beschränkt, sondern tritt in allen Videokonferenz-Tools auf.

In 2021 führte das Stanford Virtual Human Interaction Lab (VHIL)[1] zusammen mit dem Institut für Beschäftigung und Employability (IBE) mehrere Studien[2] mit über 10.000 Teilnehmenden weltweit durch, um das Phänomen zu erforschen[3] (vgl. [28], [18], [31]). Demnach zeigt sich *Zoom fatigue* vor allem in einer „Reduktion von Konzentration", „Fahrigkeit/Ungeduld" und „Genervt sein/erhöhte Reizbarkeit". Frauen sind dabei stärker betroffen als Männer, weil sie sich mehr Gedanken darüber machen, wie sie auf andere wirken (vgl. [11, 17]). Sie bemühen sich online besonders, seriös und kompetent zu wirken und kontrollieren dabei auch ihr Verhalten stärker. Es ist interessant, dass Extrovertierte, Ältere sowie emotional stabile Personen weniger anfällig für *Zoom fatigue* sind. Die Gründe für Videokonferenz-Erschöpfung liegen vor allem in:

- **Kognitive Belastung:** Für viele Menschen bedeutet es eine höhere kognitive Leistung, sich gleichzeitig auf Stimmen, Zwischentöne, Videobilder, Software-bedienung und Beteiligung zu konzentrieren. Dieses *Always-on* ohne mentale Pause mit vielfältigen Feedbackmöglichkeiten (Gesten, Chat, Interaktion) und parallelen Handlungen (Sprechen, Zuhören, Schauen, Klicken) kostet mentale Anstrengung. Störende Hintergrundgeräusche sowie eine visuell unruhige Umgebung verstärken die Belastung. Auch erfordern das Ausdrücken und Interpretieren von Gesten und nonverbalen Signalen im virtuellen Raum mehr Aufmerksamkeit als im physischen Zusammentreffen.
- **Angst vor Überforderung:** Je ungewohnter die Situation, desto mehr Aufregung verursacht sie. Die Sorge, dass etwas schiefgehen, dass man sich „dumm anstellen" könnte oder einfach nicht versteht, was zu tun ist, verursacht Stress. Unvorhersehbare Störungen technischer oder zwischenmenschlicher Art führen zu einer Grund-anspannung und erhöhten Alarmbereitschaft. Mit zunehmender Routine lässt die Belastung nach. So war vor der Pandemie bereits der Login-Prozess in den virtuellen Raum für viele Menschen neu und mit Stress verbunden – ein Phänomen, das mit den Erfahrungen der Corona-Jahre praktisch nicht mehr auftritt.

---

[1] https://stanfordvr.com (Zugriff: 30.08.2022).

[2] Der Fragebogen misst emotionale, motivationale, visuelle, soziale und allgemeine Erschöpfung. Ein Selbsttest ist möglich: https://stanforduniversity.qualtrics.com/jfe/form/SV_3f9xepi9ryP7WK2 (Zugriff: 30.08.2022).

[3] vgl. deutsche Zusammenfassung der Studie in der SZ vom 21.4.2021, https://www.sueddeutsche. de/panorama/videokonferenzen-Zoom-fatigue-studie-1.5270664 (Zugriff: 30.08.2022).

- **Selbst-Referenzierung:** so gern wir unsere Gesprächspartner:innen per Videobild sehen, um ein Gefühl von Verbundenheit und Feedback zu bekommen, so unnatürlich ist es, uns selbst permanent in der Videokachel gespiegelt zu sehen. Die meisten Menschen würden es vermeiden, sich für ein F2F-Gespräch frontal vor einen Spiegel zu setzen – online passiert aber genau das. Zusätzlich kann irritieren, dass je nach Software-Einstellung das eigene Bild eben nicht gespiegelt, sondern „richtig herum" – eben so wie wir von anderen wahrgenommen werden –, erscheint[4].

  Diese „Spiegel-Angst" und damit verbunden die Befürchtung, optisch und verbal nicht gut zu wirken, führt zu erhöhter Selbstkontrolle sowie ständiger Rückversicherung in Bezug auf die eigene Wirkung, vgl. auch *Zoom anxiety*, siehe Abschn. 2.4.3.2.

- **Dauer-Beobachtung aus nächster Nähe:** Da das Auge automatisch auf Bewegung reagiert, sind wir online durch die Live-Streams in den Videokacheln permanenten visuellen Reizen ausgesetzt. Sobald vor einer Kamera Bewegung stattfindet, geht unsere Aufmerksamkeit dorthin. Je mehr Teilnehmende in der Online-Sitzung, umso mehr Anstrengung kostet es, alle Videokacheln im Blick zu behalten. Gleichzeitig sind wir uns bewusst, dass auch wir gerade unter Beobachtung stehen, ohne jedoch genau zu wissen, von wem. Hinzu kommt, dass wir online permanent auf den Bildschirm schauen und über die Webcam das Gesicht unserer Gesprächspartner:innen mitunter unnatürlich nahe sehen können. Die Darstellung eines Gesichts aus „gefühlten" 10–20 cm Entfernung interpretiert unser Gehirn als besonders intensive Situation, die wir normalerweise nur mit Menschen erleben, die wir sehr gut kennen und mögen. Daher ist es nicht verwunderlich, dass viele Menschen sich durch eine übergroße Webcam-Darstellung in ihrer Privatsphäre verletzt fühlen. Tipps zum Umgang mit diesen Phänomenen siehe Abschn. 2.4.3.2 und 2.4.3.3.

Es ist jedoch davon auszugehen, dass der Lern- und Gewöhnungseffekt in Bezug auf videobasierter Online-Kommunikation im Laufe der kommenden Jahre gesamtgesellschaftlich weiter fortschreiten wird, sodass der gefühlte Stresslevel vermutlich nachlässt. Relevant in Bezug auf den Grad der Anstrengung ist sicherlich auch, ob man sich in der Moderator:innenrolle oder in der Rolle des Teilnehmenden befindet.

Allein Stress und Anspannung führen bereits zu schnellerer Ermüdung. Darüber hinaus gibt es weitere Gründe für *Zoom fatigue* (vgl. [18], [31], [28]):

- **Bewegungsmangel:** Menschen bewegen sich deutlich weniger, wenn sie lange vor dem Bildschirm sitzen. Zum einen entfällt die Wegstrecke zum Treffen an sich. Zum anderen neigen Menschen dazu, geradezu bewegungslos vor dem Rechner zu sitzen.

---

[4] Falls Sie diese Irritation vermeiden möchten, aktivieren sie in den Videoeinstellung die Option „Mein Videobild spiegeln", die einige Videokonferenzsysteme anbieten.

Neben der bereits erwähnten Kontrolliertheit in Bezug auf Mimik und Gestik, versuchen viele damit einfach im Kamera-Ausschnitt zu bleiben. Die hohe Konzentration führt außerdem dazu, dass wir auf den Monitor starren und auch unseren Kopf kaum bewegen. Wer ein kabelgebundenes PC-Headset trägt, fühlt sich eventuell dadurch zusätzlich im Bewegungsfluss gehemmt.

- **Eingeschränkter Sozialkontakt:** aufgrund des fehlenden direkten Blickkontakts fühlen Menschen sich online nicht so unmittelbar verbunden und in Kontakt. Dadurch sind sie emotional nicht so bei der Sache und schalten auch gedanklich schneller ab (sog. *lurking* Effekt).

- **Störungen im Gesprächsfluss:** Bei schwacher Bandbreite kommt es zu Zeitverzögerungen in der Audioübertragung, was dazu führt, dass entweder lange Sprechpausen entstehen oder die Teilnehmer sich ständig ins Wort fallen. Beides verhindert ein flüssiges Gespräch und ist sehr ermüdend.

▶   **Tipps zur Stressreduktion und zum Konzentrationserhalt**
(vertiefend Abschn. 2.3., 2.4.3.1 und 2.4.3.2)

- Planen Sie kürzere Sitzungen (max. 90 Min) und bieten Sie innerhalb der Sitzungen regelmäßig Pausen an.
- Empfehlen Sie den Teilnehmenden rechtzeitig mindestens die letzten 30 Min. vor der Online-Sitzung nicht am Bildschirm zu verbringen.
- Bieten Sie während der Sitzung an, aufzustehen, sich im Sitzen etwas zu bewegen, den Blick vom Monitor zu lösen und die Kamera (vorübergehend) auszuschalten.
- Moderieren Sie die Sitzung klar, zielführend, empathisch und gelassen
- Erläutern Sie die unterschiedlichen Kamera-Einstellungen und einigen Sie sich darauf, die stressfreiere Galerieansicht zu verwenden,
- Empfehlen Sie eine externe Tastatur und einen externen Monitor, um Abstand zum Bildschirm und zur Kamera zu schaffen.
- Der Versuch eines Ausgleichs auf sozialer Ebene durch *Small-Talk* und *Together Mode*[5] Angebote ist in der Mediation und Konfliktmoderation – zumindest in den frühen Phasen – jedoch unangebracht.

---

[5] Der Begriff *Together Mode* stammt aus der Software Microsoft Teams (dt. „Zusammen-Modus") lässt alle Teilnehmenden mittels KI in einem gemeinsamen virtuellen Raum z. B. als Fotoavatare in Sitzreihen, erscheinen. Auch die Software vitero verfügt über diesen Modus.

2.2   Konzeption und Sitzungsplanung

Online-Mediationen bringen etliche Unwägbarkeiten mit sich: zusätzlich zur relativen Unplanbarkeit des Mediationsverfahrens an sich kommen unterschiedliche technische Rahmenbedingungen und Medienkompetenz der Beteiligten hinzu. Viele erfahrene Mediator:innen improvisieren intuitiv im physischen Beisammensein je nach aktueller Stimmung, Verlauf und Reaktion der Mediand:innen in Bezug auf ihre Gesprächsführung und Methodenwahl.

Online ist es schwieriger, spontan zu sein. Daher empfiehlt es sich, die Sitzungen genauer vorzubereiten und zu planen als für die Präsenzsituation. Wie auch in der E-Learning-Didaktik hilft hier die Unterscheidung zwischen Grobkonzept (Gesamtverlauf der Veranstaltung) und Feinkonzept (jede einzelne Sitzung für sich).

▶ Von einer *Blended*-**(Learning)-Veranstaltung** (genauer: Veranstaltungsreihe) sprechen wir, wenn eine bestimmte Anzahl an Präsenz- und Online-Sitzungen kombiniert werden, wobei der Mix und die Abfolge an Online- und Offline-Treffen variieren kann. Übertragen auf eine Mediation würde dies bedeuten, dass einzelne Sitzungen der Mediation virtuell, andere in physischer Präsenz durchgeführt werden.

▶ Von einer **Hybrid-Veranstaltung** (einzelne Sitzung) sprechen wir, wenn sich innerhalb einer Sitzung mehrere Beteiligte als Gruppe in einem physischen Raum befinden, während andere Teile der Gruppe oder Einzelpersonen online zugeschaltet werden. Übertragen auf eine Mediationssitzung würde dies bedeuten, dass sich Teile der Mediand:innen gemeinsam im selben physischen Raum befinden, während andere Teile der Mediand:innen und/oder die Mediator:innen online zugeschaltet werden. Dieses Setting birgt spezifische Herausforderungen, die in dieser Publikation nicht vertieft werden (weiterführende Informationen vgl. [1, 6]).

2.2.1   Grobkonzept: Gesamtplanung der (Online-)Mediation

Das Grobkonzept betrachtet den Erstkontakt und den bekannten 5-phasigen Ablauf der Mediation sowie ggf. die spätere Evaluation. Da zu Beginn der Mediation der Umfang und die Gesamtdauer oft noch nicht klar sind, kann ein erster Entwurf des Grobkonzepts frühestens am Ende der Phase 1 gemacht werden – und muss dann kontinuierlich an den Verlauf der Mediation angepasst werden. Auch das Format – online oder offline – kann zu jedem Zeitpunkt je nach Rahmenbedingungen, Zeitfaktor und Präferenzen der Mediand:innen nachjustiert werden. Zur besseren Vorstellung hilft den Mediand:innen eine Visualisierung in Form einer Timeline mit grobem Zeitplan, der zu Beginn jeder Sitzung aktualisiert werden kann. Abb. 2.1 und 2.2 zeigen Beispiele möglicher *Blended*-Mediation Kombinationen.

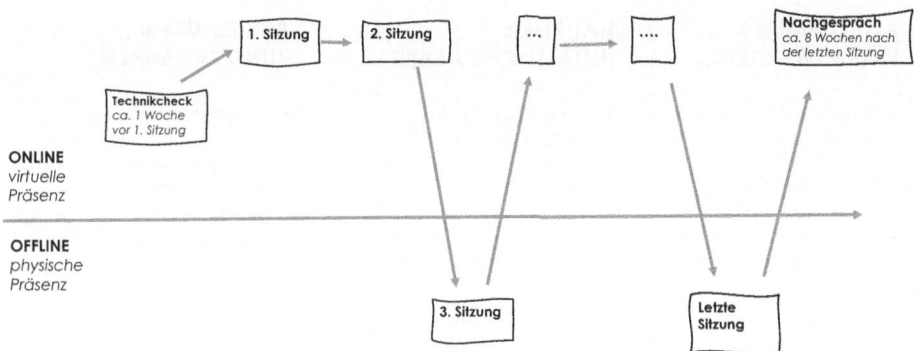

Abb. 2.1 Beispiel Grobkonzept: Ablaufplan einer *Blended* Mediation mit überwiegendem Online-Anteil. (Eigene Darstellung)

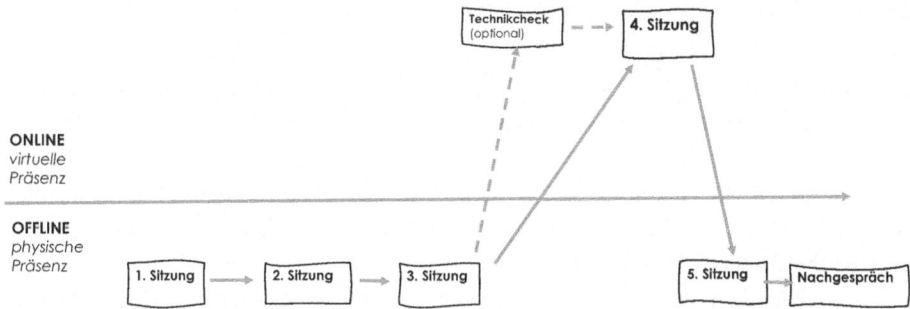

Abb. 2.2 Beispiel Grobkonzept: Ablaufplan einer *Blended* Mediation mit überwiegendem Präsenz-Anteil. (Eigene Darstellung)

Die erste Sitzung als physischen Präsenztermin anzubieten, hat den Vorteil, dass ein erster umfänglicher körpersprachlicher Eindruck entsteht, der es in den folgenden Online-Sitzungen leichter macht, den Kontakt (wieder) aufzunehmen. Auch der Vertrauensaufbau gelingt möglicherweise schneller, wenn ein physisches Treffen stattgefunden hat. Für ein letztes Treffen in Präsenz spricht, dass so ein erfolgreicher Abschluss der Mediation multisensorisch (Musik, Sekt, Händeschütteln, …) feierlicher gestaltet und die Unterzeichnung der Mediationsvereinbarung auf Papier vor den Augen der anderen Partei durchgeführt werden kann. Beides ist jedoch nicht zwingend notwendig und kann – bewusst gestaltet – auch online erfolgreich durchgeführt werden, siehe Abschn. 3.2 und 3.6.

Einige Mediator:innen führen die Interessensklärung (Phase 3) gerne in physischer Präsenz durch, da sie in dieser intensiven Phase die gesamte Körpersprache wahrnehmen möchten. Manche Parteien möchten gerade in Phase 3 nicht vor Ort kommen, sondern ziehen den virtuellen Raum als schützenden Rahmen vor, vgl. Interview zur Mediation im Täter-Opfer-Ausgleich (Abschn. 3.5.4). Unter Umständen ergibt es sich, dass ledig-

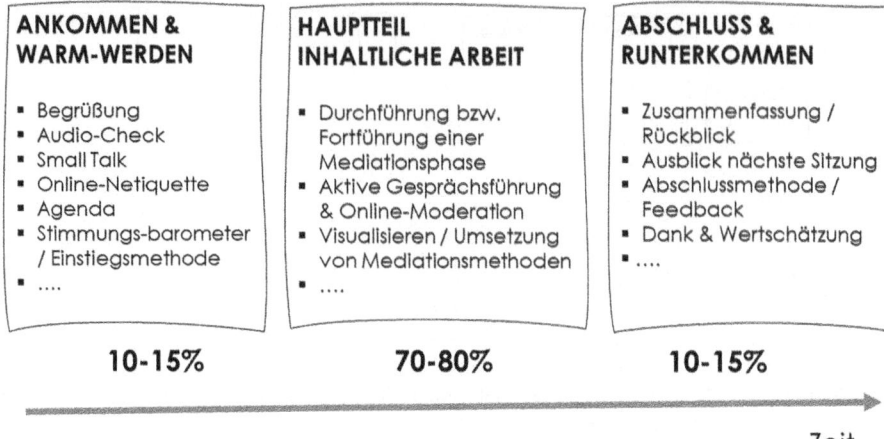

ANKOMMEN & WARM-WERDEN	HAUPTTEIL INHALTLICHE ARBEIT	ABSCHLUSS & RUNTERKOMMEN
• Begrüßung • Audio-Check • Small Talk • Online-Netiquette • Agenda • Stimmungs-barometer / Einstiegsmethode • ….	• Durchführung bzw. Fortführung einer Mediationsphase • Aktive Gesprächsführung & Online-Moderation • Visualisieren / Umsetzung von Mediationsmethoden • ….	• Zusammenfassung / Rückblick • Ausblick nächste Sitzung • Abschlussmethode / Feedback • Dank & Wertschätzung • ….
10-15%	**70-80%**	**10-15%**

Zeit

Abb. 2.3 Elemente des Feinkonzepts: Planung einer einzelnen Online-Sitzung

lich eine Phase oder eine Sitzung einer Phase online durchgeführt wird und der Rest der Mediation in physischer Präsenz (s. Abb. 2.2).

Den Kombinationsmöglichkeiten von On- und Offline-Terminen sind je nach Fall und Präferenzen der Mediand:innen keine Grenzen gesetzt. So gibt es Fälle, die sinnvollerweise vollständig oder überwiegend virtuell durchgeführt werden, sodass Präsenztermine die Ausnahme bilden (s. Abb. 2.1).

Der eigentlichen Online- oder *Blended*-Mediation vorgeschaltet ist der Technik-Check – ein separater Termin, der allein der Überprüfung der Internetverbindung sowie Audio- und Videoqualität dient, vgl. Abschn. 3.1.4.

2.2.2 Feinkonzept: Planung der einzelnen Online-Sitzung

Der erste Eindruck zählt – das gilt auch, wenn wir im virtuellen Raum aufeinandertreffen. Sie sollten daher jede einzelne Online-Sitzung, ganz besonders aber den Beginn der Mediation, gut vorbereiten. Auch wenn der Technik-Check-Termin stattgefunden hat, sind die ersten Minuten der ersten Online-Sitzung als eigentlicher Auftakt der Online-Mediation ein besonderer Moment, in dem Sie als Online-Mediator:in überzeugen müssen. Vorrangiges Ziel des Erstgesprächs – besonders wenn kein physischer Kontakt vorausgegangen ist – ist es, sich als Mediator:in authentisch erfahrbar zu machen und eine Vertrauensbasis zu schaffen, sodass sich die Mediand:innen für die Zusammenarbeit entscheiden und auf das Verfahren einlassen können. Zur detaillierten Durchführung der Phase 1 online, siehe Abschn. 3.2.

Das Feinkonzept der einzelnen Online-Sitzung folgt dem klassischen Schema „Begrüßung/Ankommen – Hauptteil – Abschluss/Verabschiedung". Auch wenn Sie sich ab der zweiten Sitzung schon besser kennen, sollte keine dieser Phasen übersprungen werden (siehe Abb. 2.3).

2.2.2.1 Ankommen & Warm-werden

Während wir den Weg zu einem wichtigen Treffen oder intensiven Gespräch zurücklegen, bereiten wir uns – bewusst oder unbewusst – innerlich darauf vor. Wir gehen mental durch, was auf uns zukommt, was wir sagen möchten und auch was schlimmstenfalls passieren könnte. Dabei hilft uns die Bewegung, sei es zu Fuß, im Auto, ÖPNV oder per Fahrstuhl in eine andere Etage, als auch die verstreichende Zeit, Abstand zu vorherigen Beschäftigungen zu gewinnen und uns auf das bevorstehende Gespräch einzustellen.

In Online-Sitzungen ist man in wenigen Sekunden eingeloggt. Wegezeiten und damit die wichtige Zeit der mentalen Einstimmung entfallen. Auch im Zusammenhang mit *Zoom fatigue* hat man inzwischen im E-Learning und in vielen Großunternehmen, in denen überwiegend virtuell kommuniziert wird, den positiven Effekt kurzer „Wegezeiten" erkannt. Werden. Meetings werden zunehmend mit 25 oder 50 Minuten Länge angesetzt, um Mitarbeitenden Pausen von 5–10 Minuten für das innere Umschalten zwischen den Sitzungen zu ermöglichen.

Zur Vorbereitung auf ein wichtiges Online-Gespräch gehört in die Einladungsmail oder Erstinformation der Hinweis, unmittelbar vor der Online-Sitzung keinen Termin „auf Anschlag" zu planen. So sorgen Sie dafür, dass die Teilnehmenden nicht abgehetzt und im Kopf noch mit anderen Themen beschäftigt in das Gespräch starten.

Zusätzlich sollten in der Online-Sitzung selbst die ersten Minuten zum Ankommen genutzt werden. In dieser Zeit spricht überwiegend der Mediator bzw. Moderator, und die Beteiligten dürfen sich einfinden und zur Ruhe kommen. Dieser Moment ist wichtig für den Beziehungsaufbau, denn wie heißt es im Englischen so treffend: *You never get a second chance for a first impression.* In den ersten 100 Millisekunden scannen wir unser Gegenüber genau und entscheiden, ob wir die Person mögen oder nicht. Auch wenn das allererste Kennenlernen während des Technik-Checks stattgefunden hat, als Mediatorin oder Moderatorin zeigen Sie sich zu Beginn der ersten Online-Sitzung erstmals in Ihrer Profession – überspringen Sie daher diese wertvollen Minuten auch bei großem Zeitdruck nicht. Das Warm-Up sollte jedoch nicht länger als 5–10 min dauern, denn die Parteien sind aufgeregt und an der Konfliktlösung interessiert. Variieren Sie von Sitzung zu Sitzung einige der folgenden Impulse.

▶ **Tipps für einen guten Start im virtuellen Raum**
- Machen Sie vor Beginn wenige Minuten **Smalltalk,** damit sich die Teilnehmenden (wieder) an Ihre Stimme gewöhnen. Erzählen Sie z. B. eine kleine Begebenheit, die Ihnen seit dem letzten Treffen passiert ist oder ein tagesaktuelles Ereignis, über das Sie sich Gedanken machen. Machen

Sie sich greifbar und zeigen Sie sich als Mensch von einer persönlichen Seite – selbstverständlich zur Klientel und Situation passend. An den Reaktionen können Sie bereits recht gut die aktuelle Stimmungslage der Mediand:innen abschätzen.

- Falls Sie die Gesprächspartner*innen schon etwas näher kennen, knüpfen Sie an etwas an, das Sie über die Webcam beim Medianden im Raum sehen z. B. ein auffallendes Bild, ein Musikinstrument oder den blühenden Garten im Hintergrund. Hierbei ist Fingerspitzengefühl gefragt: Sie möchten eine zwischenmenschliche **Verbindung** schaffen, nicht neugierig in die Privatsphäre eindringen.
- Verbreiten Sie eine positive, zuversichtliche **Atmosphäre.** Hierzu können Sie die Agenda der aktuellen Sitzung skizzieren oder den Gesamtablauf darstellen, den bereits zurückgelegten Weg würdigen oder auf ein gemeinsames Ziel hindeuten.
- Lassen Sie sich bestätigen, dass die Beteiligten Sie gut hören und sehen können. Geben Sie allen Anwesenden persönlich Feedback zur jeweiligen **Audio- und Videoqualität** und weisen Sie sofort darauf hin, wenn technisch etwas zu verbessern ist, vgl. Trouble-Shooting Abschn. 4.1.5. Achten Sie auf die Stimmen und Zwischentöne, um frühzeitig herauszuhören, wie es den Beteiligten heute geht.
- Thematisieren bzw. wiederholen Sie die **Netiquette** und das *Commitment* zur Vertraulichkeit zu Beginn jeder Sitzung. Schaffen Sie auf diese Weise ein vertrautes Ritual, das den Teilnehmenden das Gefühl gibt, sich auszukennen und orientiert zu sein.

2.2.2.2 Hauptteil

Der Hauptteil bildet das Kernstück der jeweiligen Online-Sitzung und nimmt entsprechend die meiste Zeit ein – ca. 80 % der gesamten Sitzung. Wie Sie diesen inhaltlich entscheidenden Teil interaktiv und online adäquat gestalten, lesen Sie in Kap. 3, in dem die Umsetzung der einzelnen Mediationsphasen im virtuellen Raum detailliert beschrieben wird.

2.2.2.3 Abschluss

Es gibt den schönen Spruch: „Der erste Eindruck zählt, der letzte Eindruck bleibt.". Die Psychologie nennt das Phänomen Rezenz-Effekt. Egal, ob wir ein Unternehmen verlassen, für das wir viele Jahre tätig waren oder uns im Vorstellungsgespräch verabschieden -wenn auf den letzten Metern etwas schiefläuft, riskieren wir die gesamte vorher mühevoll aufgebaute Beziehung.

In jeder Online-Sitzung liegt es daher in der Verantwortung des Moderators bzw. Mediators, ausreichend Zeit für einen runden Abschluss einzuplanen. Spätestens 10–15 Minuten vor dem geplanten Ende sollten Sie die Schlussphase einläuten. Auch wenn die Mediation gerade in einer wichtigen Phase ist, müssen Sie hier unterbrechen, um zu klären, ob die Sitzung spontan verlängert, oder ob an dem geplanten Ende festgehalten werden soll. Dass Sie die Zeit im Blick haben und eventuelle Folgetermine Ihrer Gesprächspartner berücksichtigen, zeigt Ihre Professionalität und Vertrauenswürdigkeit.

Auf keinen Fall sollten Sie eine Online-Sitzung abrupt beenden, ohne dass alle Anwesenden nochmals zu Wort gekommen sind. Virtuell können Sie nicht wie im physischen Raum durch Blicke und Gesten in sehr kurzer Zeit noch ein stimmiges Ende finden. Außerdem besteht die Gefahr, dass Sie aktuelle Gefühlslagen der Beteiligten nicht genau genug mitbekommen.

▶   **Tipps für einen runden Abschluss**
- Weisen Sie mündlich und in ruhigem Ton auf das bevorstehende Ende einer Sitzung hin. Versuchen Sie nicht nonverbal anzudeuten, dass die Gesprächspartner:innen zum Ende kommen mögen, indem Sie unruhig auf dem Stuhl rutschen, Unterlagen zusammenpacken, auf die Uhr sehen oder den Blick abwenden.
- Kündigen Sie rechtzeitig an, dass die Sitzung in ca. 15–20 Minuten ausläuft. Lassen Sie dann Personen, die sich noch äußern möchten, ihre Gedanken noch zu Ende führen. Sorgen Sie dafür, dass keiner der Beteiligten sich in einem emotionalen Ausnahmezustand befindet, wenn die Sitzung endet.
- Fassen Sie nun den Ablauf, den Fortschritt und das (Teil-)Ergebnis der Sitzung nochmals zusammen. Legen Sie dazu ggf. gemeinsam erarbeitete Dokumente oder Visualisierungen auf.
- Geben Sie allen Beteiligten Gelegenheit, Feedback zu ihrer aktuellen Stimmungslage zu geben. Dies kann – wenn die Zeit reicht – mündlich oder durch Interaktion (z. B. eine Punkte- oder Skalenabfrage) stattfinden. Stellen Sie zu jedem Einzelnen nochmals persönlichen Kontakt her.
- Schließen Sie die Sitzung mit einem Ausblick auf den nächsten Termin und kündigen Sie an, wie es weitergehen wird.
- Verabschieden Sie sich mit Empathie und Blickkontakt und schalten Sie sich dann stumm, um zu zeigen, dass die Sitzung beendet ist und nichts mehr passieren wird. In virtuellen Räumen, in der der Moderatorin die Sitzung für alle beenden kann (z. B. Zoom, BigBlueBotton, …) beenden Sie die Sitzung einige Sekunden nach Ihrer Verabschiedung für alle. In Systemen, in denen jeder einzeln den Raum verlässt (z. B. vitero), stellen Sie Ihre Kamera aus und warten Sie, bis alle Medianden den virtuellen Raum verlassen haben.

2.3   Kommunikationskultur im virtuellen Raum: Grundlagen der Online-Moderation

Während in F2F-Besprechungen nicht immer allen klar ist, warum eine Person mit der Moderation betraut sein sollte, stellt dies in Online-Sitzungen niemand infrage: es ist unabdingbar, dass jemand das Gespräch moderiert. Je professioneller die Moderation, desto effizienter und vor allem zwischenmenschlich angenehmer verläuft die virtuelle Besprechung. Dabei stellt die Online-Moderationskompetenz eine Zusatzkompetenz dar, die zur Grundqualifikation als Führungskraft, Trainerin, Projektleiter, Coach, Therapeutin, Mediator usw. hinzukommt. Betrachten wir zunächst, was Moderationskompetenz bedeutet.

▶ **Moderationskompetenz** umfasst die Fähigkeit, Gespräche und Interaktionen als weitgehend neutraler Beteiligter zu steuern, mit dem Ziel, die Kommunikationssituation möglichst zielführend und effizient zu gestalten sowie bedarfsgerecht zu unterstützen. Hierzu braucht es sowohl gute Planung, Flexibilität, handwerkliche Sauberkeit in der Methodenwahl und -durchführung, schnelle Auffassungsgabe, empathisches Einfühlungsvermögen, als auch Konsequenz und Durchsetzungsvermögen in Bezug auf die Einhaltung von Spielregeln, Zuhören können und sprachliches Formulierungsgeschick.

Eine gute Moderation erfüllt drei Funktionen (vgl. [16], S. 15):

• den Prozess gestalten
• die Interaktion begleiten
• den Informationsfluss steuern.

Daraus lassen sich sechs Kompetenzfelder ableiten ([16], S. 27), die eine Moderatorin für die erfolgreiche Erfüllung dieser vielschichtigen Aufgabe benötigt. Diese Fähigkeiten sind genauso für die Online-Moderation relevant, sollten jedoch auf die Gegebenheiten im virtuellen Raum adaptiert werden (siehe Abb. 2.4).

Die folgenden allgemeinen Hinweise für eine gelungenen Online-Moderation gelten für unterschiedlichste Gesprächsformate von Online-Meetings über Online-Trainings bis hin zu Online-Konferenzen oder Online-Mitarbeitergesprächen. Basis für Konfliktklärung im virtuellen Raum ist selbstverständlich die Mediations- bzw. Konfliktmoderations-kompetenz, die ich als gegeben voraussetze, die jedoch an die Besonderheiten des virtuellen Raumes angepasst werden muss, vgl. Durchführung des Mediationsprozesses online (Kap. 3) und Kompetenzprofil Online-Mediator (Abschn. 5.2.3).

2.3.1 Prozessgestaltung & Atmosphäre

Dass Sie selbst pünktlich, technisch optimal ausgestattet und inhaltlich top vorbereitet sind, versteht sich von selbst. Darüber hinaus gehört es zu Ihrer Aufgabe als Moderator:in den organisatorischen und technischen Prozess für die Teilnehmenden so transparent und einfach zu gestalten wie nur möglich. Dies schlägt sich positiv in einer entspannten Atmosphäre nieder.

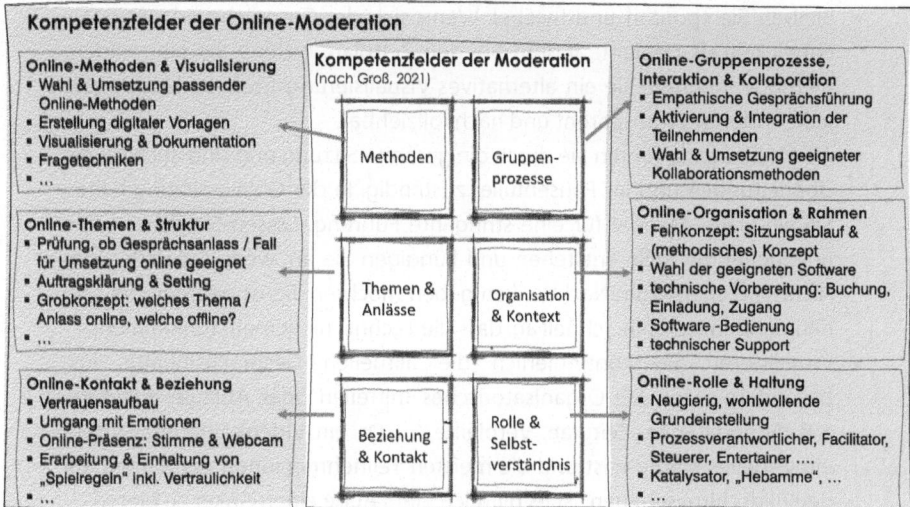

Abb. 2.4 Kompetenzfelder Online-Moderation. (Eigene Darstellung der Autorin, in Anlehnung an Groß, 2021)

▷   **Tipps zur Gestaltung eines transparenten Prozesses**
- Schaffen Sie Irritationen und Unsicherheiten proaktiv aus der Welt. Kennen sich die Teilnehmer nicht, sorgen Sie für eine Vorstellungsrunde. Ist der Ablauf unklar, legen Sie eine Agenda-Folie auf.
- Schaffen Sie Orientierung und Sicherheit, indem Sie immer wieder auf der Meta-Ebene kommunizieren. Sagen Sie an, was Sie als nächstes tun werden und wozu. Geben Sie regelmäßig einen Überblick über den Gesamtverlauf, den Teilprozess, den aktuellen Stand und den nächsten Schritt, damit die Teilnehmenden orientiert sind. So gleichen Sie die fehlenden Kontextinformationen im virtuellen Raum aus. Beispiel: *„Ich öffne jetzt gleich ein Word-Dokument um Notizen zu machen."*
- Mit Ihrer inneren Haltung und Ausstrahlung bestimmen Sie maßgeblich die Atmosphäre im virtuellen Raum. Seien Sie ausgeruht und emotional aufgeräumt, bevor Sie die Sitzung starten. Ihr Energielevel, Ihre Zugewandtheit und Ihr Interesse sind über Ihre Stimme hörbar und über Ihre Mimik sichtbar. Als Moderatorin sind Sie Orientierungspunkt und kommunikatives Vorbild für sämtliche Beteiligten.
- Halten Sie die angekündigten Zeiten ein, insbesondere auch die Pausenzeiten. Falls Sie bemerken, dass Sie den Zeitplan voraussichtlich nicht realisieren können, unterbrechen Sie frühzeitig, um das weitere Vorgehen zu besprechen.

- Bleiben Sie spontan und flexibel. Wenn sich der Gesprächsverlauf anders entwickelt als geplant, ändern Sie den Zeitplan, wählen Sie eine andere Methode, nehmen sie ein alternatives Visualisierungstool etc. Machen Sie jede Änderung transparent und nachvollziehbar.
- Als Moderator:in führen Sie durch die gesamte Sitzung und sind auch für die Überleitungen und als Pausenfüller zuständig. In der Online-Sitzung haben Sie ein klares Mandat für eine stringente Führung. Lassen Sie daher keine unangenehme Stille entstehen und kündigen Sie an, wenn Sie Zeiten des Nicht-Sprechens zum Nachdenken geben möchten. Sonst nehmen die Teilnehmenden bei Stille schnell an, dass die Technik nicht mehr funktioniert.
- Visualisieren Sie kontinuierlich die aktuellen Gesprächsinhalte, insbesondere wenn Sie Organisatorisches mitteilen oder Abläufe erläutern, z. B. Agenda-Folie, Zeitplan, Verbleibe, … Da ein Videokonferenz-System ein visuelles Medium ist und die meisten Teilnehmer:innen permanent auf den Bildschirm schauen, ist es hilfreich, dem Auge einen Anker zu bieten.

2.3.2   Interaktionsbegleitung & Aktivierung

Zu Ihren Aufgaben als Moderator:in gehört es, die Teilnehmenden so durch die Sitzung zu begleiten, dass jede:r zu jedem Zeitpunkt das Gefühl hat integriert und willkommen zu sein sowie den Ablauf der Sitzung lebendig und abwechslungsreich zu gestalten. Gelingt dies, werden sich die Teilnehmenden von sich aus aktiv an der Sitzung beteiligen und Interaktionsangebote (z. B. Bitte um Feedback, Fragerunden, …) gerne wahrnehmen.

▶ **Tipps zur Integration und Aktivierung der Teilnehmenden**
- Stellen Sie zu Beginn jeder Sitzung kurz sicher, dass alle Teilnehmenden die wesentlichen Bedienelemente der Software kennen und damit so vertraut sind, dass sie sich ohne Zögern und Unsicherheit in den Gesprächsverlauf einbringen können. Laden Sie regelmäßig zur aktiven Beteiligung ein!
- Achten Sie auf kleinste mimische Regungen im Gesicht der Teilnehmenden und gehen Sie gegebenenfalls darauf ein. Verbalisieren Sie in angemessener Form, was Sie beobachtet haben und vergewissern Sie sich, ob Ihre Interpretation richtig ist. Nicht jedes ausdruckslose Gesicht bedeutet Langeweile, nicht jedes Gähnen heißt Müdigkeit.
- Da direkter Blickkontakt, Gesten oder Körperdrehung zu einer anderen Person virtuell nicht möglich sind, sprechen Sie die Teilnehmenden immer mit Namen an. Nennen Sie den Namen der Person, von der Sie gleich eine Antwort wünschen, zu Beginn Ihres Satzes, der Frage oder der Aufforderung. So weiß die Person, dass die nächste Botschaft an sie gerichtet ist und fühlt sich nicht überrumpelt.

- Holen Sie regelmäßig Feedback von allen Teilnehmenden ein und geben Sie dabei den gewünschten Feedback-Kanal an. Beispiel: *„Geben Sie mir kurz einen Daumen nach oben in die Kamera, wenn wir weitermachen können."* *„Schreiben Sie in den nächsten 5 min bitte Ihre Ideen dazu in den Chat. In dieser Zeit werde ich auch nicht mehr sprechen, damit Sie sich konzentrieren können."*
- Scannen Sie kontinuierlich den gesamten virtuellen Raum mit ihrem Blick. Behalten Sie den Chat und die Videokacheln im Auge. Falls die Gruppe größer als ca. 10 Personen ist, ziehen Sie ggf. einen Co-Moderator hinzu, um die Arbeit aufzuteilen.
- Haben Sie die Redezeiten aller Beteiligten im Blick und sorgen Sie durch stringente Moderation für Ausgewogenheit. Kontrollieren Sie auch Ihre eigene Sprechzeit (max.5 Min. am Stück). Generell sind lange Monologe online noch ermüdender als in physischer Präsenz.
- Achten Sie auf regelmäßige Pausen (ca. alle 50 Min.), in denen alle ihren Audio- und Videokanal schließen. Fordern Sie die Teilnehmenden ausdrücklich auf, vom Rechner aufzustehen, zu lüften, für ihr leibliches Wohl zu sorgen. Idealerweise sollten die Teilnehmenden in den Pausen nicht arbeiten, keine E-Mails checken und nicht telefonieren, sondern zur Ruhe kommen. Ausnahmen sind Online-Konferenzen, die den ganzen Tag gehen, und in denen die Teilnehmenden Pausenzeiten gerne in virtuellen Nebenräumen *(Break-Outs()* zum Small Talk mit Bekannten nutzen.
- Visualisieren Sie den mündlichen Austausch parallel zum Gespräch. Es unterstützt die Konzentration und das Gefühl, orientiert zu sein, wenn Sie wesentliche Punkte zeitgleich mitnotieren. Dies kann digital in einer anderen Software geschehen, auf einem integrierten Whiteboard der Videokonferenzsoftware oder analog auf dem Flipchart (das hinter Ihnen steht) oder auf Papier (Kärtchen), das Sie später in die Kamera halten.
- Stellen Sie Regeln für die Nutzung des Chats auf. Gerade in einer Mehrpersonen-Sitzung besteht die Gefahr, dass diejenigen, die gerade nicht sprechen, sich verstärkt im Chat austauschen, sodass eine Paralleldynamik entsteht. Der bilaterale Chat sollte in Online-Mediation deaktiviert sein

2.3.3   Steuerung des Gesprächs & Informationsflusses

Eine Herausforderung im virtuellen Raum besteht darin, das Gespräch trotz der eingeschränkten nonverbalen Signale so flüssig zu gestalten wie in physischer Präsenz. Da der Blickkontakt zur Verständigung fehlt, müssen Sie als Moderator:in mehr auf der Meta-Ebene verbalisieren.

▶ **Tipps für einen angenehmen Gesprächsfluss**

- Vereinbaren Sie klare Regeln, wie Teilnehmende einen Redebeitrag anmelden oder sich bemerkbar machen können. Beispiel: „Wenn Sie zu einem Thema etwas sagen möchten, heben Sie bitte die Hand vor die Kamera. Das sehe ich am schnellsten. Zusätzlich können Sie auch die Meldegeste der Software verwenden. Ich gebe Ihnen dann das Rederecht, sobald Ihr Vorredner geendet hat."
- Sprechen Sie das Thema Vertraulichkeit im virtuellen Raum zu Beginn der Zusammenarbeit an. Erarbeiten Sie mit den Teilnehmenden für Gruppe und Anlass passende Verhaltensregeln, die Sie schriftlich festhalten und denen alle verbindlich zustimmen (mündlich, durch Geste oder durch ein Zeichen oder Unterschrift auf dem Dokument). Beispiel: „Wir sichern uns gegenseitig zu, sämtliche Informationen aus diesem Gespräch vertraulich zu behandeln und nicht zu dokumentieren. Insbesondere vereinbaren wir von den Online-Sitzungen keinerlei Aufzeichnungen, auch keine Screenshots, anzufertigen."
- Sobald Sie Teilnehmer-Reaktionen wahrnehmen (z. B. Meldung, Geste, Chatbeitrag, Mimik-Reaktion), gehen Sie zeitnah und am besten mündlich in Bezug, auch wenn Sie dafür einen anderen Teilnehmenden unterbrechen müssen. Beispiel „Ich habe Sie gesehen, Herr X. Lassen wir Herrn Y den Gedanken noch schnell zu Ende bringen…".
- Passen Sie die Mikrofonsteuerung dem aktuellen Gesprächsverlauf an. Wenn Teilnehmende sich nicht an die Gesprächsregeln halten können (z. B. anderen ständig ins Wort fallen), nutzen Sie die Möglichkeit der Stummschaltung Einzelner und vergeben Sie das Rederecht streng in der Reihenfolge der Meldungen.
- Sprechen Sie klar und deutlich, möglichst in kurzen Hauptsätzen. Vermeiden Sie komplizierte Nebensatz-Konstruktionen. Vermeiden Sie Sprechpausen und kommunizieren Sie viel auf der Meta-Ebene, z. B. „Einen Moment, ich suche kurz die richtige Datei heraus und mache sie dann gleich für alle sichtbar."

2.3.4 Arbeiten mit Co-Moderator:in/Co-Mediator:in

Falls Sie mit synchroner Online-Moderation oder Online-Mediation persönliches Neuland betreten, sollten Sie in Betracht ziehen, die ersten 10–20 Sitzungen mit Co-Moderator:in zu arbeiten. Diese mitverantwortliche Person im Raum erleichtert Ihnen den Umgang mit unvorhergesehenen technischen Störungen, der neuartigen Kommunikationsform sowie der Bedienung des virtuellen Raums.

Ein weiterer Vorteil von Co-Moderation/Co-Mediation online ist, dass allein durch den Sprecherwechsel die Aufmerksamkeit der Beteiligten erhöht wird. Eine andere

Stimme und Sprechweise zu hören und sich auf ein anderes Gesicht zu konzentrieren, kann für die Teilnehmenden eine willkommene Abwechslung sein. Für Sie selbst bedeutet es eine kurze Erholungspause, wenn die Kollegin übernimmt.

Damit die Online-Zusammenarbeit gut klappt, bereiten Sie sich gemeinsam vor. Idealerweise wählen Sie eine Person, mit der Sie bereits in physischer Präsenz zusammengearbeitet haben, oder die Sie zumindest aus dem realen Leben kennen. Selbstverständlich kann auch die Zusammenarbeit mit einem erfahrenen Online-Moderator:in oder einem technischen Support, den Sie noch nie getroffen haben, hervorragend funktionieren, wenn Sie es mit Profis zu tun haben.

In jedem Fall ist mindestens ein Online-Vorbereitungstreffen unabdingbar, um zu erleben, wie die andere Person im virtuellen Raum agiert, sich anhört und „rüberkommt". Dies ist auch eine gute Gelegenheit, sich Feedback einzuholen in Bezug auf die eigene Kamerawirkung und Tonqualität, und auch um neue Geräte oder Gerätekombinationen auszuprobieren. Grundsätzlich ist zu empfehlen, sich in derselben Software zu treffen, die später auch für die Online-Sitzung genutzt wird, um gemeinsam eventuell noch unbekannte Bedienelemente und Methoden auszuprobieren.

Die Arbeitsteilung kann unterschiedlich ausfallen und sollte im Detail besprochen werden. Hauptverantwortung in Bezug auf den Kundenkontakt, die technische Vorbereitung und das Grob- und Feinkonzept trägt i. d. R. wer den Auftrag akquiriert hat. Während der Sitzung selbst sind dagegen unterschiedliche Rollen- und Aufgabenteilungen denkbar:

- **Als gleichberechtigtes Moderator-/Mediator:innenpaar**: je nachdem, wie gut Sie sich kennen, kann und macht jeder alles – entweder intuitiv, auf Zuruf oder nach vorheriger Absprache (z. B. Sprecherwechsel ca. alle 30 Min). Bedenken Sie, dass Blickkontakt oder Absprache durch Handzeichen im virtuellen Raum nicht funktionieren und Sie diese Signale verbalisieren müssen. Beispiel: *„Ich schau mal kurz meine Kollegin an…was meinst du, sollen wir…?"*
- **Mit klar verteilten Rollen und Zuständigkeiten**: eine Person ist der Hauptmediator, der überwiegend das Gespräch führt; die andere Person hat eine klare Nebenrolle, kümmert sich z. B. um die Visualisierung und Dokumentation, oder ist kompetenter, aber stiller Beisitzer und Zeitwächter, der nur im Notfall übernimmt (bei Verbindungsabbruch, Blackout, Stimmverlust, Erschöpfung…). Dies könnte ein Modell sein, um unkompliziert Hospitationen für frisch gebackene Kolleg:innen zu ermöglichen.
- **Mit einem rein technischen Supporter, der selbst kein Mediator ist**: diese Person kann auch nur zu Beginn einer Sitzung dabei sein und sich ausklinken, sobald die Mediation beginnt, oder nur auf Abruf zur Verfügung stehen, wenn eine technische Störung auftritt. Wichtig ist, dass diese Person vorher eine Vertraulichkeitserklärung unterschreibt.

Generell ist das Ziel einer flüssigen Co-Moderation, sich gegenseitig möglichst wenig zu unterbrechen und auch den Redefluss der Teilnehmenden nicht zu stören. Vereinbaren Sie daher klare Vorgehensweisen und nonverbale Zeichen, mit denen Sie sich in bestimmten Situationen untereinander verständigen. So können Sie sich zum Teil nahtlos „den Staffelstab übergeben". In meiner Praxis haben sich z. B. die folgenden Handzeichen oder Signale bewährt:

- *„Ich habe eine Ergänzung/Idee/möchte etwas sagen"* → flache Hand in die Kamera halten und Blick gerade in die Kamera richten
- *„Ich habe eine Frage zu genau dem Punkt, der gerade besprochen wird."* → gebogenen Zeigefinger (symbolisches Fragezeichen) in die Kamera halten und Kopf leicht schräg neigen
- *„Ich stimme zu/bin einverstanden."* → Deutliches Nicken mit Blick in die Kamera oder Daumen nach oben
- *„Ich schlage vor, eine Pause zu machen."* oder *„Wir müssen zum Ende kommen."* → Time-Out-Zeichen (T-Symbol mit beiden Händen formen) oder eine Uhr in die Kamera halten
- *„Bitte übernimm Du, mir fällt gerade nichts mehr ein."* → Post-it auf die Stirn kleben oder die Faust an die Stirn halten, als Zeichen, dass ich gerade keine Idee mehr habe (wenn es in den Rahmen passt) oder ein anderes unauffälligeres Zeichen

Weitere Abstimmungsanlässe, zu denen Sie sich individuell Signale überlegen könnten, sind:

- *„Ich möchte mich mit dir auf der Meta-Ebene austauschen/ein Reflecting Team durchführen"*
- *„Ich möchte etwas rein Organisatorisches klären."*
- *„Ich habe ein technisches Problem."*
- …

Generell können Sie selbstverständlich auch jegliches Anliegen an Ihre Co-Moderatorin in den privaten Chat posten. Meiner Erfahrung nach ist es jedoch praktisch unmöglich, während des Sprechens noch unauffällig den Chat zu lesen und darauf zu antworten. Ein Post im Chat sollte daher immer nur ein Stichwort liefern, das die Kollegin mit einem kurzen Blick erfassen kann, z. B. *„Pause?"*, *„Zeit!!!"*, *„habe Frage"*. Letztendlich wird es zwar – wie in der Präsenzmediation auch – trotzdem eine Unterbrechung für die interne Absprache zwischen den Moderatorinnen geben, jedoch wirkt diese nicht so hart, wenn Sie vorher ein Handzeichen gegeben haben, das sowohl die Kollegin als auch die Teilnehmenden gesehen haben.

2.4 Online-Präsenz & Authentizität im virtuellen Raum

Die Fähigkeit, online soziale Nähe herzustellen und Kontakt aufzubauen, ist wohl eine der entscheidendsten Kompetenzen für eine gelingende Online-Mediation. Daher spielt die „Online-Präsenz[6], also die Wirkung, die wir mit unserer Stimme und über die Webcam erzielen, eine wesentliche Rolle. Um besser zu verstehen, wie sich die Nutzung eines Videokonferenzsystems auf die Kommunikation und die soziale Wahrnehmung auswirken, werfen wir zunächst einen kurzen Blick in die Medien- und Kommunikationsforschung.

2.4.1 Theorien der computervermittelten Kommunikation

Die Auswirkungen von Mediennutzung auf die Kommunikation werden seit langem untersucht[7]. In diesem Abschnitt möchte ich die für Online-Mediation relevanten Theorien kurz skizzieren.

Daft & Lengel [9] verglichen Mitte der 1980er Jahre verschiedene Medien – von der E-Mail bis zur *Webconferencing*-Software – in Bezug auf die jeweiligen Möglichkeiten, mit Vielschichtigkeit und Mehrdeutigkeit in Kommunikationssituationen umzugehen. Medien weisen eine unterschiedliche Bandbreite („Reichtum") an Kommunikationskanälen und Ausdrucksmöglichkeiten auf; Kommunikationssituationen sind unterschiedlich vielschichtig und komplex. Daft & Lengel untersuchten, welches Medium für welchen Komplexitätsgrad einer kollaborativen Kommunikation am passendsten ist und leiteten daraus die **Medienreichhaltigkeitstheorie** (Media Richness Theory) ab. Sie besagt, dass je vieldeutiger und komplexer ein zu vermittelnder Sachverhalt (Kommunikationsaufgabe) sei, desto reichhaltiger auch das gewählte Medium sein sollte[8]. Ziel ist es, durch die Wahl des geeigneten Mediums unangemessene Vereinfachung *(oversimplification)* und unnötige Verkomplizierung *(overcomplication)* zu vermeiden. Ein „armes" textbasiertes, asynchrones Medium wie eine whatsapp-Nachricht ist somit bestens für eine einfache Kommunikationsaufgabe (z. B. eine Terminbestätigung) geeignet, wäre aber überhaupt nicht passend um komplexe, emotionale Sachverhalte zu klären. Ein reichhaltiges Medium wie ein Videokonferenz-System wäre unangemessen, um simple Kontaktdaten zu übermitteln, ist aber bestens für

---

[6] Unter „Online-Präsenz" wird im allgemeinen Sprachgebrauch die Sichtbarkeit einer Organisation im Internet verstanden (u. a. Website, Social Media Auftritt, ...). Ich bezeichne mit dem Begriff hier allerdings die Wirkung und Ausstrahlung, die eine Person im virtuellen Raum hat, analog zu dem Begriff „Kamera-Präsenz" in der Filmbranche.

[7] frühe Theorien siehe zusammengefasst: Adrian [2], S. 185 ff.

[8] Der Vollständigkeit halber sei erwähnt, dass die Media Richness Theory von Rice (1992, [30]) in Bezug auf Neue Medien und von Reichwald (1998, [29]) in Bezug auf komplexe Tele-Kooperationsaufgaben erweitert wurde.

vielschichtige Kommunikationsaufgaben wie Verhandlungen, Konfliktklärung oder Feedbackgespräche geeignet.

Naturgemäß ist das *F2F*-Gespräch an „Reichhaltigkeit" nicht zu überbieten. Gleich an zweiter Stelle kommen jedoch Videokonferenz-Systeme, bieten sie doch neben unmittelbarem auditivem (Stimme) und visuellem (Webcam-Bild) Feedback zahlreiche weitere Ausdrucksformen (Chat, Gesten, Umfragen, Whiteboard, …) und sind demnach von allen Medien am besten geeignet, mit Mehrdeutigkeit und Vielschichtigkeit in der Kommunikation und Zusammenarbeit umzugehen. Dies spricht dafür, mediengestützte Mediation in einem Videokonferenz-System durchzuführen – nicht per E-Mail oder per Telefon – und im virtuellen Raum alle zur Verfügung stehenden Kanäle zu nutzen.

In der **Grounding-Theorie** (1991) beschreiben Clark & Brennan [7], dass für kollektive Kommunikationsaktivitäten eine gemeinsame Verständigungsbasis (Common-Ground) benötigt wird, die ständig aktualisiert werden muss. Dieser Aktualisierungs-prozess wird Grounding genannt und gelingt Kommunikationspartnern desto besser, je mehr explizite und implizite Ausdrucksmöglichkeiten ein Medium bietet. Den *Grounding*-Prozess beeinflussen dabei eine Reihe von Medienmerkmalen, die von Medium zu Medium variieren. Videokonferenzen verfügen u. a. über die Merkmale der (virtuellen) Ko-Präsenz (gleichzeitige Anwesenheit der Kommunikationspartner*innen in derselben Umgebung), Sichtbarkeit, Hörbarkeit, Gleichzeitigkeit des Sendens und Empfangens von Nachrichten. Somit kommt das Medium Videokonferenz dem *F2F*-Gespräch sehr nahe.

Die **Theorie der sozialen Präsenz** wurde in den späten 1970er Jahren von den Sozial-psychologen Short, Williams & Christie [33] entwickelt und später weiter untersucht (vgl. Baozhou et al. [3], Lombard et al. [22]). Sie besagt, dass Kommunikationsmedien in unterschiedlichem Maße sozio-emotionale Hinweise, durch die das Gefühl persönlicher Nähe erzeugt wird, übermitteln können. Das Maß an sozialer Präsenz, die das Medium vermitteln kann, wird daran gemessen, inwiefern physische und emotionale Signale der Nutzer übertragen und in Interaktion erfahrbar werden, um so das gemeinsame Erleben und Beziehungen zu gestalten. Diese soziale Präsenz nehmen Menschen in der unter-schiedlichen Intensität von Intimität, Unmittelbarkeit und Gemeinschaftsgefühl wahr. Der Videokonferenz wird als einzigem Medium die Ermöglichung einer ähnlich hohen sozialen Präsenz wie dem *F2F*-Gespräch bescheinigt. Anzumerken ist, dass die individuell wahrgenommene soziale Präsenz eines Benutzers in hohem Maße von dessen Medienein-stellungen und -erfahrungen abhängt [12]. Dazu gehört auch die individuelle Vertrautheit und Bedienkompetenz in dem Medium. Die seit Beginn der Pandemie stark gewachsenen Erfahrungen mit Videokonferenzsystemen haben dazu geführt, dass bereits heute deutlich mehr Menschen virtuelle Räume als „sozial nah" empfinden als noch Anfang 2020.

Die **Theorien der Reduzierung sozialer Kontexthinweise**[9] legen den Fokus auf die Einschränkungen eines Mediums. Sie gehen davon aus, dass das Fehlen sozialer Hin-

---

[9] vgl. Kiesler et al. (1984); Sproull & Kiesler (1987), Reduced Social Cues Approach.

weisreize wie Alter, Aussehen, sozialer Status sich negativ auf die Kommunikation auswirken und computergestützte Kommunikation somit per se defizitär ist. Die Tatsache, dass in allen Medien – insbesondere der schriftbasierten Online-Kommunikation – soziale Hinweisreize nicht vollständig übermittelt werden, ist unbestritten. So verknüpft die *Cuelessness*-**Theorie**[10] das Fehlen sozialer Hinweisreize mit dem Gefühl sozialer Distanz, was sich ebenfalls negativ auf das Kommunikationsverhalten auswirkt. Menschen neigen jedoch dazu, nicht direkt erfasste Aspekte des Gesprächspartners zu idealisieren (Nivellierungseffekt), vgl. [23]. Nivellierung, also das Herstellen einer gleichen Ebene, durch fehlendes Wissen über den sozialen Hintergrund des Gegenübers baut soziale Hemmungen ab. So können entweder Offenheit, Ehrlichkeit und Gleichheit begünstigt, oder – besonders im Konfliktfall – Feindseligkeit, normverletzendes und antisoziales Verhalten verstärkt werden. Auch in Videokonferenzen sind soziale Hinweisreize weniger augenfällig oder fehlen ganz. Jedoch kennen sich in vielen Fällen die Medianden bereits aus der realen Welt, sodass besonders der Online-Mediator herausgefordert ist, mit der eingeschränkten sozialen Präsenz umzugehen.

Die Erkenntnisse aus den unterschiedlichen Kommunikationstheorien zeigen, wie wichtig es ist, sich Gedanken über die eigene soziale Präsenz im virtuellen Raum zu machen, wenn wir dort Vertrauen, Nähe und Gemeinschaftsgefühl erzeugen möchten. In Videokonferenzen stehen uns dafür der Audiokanal (Stimme) und der Videokanal (Bild) zur Verfügung.

2.4.2 Die Stimme – unser wichtigstes Werkzeug online

In der Alltagskommunikation leiten wir aus den kommunikativen Hinweisreizen, die wir an unserem Gesprächspartner wahrnehmen, unbewusst Schlüsse über diese Person ab. Dies geschieht in der Regel ganzheitlich, spontan und intuitiv. Die Stimme und Sprechweise eines Menschen bieten hier viele Anhaltspunkte, denn jede Stimme ist individuell und somit Ausdruck unserer einzigartigen Persönlichkeit.

Die Sprechwirkungsforschung und die Persönlichkeitspsychologie beschäftigen sich seit den 1930er bzw. 1960er Jahren mit dem Zusammenhang zwischen Persönlichkeit, Stimme und Emotionen. Über die Stimme und Sprechweise können wir wesentliche Hinweise über den Gesprächspartner erhalten:

- Biologische Merkmale: Alter, Geschlecht, Erkrankungen[11]
- Soziale Merkmale: Bildungsgrad, soziale Herkunft
- Kulturelle Merkmale: Nationalität, regionale Herkunft
- Emotionale Merkmale: momentane Gefühlslage

---

[10] vgl. Rutter, Stephenson & Dewey, (1981), Cuelessness Model.

[11] Psychische und körperliche Krankheiten wie Depressionen, Aufmerksamkeitsstörungen oder Parkinson zeigen sich in der Stimme, z. T. lange bevor sie körperlich bemerkbar sind, vgl. [36].

Unsere Stimme ist an verschiedenen Lautäußerungen beteiligt (Schreien, Weinen, Lachen), vor allem natürlich in der gesprochenen Sprache. Gleichzeitig ist sie auch Bestandteil der Körpersprache. Durch diese Vielfalt an Informationen und ihre Einzigartigkeit gibt die Stimme „Einblick in die Seele, in die Innerlichkeit, in den Charakter eines Menschen" (Sendlmaier, [32], S. 108).

2.4.2.1 Stimme, Stimmung und Persönlichkeit

Wie einzigartig die Stimme ist, wissen nicht nur forensische Phonetiker beim Bundeskriminalamt, die Stimmen anhand von akustischen Fingerabdrücken auswerten. Jeder hat schon einmal erlebt, dass ein kurzes „Hallo" einer vertrauten Person am Telefon reicht, um zu wissen, wer dran ist und wie es der Person gerade geht. Tatsächlich braucht unser Gehirn nur Sekundenbruchteile, um die Stimme einem Menschen zuzuordnen – genauso lange wie wir zum Erkennen eines menschlichen Gesichts benötigen [36].

Die eigene Stimme zu kontrollieren gelingt – zum Glück – nur bedingt: Wenn wir aufgeregt sind, zittert sie; sind wir überrascht oder betroffen, verschlägt es uns die Stimme. Nur professionell ausgebildete Sprecher und Schauspieler können ihre Stimme wirklich glaubhaft verstellen. Bei den meisten Menschen ist die aktuelle Gefühlslage unmittelbar in der Stimme zu hören, und zwar auch dann, wenn die Person versucht, uns etwas vorzumachen. Die Stimme ist somit ein authentischer Ausdruck der aktuellen Emotionslage, dem wir als Zuhörende vertrauen können. In jeder Kommunikation spielt der Aspekt der Selbstoffenbarung (vgl. Schulz von Thuns „4-Seiten-einer-Nachricht-Modell"[12]) eine Rolle. Als Hörer sind wir in hohem Maße sensibel, derartige Informationen zu verarbeiten und auszuwerten. Unstimmigkeiten zwischen Inhalts- und Selbstoffenbarungsseite nehmen wir als inkongruent wahr, was zu Irritationen in der Kommunikation führt.

Als (Online-)Mediator:innen versuchen wir unsere feine Wahrnehmung zu nutzen, um unseren Gesprächspartner besser zu verstehen und als Persönlichkeit einschätzen zu können. Eine Studie der Universität Göttingen [34] von 2021 mit über 2200 Probanden bestätigt, dass Menschen tatsächlich Aspekte ihrer Persönlichkeit über die Stimme ausdrücken. Insbesondere wurden Zusammenhänge zwischen der Stimme und den Faktoren Neurotizismus[13] und Extraversion bestätigt, die oft als die wesentlichen zwei der Big-Five-Persönlichkeitsmerkmale[14] angesehen werden. Darüber hinaus scheint die Stimmlage besonders relevant zu sein, wenn es um den Eindruck geht, den eine Person hinterlässt: je tiefer die Stimme, desto eher werden Menschen als dominant, ver-

---

[12] vgl. https://www.schulz-von-thun.de/die-modelle/das-kommunikationsquadrat (Zugriff: 02.08.2022).

[13] Neurotizismus beschreibt die Neigung zu Nervosität, Unsicherheit, psychischer Labilität und Stresssensibilität.

[14] Als *„Big-Five"* werden die fünf zentralen Persönlichkeitsmerkmale Offenheit/Aufgeschlossenheit, Gewissenhaftigkeit, Verträglichkeit/Kooperationsbereitschaft, Extraversion und Neurotizismus bezeichnet.

trauenswürdig, kompetent, attraktiv, intelligent und freundlich eingeschätzt. Noch dazu entscheiden Menschen innerhalb weniger Sekunden, ob sie die Stimme ihres Gesprächspartners angenehm finden oder nicht, und können klar einschätzen, ob eine Stimme eher warm und weich oder eher scharf, kalt und hart klingt [32].

Dabei ist zu bedenken, dass aufgrund der eingeschränkten Übertragung körpersprachlicher Signale im virtuellen Raum der Stimme in der Online-Kommunikation sogar eine noch größere Bedeutung zukommt als *F2F*. Verwendet die Sprecherin ein professionelles Mikrofon und der Hörer ein PC-Headset, haben wir online häufig sogar bessere Audio-Qualität als in physischer Präsenz, denn die Stimme wird klarer übertragen, die Lautstärke lässt sich regulieren und Störgeräusche werden ausgefiltert.

2.4.2.2 Sensibilität der Stimme und des Gehörs

Unsere Stimme reagiert deshalb so sensibel auf unsere aktuelle Stimmung, weil sich Gefühle auf den Muskeltonus und somit auch auf die Kehlkopf-Muskulatur auswirken. Starke Gefühle wie Angst, Ekel oder Verunsicherung führen dazu, dass sich die Muskeln verspannen und die Resonanzräume verengen – und schon klingt die Stimme anders.

Die meisten Menschen offenbaren Gefühle tatsächlich eher durch die Stimme und Sprechweise, als sie in Worte zu fassen. Das liegt daran, dass die Stimme in der Menschheitsgeschichte – lange vor der Sprachfähigkeit – benutzt wurde, um Affekte und überlebenswichtige Warnungen auszudrücken. Diese ursprünglichste Art der Kommunikation kommt als „versteckte Botschaft" beim anderen an und wirkt wegen des sog. „inneren Nachvollzugs", der automatischen Nachahmung der Stimmlippenbewegungen anderer. Hören wir einem Redner mit belegter Stimme zu, meinen wir selbst, uns räuspern zu müssen. Ein heiserer Sprecher verursacht auch bei uns ein Kratzen im Hals [36].

Während Gestik und Mimik von manchen Menschen gut kontrolliert werden können oder per se – z. B. kulturell bedingt – nicht sehr stark ausgeprägt sind, gelingt es nur ausgebildeten Schauspielern ihre Stimme so zu beherrschen, dass sie darüber glaubhaft Gefühle vortäuschen können. Dass unsere Ohren sich nicht so leicht täuschen lassen, wenn es um die Deutung der emotionalen Verfassung geht, zeigt eine Studie der Yale Universität [20]. Dabei ließen US-Forscher 1.800 einander unbekannte Probanden in unterschiedlichen Gesprächssituationen entweder nur zuhören oder nur sehen oder beides gleichzeitig[15]. Die Auswertung zeigt, dass Menschen durch bloßes Zuhören – ohne Beobachten der Körpersprache – am besten in der Lage sind, die Gefühle anderer einzuschätzen – ob die Stimme dabei *F2F* oder über ein Medium übertragen wird, spielt keine Rolle.

---

[15] Zusammenfassung der Studie der Fördergemeinschaft Gutes Hören
https://www.fgh-info.de/presse/pressetexte/news/besser-hoeren-als-sehen-wenn-es-um-emotionen-geht-sind-die-ohren-im-vorteil (Zugriff: 01.08.2022) vgl. auch https://www.spektrum.de/news/wir-koennen-die-emotionen-anderer-besser-hoeren-als-sehen/1510415 (Zugriff: 01.08.2022)

Dass reines Zuhören ohne Blickkontakt und physische Nähe menschlich nah und emotional stabilisierend sein kann, hat jeder selbst schon einmal in einem Telefonat mit einem lieben Menschen erlebt. Seit 1956 gibt es die Telefonseelsorge in Deutschland, die in den vergangenen Jahrzehnten unzähligen Menschen in psychischer Not geholfen hat. Das nötige „Handwerk des Zuhörens, Nachfragens und Aushaltens"[16] dafür wird den ehrenamtlichen Seelsorger:innen in einer speziellen Ausbildung beigebracht. Wir können also davon ausgehen, dass wir in emotional intensiven Online-Gesprächen die Teilnehmenden auch dann noch erreichen, wenn die Webcam ausgeschaltet ist.

Dies bedeutet allerdings nicht, dass unsere natürliche Gestik beim Sprechen unwichtig wäre – im Gegenteil. Dass sich die Gestik auf den Klang unserer Stimme auswirkt, haben Forscher des Max-Planck-Instituts für Psycholinguistics in Nijmegen [26] nun bewiesen[17]. In der menschlichen Stimme ist eine Art „Abdruck" der Oberkörper- und Handbewegungen zu hören. Kleinste Schwankungen im Klang der Stimme liefern Zuhörern genügend Anhaltspunkte, um Körperbewegungen des Sprechers zu rekonstruieren und so auf seine momentane Gefühlslage zu schließen. Es lohnt sich also – auch bei eingeschränkter Wahrnehmung über die Webcam – lebendig und gestenreich zu kommunizieren.

Sprechwissenschaftler empfehlen Vielrednern – von Call-Center-Agent bis Lehrerin, Schauspieler, Sprecherin, Therapeut, Coach und Mediatorin – möglichst oft in der Indifferenzlage zu sprechen. In dieser mittleren Stimmlage, dem sog. Eigenton, können wir ohne Anstrengung auch längere Zeit sprechen. Dieser „Brustton" wirkt automatisch überzeugend und authentisch, vgl. Übung Abschn. 2.4.2.2. Durch regelmäßiges Stimmtraining erreichen wir eine höhere Belastbarkeit und Gesundheit der Stimme, optimieren den Klang und damit unsere Überzeugungskraft.

▶ **Übungen, um die Stimme aufzuwärmen**
- Lippenflattern: Prusten wie ein Pferd, um die Lippen zu lockern
- Gähnen und „Mjahm"-Geräusche, um den Kiefer zu lockern
- Zunge-Schnalzen, um die Zungenmuskulatur zu kräftigen
- Korken-Übung: mit einem Korken (oder notfalls dem Daumen) im Mund möglichst deutlich ein paar Sätze sprechen oder laut lesen. Danach – ohne Korken – ist die Artikulation deutlich klarer.
- mehrere Minuten lang die Schultern lockern und den Körper ausschütteln

2.4.2.3 Bedeutung der Stimme in der Online-Mediation
Die Art und Weise, wie wir sprechen und etwas betonen, hat einen starken Einfluss auf die Bedeutung jedes gesprochenen Satzes. So hat zum Beispiel „Das gönne ich Dir", eine unterschiedliche Aussage, je nachdem, ob man das erste („gehässig") oder das letzte

---

[16] vgl. https://www.telefonseelsorge.de (Zugriff: 20.08.2022).
[17] vgl. https://www.mdr.de/wissen/gesten-kann-man-hoeren-100.html (Zugriff: 01.08.2022).

(„wohlwollend") Wort betont. Auch in der Online-Kommunikation müssen wir uns der Relevanz unserer Stimme und Sprechweise als Ausdrucksform unserer Persönlichkeit und der Bedeutung unseres gesprochenen Wortes stets bewusst sein. Die enorme Aussagekraft der Stimme sollten wir in beide Richtungen nutzen:

1. Über unsere Stimme können wir eine positive emotionale Grundhaltung – Offenheit, Zuversicht, Wohlwollen, Interesse – vermitteln und so die Atmosphäre schaffen, die der Situation angemessen und dienlich ist.
2. Über unser Gehör können wir viele Informationen über Persönlichkeit und aktuelle Gemütslage unserer Gesprächspartner*innen heraushören. Hierbei kommt Mediator:innen sicherlich zugute, dass sie sowieso im „aktiven Zuhören" ausgebildet sind.

Die Beschäftigung mit der eigenen Stimme ist für sprechintensive Berufe somit unerlässlich. Je besser wir uns und unsere Stimme kennen, desto eher sind wir uns der Signale, die wir aussenden, bewusst und können die Wirkung unserer Stimme aktiv beeinflussen. Bei Aufregung oder Unsicherheit erhöht sich wie erwähnt der Muskeltonus und dies führt unter anderem dazu, dass wir höher sprechen. Diese Anstrengung wird vom Hörenden nicht nur wahrgenommen, sondern körperlich mitempfunden (vgl. oben „innerer Nachvollzug"). Unsere Anspannung kann sich so auf den Medianden übertragen und dazu führen, dass dieser sich unwohl fühlt und die Gesprächssituation negativ bewertet [26].

Als Online-Mediator:innen sollten wir uns darüber im Klaren sein, dass auch wir selbst nicht davor gefeit sind, Mediand:innen unbewusst anhand von deren Stimme bestimmte Eigenschaften zuzuschreiben. Um unsere Neutralität zu wahren, sollten wir diesen unmittelbaren ersten Eindruck kritisch hinterfragen. Zwar sagt die Stimme viel über eine Person aus, jedoch nicht alles. Diese Wahrnehmungsmechanismen wirken selbstverständlich auch im physischen Raum, jedoch kommt der Stimme im virtuellen Raum im Verhältnis zu den restlichen körpersprachlichen Hinweisreizen eine größere Bedeutung zu.

▶ **Tipps für den Stimm-Einsatz im virtuellen Raum**
- Wärmen Sie Ihre Stimme vor der Online-Sitzung auf. Sind die Stimmbänder warm und geschmeidig, klingt die Stimme frischer und klarer und wir räuspern uns nicht so häufig. Übungen zum Stimmtraining finden sich zahlreich im Internet unter dem Stichwort „Stimme aufwärmen", „Einsingen" oder „Stimm-Gymnastik" und in Abschn. 2.4.2.2
- Lernen Sie Ihren Eigenton kennen. Anleitungen, um die eigene optimale Sprechstimmlage zu finden, gibt es im Internet. Eine einfache Übung geht so: Stellen Sie sich ein sehr langweiliges Telefonat vor, in dem Sie kaum zu Wort kommen, sondern nur hin und wieder mit einem „Hm"

signalisieren, dass Sie noch dran sind. Fangen Sie nun an auf diesem „Hm"-Ton zu summen. Das ist Ihr Eigenton! Wenn Sie in einer herausfordernden Moderationssituation plötzlich verunsichert oder aufgeregt sind, besinnen Sie sich innerlich auf diesen Ton und sagen Sie „Hm". Schon sind Sie wieder in Ihrer idealen Stimmlage.

- Bedenken Sie, dass auch Lächeln und Oberkörpergesten über die Stimme zu hören sind. Sitzen Sie daher nicht stocksteif, sondern entspannt vor der Kamera, lächeln Sie häufig und bewegen Sie sich ganz natürlich – insbesondere die Schultern, Arme und Hände.
- Lernen Sie Ihre Stimme zu modulieren, d. h. lebendig und abwechslungsreich zu sprechen. Meinen Sie wirklich, was Sie sagen. Legen Sie bewusst Ihre innere Haltung und Ihre aktuellen Gefühle in die Stimme. Ihre Gesprächspartner werden Ihr authentisches Interesse, Ihre Besorgnis oder Ihr Wohlwollen stets auch als solches wahrnehmen.
- Schulen Sie Ihr Gehör und lernen Sie auf die Zwischentöne zu achten. Vertrauen Sie Ihrer natürlichen Gabe, Gefühlszustände und Persönlichkeitsmerkmale aus der Stimme Ihrer Gesprächspartner herauszuhören.
- Trinken Sie mindestens 1,5 L (stilles) Wasser pro Tag, um die Schleimhäute zu befeuchten. Meiden Sie koffeinhaltige Getränke, die Ihrem Organismus Feuchtigkeit entziehen. Eher ungeeignet sind kohlensäurehaltige und alkoholische Getränke oder Fruchtsäfte, da sie die Schleimhäute reizen. Auch auf Milch (und Milchprodukte) sollte lieber verzichtet werden, da sie schleimbildend wirken.
- Die Gewürze Thymian, Salbei, Ingwer, Kurkuma, Zimt und Kardamom wirken stärkend und/oder beruhigend auf die Stimmbänder und sind in Form von Tees oder Bonbons empfehlenswert.

2.4.3 Souveräner Webcam-Einsatz

Für viele Menschen sind intensive Online-Gespräche nur denkbar, wenn sie ihr Gegenüber auch sehen können. An den meisten Standorten ist es dank der technologischen Entwicklungen der letzten 10 Jahre problemlos möglich, die Datenmenge mehrerer Webcam-Streams parallel ohne Zeitverzögerung zu senden und zu empfangen. Über die Webcam werden weitgehend Mimik und Oberkörpersprache übertragen, sodass wir wichtige soziale Hinweisreize und authentische Reaktionen wahrnehmen können. Dies erleichtert die Einschätzung des Gegenübers und unterstützt den Beziehungs- und Vertrauensaufbau. Obwohl die Online-Gesprächssituation nahe an der physischen Präsenz ist, unterscheidet sich die Sichtbarkeit im virtuellen Raum doch in mehreren Aspekten.

2.4.3.1 Sichtbarkeit & Selbstreferenzierung

Würden Sie direkt in Ihrem Arbeitszimmer einen Spiegel so an die Wand hängen, dass Sie sich beim Telefonieren, Schreiben und Nachdenken ständig selbst sehen? Wohl eher nicht. Im Gegenteil: üblicherweise vermeiden wir Spiegel in Besprechungszimmern und Büros, weil sie ablenken und ein Gefühl des Beobachtet-Seins erzeugen. Genau diese Situation ist jedoch im virtuellen Raum bei eingeschalteten Kameras gegeben. Da wir alle frontal zur Kamera sitzen, kommt hinzu, dass wir zeitgleich die Reaktionen mehrerer Gesprächspartner wahrnehmen können, ohne den Kopf wenden zu müssen.

Menschen reagieren unterschiedlich auf die dauernde frontale Selbstbespiegelung. Für manche schafft die gegenseitige Sichtbarkeit Vertrautheit und Nähe: gerade durch die dauerhaft freigeschalteten Live-Bilder aller entsteht ein Gruppen-Gefühl. Wer seine Videokachel ausblendet, fehlt im Gesamtbild. Andere fühlen sich aus zu großer Nähe dauer-beobachtet und empfinden dies als Eindringen in ihre Privatsphäre, kontrollieren sich stärker und empfinden in der Folge Angestrengtheit und Erschöpfung, vgl. Abschn. 2.1.4. Wieder anderen bereitet das Agieren vor der Kamera regelrechte Angst-zustände, vgl. Abschn. 2.4.3.2.

Tatsache ist: Blickkontakt ist nur indirekt möglich. Mein Blick in die Kamera richtet sich stets an alle, nicht an Einzelne und durch meinen Blick auf den Monitor bleibt unklar, wen ich gerade beobachte. Dies kann im physischen Raum nicht passieren, denn der Blick in die Augen ist eindeutig und selbst ein beobachtender Blick (sogar von der Seite oder von hinten) ist für die beobachtete Person spürbar.

Dass wir online unser nonverbales Kommunikationsverhalten in Videokonferenzen dem Medium anpassen, wurde in einer Studie (2018) nachgewiesen (vgl. [8]). Die Pro-banden sprachen im virtuellen Raum lauter und lächelten häufiger, um Beziehung her-zustellen. Die Neigung, sich online stärker zu kontrollieren, zeigt sich u. a. darin, dass Probanden sich vor der Webcam weniger im Gesicht berührten als in der F2F-Ver-gleichsgruppe. Faktoren, die den Beziehungsaufbau und die gegenseitige Sympathie (negativ) beeinflussen, sind die Verweigerung des Blickkontakts und schnelles Sprechen. Mit der weiteren Normalisierung und Verbreitung von Online-Kommunikation in den nächsten Jahren wird die Erforschung solcher Anpassungsleistungen voraussichtlich ver-mehrt ins Blickfeld der Medien- und Kommunikationsforschung rücken. Daraus aktuell Rückschlüsse auf das Verhalten von Konfliktparteien im virtuellen Raum zu ziehen, wäre verfrüht.

Für die „Generation Selfie" mag die eigene Darstellung per Video auf *Social Media* Plattformen bereits heute eine Alltäglichkeit sein, ist jedoch weit weniger spontan als es scheint, sondern oft mit erheblichem (Styling-) Aufwand verbunden. Und es geht auf Instagram, facebook, TikTok usw. nicht um Interaktion, Austausch oder gar Konsens-findung, sondern um die Selbstdarstellung oder Darstellung eines Produkts. Dennoch ist damit zu rechnen, dass die „Digital Natives" der ab 1995 Geborenen mit größerer Selbst-verständlichkeit im Internet und speziell über die Webcam kommunizieren als ältere Menschen. Es bleibt abzuwarten, ob diese Selbstverständlichkeit im Umgang mit video-basierter Online-Kommunikation sich auch auf das Konfliktklärungsverhalten auswirkt.

Dann könnten mit Online-Mediationsangeboten eventuell jüngere Zielgruppen erreicht werden, die sich auf ein Mediationsverfahren im physischen Raum nicht oder nur ungern einlassen würden.

2.4.3.2 Kamera-Ängstlichkeit *(Zoom anxiety)*

Ganz im Unterschied zur jungen Generation – wobei auch hier nicht pauschalisiert werden darf – fühlen sich etliche Menschen vor der Kamera unwohl oder regelrecht verängstigt. Die sog. *Zoom anxiety* ist für viele Videokonferenz-Nutzer:innen ein reales Problem. Betroffene leiden unter körperlichen Symptomen von Angst oder sogar Panik, wenn sie sich in Videokonferenzen einbringen sollen, insbesondere wenn es darum geht, die Kamera anzuschalten[18]. Das Phänomen belastet zum einen die Psyche und beeinflusst außerdem das Verhalten im virtuellen Raum. In einer nicht-repräsentativen britischen Studie[19] mit 2.000 Personen im Home-Office gaben 73 % an, unter „Kamera-Ängstlichkeit" zu leiden. Das Gefühl, den Anforderungen nicht gewachsen zu sein, die Unnatürlichkeit der Kommunikationssituation und der Anspruch an sich selbst, „performen" zu müssen, führt dazu, dass Menschen große Verunsicherung und Abneigung gegen das Sprechen vor der Webcam entwickeln. Die größten Trigger sind demnach in absteigender Häufigkeit der Nennung:

- technische Probleme zu haben und nicht zu wissen, wie sie zu lösen sind
- nicht in der Lage zu sein, die Körpersprache des Gesprächspartners richtig zu deuten
- das Gefühl zu haben, nicht gehört zu werden
- unvorbereitet in ein Online-Meeting gerufen zu werden, ohne Zeit zu haben, das eigene Erscheinungsbild herzurichten
- sich Sorgen über den unprofessionellen Hintergrund zu machen
- während des Sprechens unterbrochen zu werden
- zu viele Personen gleichzeitig im Blick haben zu müssen
- sich Sorgen über das eigene Aussehen in der Kamera zu machen
- die Videokonferenz-Software und andere Präsentationssoftware gleichzeitig bedienen zu müssen
- nicht zu wissen, wohin mit den Händen

Als Online-Mediator:innen sollten wir in Betracht ziehen, dass einzelne unserer Mediand:innen möglicherweise kamera-ängstlich sind und ihnen Alternativen anbieten, damit sie sich wohlfühlen und auf den Mediationsprozess konzentrieren können.

---

[18] vgl. https://1e9.community/t/kamera-an-mikro-ein-und-schon-ist-sie-da-die-Zoom-anxiety/9459 (Zugriff: 01.08.2022).

[19] Vgl. https://buffalo7.co.uk/blog/Zoom-anxiety/ (Zugriff: 01.08.2022).

▶   **Tipps für den Umgang mit kamera-ängstlichen Menschen**

- Normalisieren Sie die Angst: erwähnen Sie, dass es das Phänomen *Zoom anxiety* gibt, sofern Sie das Gefühl haben, einer Ihrer Mediand:innen könnte betroffen sein
- Schaffen Sie eine Atmosphäre des Vertrauens, sodass jeder jederzeit um Hilfe bitten kann, z. B. was die Bedienung der Software anbelangt. Bitten Sie die Teilnehmenden sofort Bescheid zu sagen, wenn Sie sich unwohl oder überfordert fühlen.
- Geben Sie ehrliches Feedback, wie Sie die Teilnehmenden gerade über die Kamera wahrnehmen und ggf. Tipps zur Optimierung des Bildausschnitts.
- Geben Sie Rückmeldung zum Hintergrund der Teilnehmenden, z. B. wie Sie den Einblick in die Privatsphäre reduzieren können. Sie können die Teilnehmenden auch dazu einladen, einen virtuellen Hintergrund einzublenden.
- Bieten Sie den Teilnehmenden an – nach Ankündigung – die Kamera abzuschalten (je nach Phase im Mediationsprozess, Eskalationsgrad und Stand der Beziehungen vielleicht nur kurzzeitig). Alternativ: Bieten Sie der Teilnehmerin an, das eigene Webcam-Bild auszublenden, sodass er für andere sichtbar ist, sich selbst aber nicht mehr sieht.
- Vereinbaren Sie die Galerie- statt der Sprecheransicht zu wählen, sodass alle sicher sein können, nicht übergroß auf den Monitoren der anderen Teilnehmenden dargestellt zu werden.
- Beachten Sie die Regeln der Online-Moderation (vgl. Abschn. 2.3), um den Teilnehmenden möglichst viel Orientierung und Sicherheit zu geben

2.4.3.3 Selbstausdruck vor der Kamera

Das Agieren vor der Kamera gehört sicherlich nicht zu den Kernkompetenzen von Mediator:innen und vielen ist es auch nach über zwei Jahren Pandemie fremd, vor der Kamera „strategisch" zu agieren. Ein wesentlicher Erfolgsfaktor der Mediation ist jedoch die Fähigkeit des Mediators, mit den Mediand:innen in Kontakt zu treten und Rapport herzustellen. Dazu gehört, dass er sich als Person zeigt, greif- und einschätzbar macht. Das gelingt online desto besser, je mehr die Möglichkeiten des Selbstausdrucks über die Webcam ausgeschöpft werden.

2.4.3.3.1 Kamerablick

Die Kamera ist ein Medium, um in Verbindung zu treten. Dem Augenkontakt, wie wir ihn aus *F2F*-Situationen kennen, entspricht im virtuellen Raum scheinbar der direkte Blick in die Kamera. Er adressiert allerdings automatisch die gesamte Gruppe. Meinen wir eine bestimmte Person, müssen wir vorher den Namen dazu nennen.

Starren Sie jedoch nicht ohne Pause in die ˙Kamera. In einem *F2F*-Gespräch blicken wir ca. alle 9 Sekunden kurz weg, um z. B. einen Gedanken zu fassen. In der Videokonferenz können wir das auch so halten, damit sich die Begegnung natürlich anfühlt und selbst-verständlich auch, wenn wir etwas visualisieren oder die Software bedienen.

Besonders nah wirkt Ihr Blick, wenn Sie sich vorstellen, dass die Kameralinse ein Fenster ist, hinter dem Ihr Gesprächspartner sitzt. Schauen Sie also nicht *auf* die Kameralinse sondern *hindurch*, quasi auf die andere Seite. Kleben Sie sich ein freund-liches Gesicht oder einen Smiley neben die Kameralinse, um sich daran zu erinnern, dass dahinter ein Mensch sitzt.

2.4.3.3.2 Körperhaltung

In der Videokonferenz ruht der Blick des Gesprächspartners die meiste Zeit auf unserem Gesicht und Hals. Nichtsdestotrotz wirkt das Gesamtbild unserer Erscheinung in Kombination mit dem Raumhintergrund. Die Kamera hat die Eigenschaft, Bewegungen zu verstärken. Daher wirken Oberkörperbewegungen und Handgestik vor der Webcam wie durch ein Vergrößerungsglas überdimensioniert und schnell hektisch. Wir haben in Abschn. 2.4.2.2 gesehen, wie wichtig es für den Stimmklang ist, sich beim Sprechen ganz natürlich zu bewegen – jedoch sollte dies eher ruhig und mit Bedacht geschehen. Wenn der Oberkörper leicht nach vorne geneigt ist, wirken wir interessierter und präsenter. Ein Zurücklehnen im Stuhl sieht dagegen schnell desinteressiert und gelang-weilt aus.

2.4.3.3.3 Energie

Um Menschen durch die Kamera energetisch zu erreichen, müssen wir beim Sprechen mehr Energie aufwenden – m. E. ungefähr doppelt so viel wie in der physischen Begegnung. Ein wenig Nervosität in der Online-Situation ist hier durchaus förder-lich, denn etwas Lampenfieber gibt uns den Push für eine kraftvolle Ausstrahlung und Präsenz. Die Sorge überdreht und unnatürlich zu wirken (*overacting*) ist in der Regel unbegründet. Viel eher passiert es, dass Menschen online genauso sprechen wie in Präsenz und damit durch die Kamera gebremst und energiearm wirken.

Vor vielen Jahren habe ich an einem Storytelling-Lehrgang teilgenommen, um das freie Geschichtenerzählen zu lernen. Mein Trainer empfahl mir damals: „Bevor du auf die Bühne gehst, stell dir vor, du knipst innerlich ein Licht an!" Dieser Gedanke hilft mir heute in der Moderation – online wie offline – immer einen Tick mehr zu geben, besonders wenn ich in eine Kamera spreche.

Am einfachsten bekommen wir diese zusätzliche Energie, wenn wir mit Begeisterung und Herzblut bei der Sache sind. Aktivieren wir unseren Enthusiasmus, strahlen wir dies auch aus. In der Mediation ist damit natürlich nicht die Begeisterung darüber gemeint, dass meine Mediand:innen diesen Konflikt durchleben, sondern, dass ich meine positive Energie in den Prozess einbringe sowie meine Kraft und Konzentration zur Verfügung stelle. Wenn ich mit dieser Grundhaltung in die Online-Sitzung gehe, kommt das bei den Teilnehmenden auch an.

2.4 Online-Präsenz & Authentizität im virtuellen Raum

2.4.3.3.4 Impression Management („*Was soll ich anziehen?*")

Unter dem engl. Begriff „Impression Management" wird die Steuerung des Eindrucks, den Personen auf andere machen möchten, verstanden. Auch wenn dem deutschen Begriff der „Selbstdarstellung" oft eine negative Konnotation anhaftet, sollten wir uns für eine gelungene Online-Präsenz ruhig ein paar Gedanken machen, wie wir über die Kamera wirken möchten und welche „Accessoires" wir dafür benötigen. Was unsere Gesprächspartner von uns wahrnehmen sind:

- Gesicht (inkl. Brille, Frisur, Ohrschmuck, Schminkstil, …)
- Hals, Schulterbereich, (inkl. Halsschmuck/Ketten, Tücher, Krawatte, Kragen, …)
- Oberkörper, Arme und Hände (inkl. Oberbekleidung, Armschmuck, Ringe, Uhren, Nagellack, …)

Selbstverständlich sollen Sie sich für eine Online-Mediation nicht verkleiden, sondern Ihr Erscheinungsbild so authentisch gestalten, wie Sie es für ein Präsenztreffen auch tun. Dies gilt insbesondere dann, wenn sie die Mediand:innen noch nie persönlich getroffen haben, sondern nur online kommuniziert oder telefoniert haben. Erinnern Sie sich daran, dass die Mediand:innen den wenigen Informationen, die sie von Ihnen über die Webcam erhalten, höhere Bedeutung beimessen. Außerdem gilt es – aufgrund der Bildübertragung per Kamera – einige Dinge zu beachten.

▶ **Tipps für das passende Webcam-Outfit**

- Die Oberbekleidung sollte möglichst wenig von Ihrem Gesicht ablenken. Vermeiden Sie besonders klein- oder wildgemusterte Kleidung, da diese Muster bei der Videoübertragung unschöne Effekte hervorrufen können. Auch Glitzerstoffe und glänzende Materialien können flimmern und spiegeln. Besser geeignet sind matte, schlichte, einfarbige Kleidungsstücke.
- Bei großflächigem Weiß, z. B. ein reinweißes Hemd, können einfache Kameras wegen der erhöhten Lichtmenge in Schwierigkeiten geraten. Besser sind gedeckte Farben und Pastelltöne. Wählen Sie Farben, die Ihren Typ frisch aussehen lassen.
- Da nur der Schulter- und Brustbereich zu sehen ist, wählen Sie ein figurnahes Oberteil, das ihre Körperkonturen erahnen lässt. Die Kamera bringt ohnehin einen Vergrößerungseffekt mit sich, sodass ein *Oversize*-Top noch größer und im Zweifelsfall auch unförmiger wirkt.
- Aufgrund des Bildausschnitts ruht der Blick Ihres Gegenübers automatisch auf Ihrem Hals. Rollkragen-Pullover, die sich kaum vom Hintergrund abheben, lassen das Gesicht aufgesetzt wirken und sind eher unvorteilhaft.
- Grundsätzlich zeigen Details wie Schmuckstücke oder Brillen vor der Kamera größere Wirkung. Setzen Sie diese daher zurückhaltend ein. Achten Sie darauf, dass Ihr Schmuck nicht stark glänzt und keine Geräusche macht. Jegliches Klimpern und Rascheln würde die Audioqualität beeinträchtigen.

- Sie sollen sich in Ihrer Kleidung wohlfühlen! Mehr noch als im F2F-Treffen gilt: verstellen Sie sich nicht vor der Kamera – das bemerken die Zuschauer:innen sofort!

2.4.3.4 Licht und Kamera-Winkel

Ihr Erscheinungsbild kommt vor der Kamera nur optimal zur Geltung, wenn Licht und Kamera-Winkel stimmen. Ziel ist es, Gesichtsschatten zu reduzieren, sodass Ihr Blick und Ihre Mimik zu jeder Tageszeit gut erkennbar sind. Ideal ist natürliches Tageslicht oder alternativ *Daylight* LED-Lampen. Probieren Sie verschiedene Positionen von Lampen und Vorhängen aus. Auch lohnt sich, das Büro so lange umzuräumen, bis der Schreibtisch nahe genug am Fenster steht und der Hintergrund so eingerichtet ist, dass der Bildausschnitt dem entspricht, was Sie sichtbar machen möchten.

Die Linse der Webcam sollte gerade vor Ihnen auf Augenhöhe sein, wenn Sie entspannt sitzen. Sonst entstehen irritierende Perspektiven und stürzende Linien im Raum, z. B. der Blick an die Zimmerdecke. Ihr Oberkörper und Gesicht sind die Hauptsache und sollten mindestens die Hälfte bis Dreiviertel der Videokachel ausfüllen. Vermeiden Sie es, auf die Kamera herabzublicken, da dies überheblich wirken kann; ebenso wenig sollten Sie in die Kamera aufschauen, da dies leicht einen „unterwürfig-bittenden" Eindruck macht.

▶ **Tipps für optimale Lichtverhältnisse & Kamera-Einstellungen**

- Vermeiden Sie starkes Licht von oben, von unten oder von einer Seite, da so ungünstige Schatten im Gesicht entstehen. Insbesondere das „geteilte" Gesicht, das durch Sitzen im 90 Grad-Winkel zum Fenster entsteht, sollten Sie durch eine zusätzliche Lichtquelle abmildern oder den Tisch gleich direkt vors Fenster stellen.
- Der Raum sollte insgesamt nicht zu dunkel sein, da Ihr Gesicht sonst wie ein Gespenst aus dem schwarzen Hintergrund herausleuchtet. Er sollte aber auch nicht zu hell sein, damit noch Kontraste erkennbar sind. Bedenken Sie unterschiedliche Jahres- und Tageszeiten bzw. Wetterlagen.
- Pralle Sonne von vorne kann Sie blenden und strengt die Augen an. Hier hilft ein dünner Vorhang, da Rollläden zu stark abdunkeln und Jalousien ein Streifenmuster zaubern.
- Vermeiden Sie starkes Licht von hinten, da Ihr Gesicht dann vollständig im Schatten liegt und nicht einmal Ihre Augen zu erkennen sind.
- Brillenträger sollten darauf achten, dass die Gläser nicht spiegeln, da sonst Ihr Blick nicht mehr erkennbar ist. Platzieren Sie eine Lichtquelle direkt vor sich auf Augenhöhe und decken sie mit einem dünnen, weißen Tuch ab.
- Die integrierte Kamera des Laptops ist nur dann auf Augenhöhe, wenn Sie Ihr Laptop deutlich erhöht stellen (Monitorständer, Schuhkarton, Bücherstapel). Besser ist ein (größerer) externer Monitor mit einer externen Kamera, siehe Abschn. 4.1.3

- Sehr unvorteilhaft ist ein Kamera-Winkel von schräg unten. Wenn Sie den Laptop auf den Knien haben und weit aufklappen, droht Nasenloch-Zoom und Doppelkinn-Alarm!
- Stellen Sie Ihre eigene Webcam so ein, dass Ihr Gesicht nicht übergroß dargestellt wird, sondern in einem für das persönliche Gespräch üblichen Abstand. Damit signalisieren Sie, dass Sie den persönlichen Schutzraum, den jeder Mensch im physischen Raum um sich hat, auch im virtuellen Raum respektieren.

2.4.3.5 Hintergrund & Raumerleben

Beim Betreten eines Raumes in der Präsenzmediation erlebt ein Mediand zahlreiche Eindrücke: er sieht vielleicht einen Stuhlkreis, das Fenster ist gekippt, die Sonne scheint herein, es riecht nach Kaffee, Musik läuft im Hintergrund, das Kissen auf dem Stuhl ist mit Samt bezogen, das Parkett knarzt beim Gehen. Diese multisensorische Raumerfahrung mit ihren zahlreichen Informationen hilft uns, den unbekannten Raum und die Situation besser einschätzen zu können. Wir orientieren uns, loten die Gefahrenlage aus und ziehen Rückschlüsse auf die Person, die uns hierher eingeladen hat. Idealerweise empfangen wir positive Botschaften, sodass wir uns entspannen und auf die Situation einlassen können.

Der gemeinsame Online-Raum ist körperlich nicht erfahrbar und bietet lediglich visuelle und auditive Reize. Das Eintreten per Mausklick geht in Sekundenschnelle und der gemeinsame Raum erschließt sich als 2D-Umgebung auf dem Monitor. Der Raum ist erst einmal im wahrsten Sinne „flach", und es ist Aufgabe der Moderation, Orientierung zu bieten, Atmosphäre zu schaffen und den virtuellen Raum mit Leben zu füllen, vgl. Abschn. 2.3.

In der physischen Präsenz machen wir uns viele Gedanken über die Raumgestaltung. Wer eine eigene Mediationspraxis hat, wird die Wandfarbe, die Stühle, die Vorhänge, Teppiche und Bilder mit Bedacht wählen. Wir stellen Blumen, Taschentücher und Getränke bereit, Mediand:innen ordnen die Bücherregale und hängen bestimmte Bilder an die Wand. Die Gestaltung unserer Innenräume sagt immer etwas über unsere Persönlichkeit, unseren Geschmack und unsere Werte aus. Im virtuellen Raum lässt sich zumindest ein kleiner Teil dessen abbilden, wenn Sie den Ausschnitt, der hinter Ihnen zu sehen ist, bewusst gestalten. Was möchten Sie von sich zeigen? Welchen Eindruck, welche Stimmung möchten Sie den Medianden vermitteln? Grundsätzlich gilt: Vermeiden Sie alles, was ablenkt. Inszenieren Sie alles, was Ihre Persönlichkeit unterstreicht.

Viele Videokonferenz-Systeme bieten die Möglichkeit, den Hintergrund verschwommen darzustellen („Weichzeichnen") oder ein beliebiges Hintergrundbild einzuspielen. Ich persönlich rate im Rahmen von Konfliktklärungsprozessen davon ab, einen virtuellen Hintergrund zu wählen, da dieser viele Fragen aufwirft und die Mediand:innen unnötig verunsichert. Man sieht nicht, wo Sie tatsächlich sitzen und ob Sie wirklich allein im Raum sind. Sollten Sie sich jedoch (spontan) in chaotischen Räumlichkeiten aufhalten, deren Anblick ihre Klient:innen nur irritieren würde, können Sie natürlich einen virtuellen Hintergrund nutzen und machen diesen „Notfall" am besten transparent.

Wählen Sie in so einem Fall einen Weichzeichner oder einen möglichst ruhigen virtuellen Hintergrund in gedeckten Farben. Standard-Bilder wie Traumstrände, hippe Büro-Lofts, Gräser oder ultra-moderne Wohnlandschaften sind unangemessen. Auch das Gebäude Ihrer Organisation oder Ihr Logo sind wenig aussagekräftig und die Mediand:innen sollten inzwischen wissen, mit wem sie es zu tun haben. Ein weiterer Nachteil virtueller Hintergründe ist, dass bei vielen Kameras die Konturen Ihrer Silhouette ausfransen und pixelig wirken, sobald Sie sich bewegen. Sitzen Sie still, wirken Sie vor dem virtuellen Hintergrund wie ein unsauber ausgeschnittenes Foto.

▶   **Tipps für die Gestaltung des Kamera-Hintergrunds**
- Ermöglichen Sie den Blick in Ihre realen Räumlichkeiten und zeigen Sie Dinge, die etwas über Sie aussagen. Oft werden Teilnehmende Sie auf das ansprechen, was sie gerade sehen, und Sie können im Begrüßungs-*Small Talk* daran anknüpfen. Ein Blumenstrauß geht immer.
- Jedoch sollte der Kamera-Hintergrund eher schlicht und aufgeräumt sein, um visuelle Ablenkung zu vermeiden. Ein kleinteilig bestücktes Regal oder die Fahrradsammlung sind definitiv zu viel der optischen Ablenkung.
- Wenn Ihr gesamter Raum aufgeräumt und präsentabel ist, schwenken Sie zu Beginn der Sitzung die Webcam, um den Mediand:innen einen Gesamt-raumeindruck zu ermöglichen. Dabei zeigen Sie auch gleich, dass Sie allein im Raum sind.
- Es gibt Sicherheit, wenn die Mediand:innen abschätzen können, wie weit der Raum hinter Ihnen ist. Hängen Sie daher ein Bild oder einen anderen optischen Anker hinter sich an die Wand.
- Sitzen Sie nicht vor der weißen Wand. Das wirkt seltsam steril, und Sie ver-schenken die Möglichkeit, einen persönlichen Eindruck zu hinterlassen.
- Sitzen Sie nicht vor leeren Regalen, das wirft Fragen auf: Ziehen Sie gerade um? Haben Sie kein Büro? (Ich würde es nicht erwähnen, wenn ich es nicht schon erlebt hätte.)
- Sitzen Sie nicht vor Türen, insbesondere nicht vor Glastüren, Vorhängen oder offenen Durchbrüchen. Eine Tür ist ein Durchgang und somit Zeichen für einen ungeschützten Bereich, in dem sich z. B. jemand aufhalten könnte, der mithört. Auch wenn uns allen klar ist, dass jedes Zimmer eine Tür hat, sollte diese nicht im Bild zu sehen sein.
- Hängen Sie keine großen schweren Gegenstände oberhalb ihres Kopfes auf. Einer meiner Medianden hatte ein afrikanisches Schwert hinter sich an der Wand hängen, eine andere ein riesiges Gemälde mit schwerem Holz-rahmen, der an dünnen Seilen schräg an der Wand befestigt war. Melden Sie in solchen Fällen sofort zurück, welche Assoziationen die Wandge-staltung bei Ihnen hervorruft!

- Nutzen Sie virtuelle Hintergründe nur im Notfall und wählen Sie dann unaufgeregte Bilder. Vermeiden Sie unbedingt grelle, bunte Farben und Bewegtbilder.

2.4.4   Webcam-Bilder interpretieren

Bisher haben wir uns darauf konzentriert, wie Sie als Mediatorin bei Ihren Gesprächspartner*innen einen Eindruck hinterlassen können, der sich positiv auf den Mediationsprozess auswirkt. Genauso wichtig ist jedoch die genaue Wahrnehmung der Mediand:innen durch Beobachtung deren Webcam-Bilder. Sie können davon ausgehen, dass sich die Mediand:innen wenig Gedanken machen, wie sie vor der Kamera wirken, sondern vor allem mit ihrem Konflikt beschäftigt sind. Im Technik-Check oder zumindest in der ersten Online-Sitzung sollten Sie Mediand:innen jedoch darauf hinweisen, wenn die Lichtverhältnisse schlecht oder der Kameraausschnitt unvorteilhaft sind.

Darüber hinaus machen Sie möglichst wenig Aufhebens um die Kamera. Betrachten Sie Ihre Gesprächspartner*innen aufmerksam: Wie wirkt die Person insgesamt? Welchen Typ Mensch haben Sie hier vor sich? Wie bewegt sich die Person? Wie hört sich die Stimme an? Welche Kleidung, Frisur und Schmuck trägt sie? Was können Sie im Hintergrund erkennen? Welchen Einrichtungsstil nehmen Sie wahr? Was für Bilder hängen an der Wand? Gibt es Hinweise auf Hobbies, Vorlieben, Haustiere?

Wenn Sie möchten, stellen Sie die Videokacheln (vorübergehend) auf die Sprecheransicht um. So bekommen Sie eine Nahaufnahme der Person und können auch kleinste Regungen erkennen. Die Mikro-Mimik-Forschung geht davon aus, dass wir sog. Mikro-Expressionen, die in Sekundenbruchteilen stattfinden, bevor sich unser Verstand einschaltet, meist unbewusst wahrnehmen. Wir können diese Fähigkeit jedoch auch trainieren, vgl. Interview zur Mimikresonanz, siehe Abschn. 3.4.4. Für den eigentlichen Mediationsprozess empfehle ich jedoch die Galerieansicht, um die Videobilder aller Mediand:innen immer gleich groß zu sehen. Dies kommt der Gesprächssituation im physischen Raum näher und dient der Allparteilichkeit.

Mitunter fühlen sich Teilnehmende unwohl mit der Kamera und sind durch ihr eigenes Videobild stark abgelenkt. Dabei muss es sich nicht immer um *Zoom anxiety* handeln, sondern kann auch situationsbedingt sein. Manchen Menschen ist das „Gespiegelt-Sein" erst dann unangenehm, wenn sich der Stresslevel erhöht, starke Gefühle hochkommen oder sich körperliche Symptome (Schweißausbruch, hektische Flecken, …) zeigen. Bieten Sie diesen Menschen dann an, die Kamera kurz auszuschalten, bis sie sich beruhigt haben oder bieten Sie eine Pause für alle an. Generell können die folgenden Signale auf eine starke Beschäftigung mit dem eigenen Erscheinungsbild hindeuten:

- Körperliche Unruhe, Herumrutschen auf dem Stuhl
- Kleidung ordnen, Kragen richten, Ärmel hoch/runter schieben

- Sich ins Gesicht greifen, am Ohrläppchen zupfen, an der Nase kratzen
- Haare richten, hinters Ohr streichen, ins Gesicht hängen lassen
- Erbleichen, erröten, schwitzen
- Sich im Stuhl nach hinten lehnen, Abstand zur Kamera herstellen

In Bezug auf den Blickkontakt können wir nicht erwarten, dass die Teilnehmenden, insbesondere nicht aufgewühlte Menschen im Konflikt, regelmäßig in die Kamera schauen, um Kontakt herzustellen. Meine Empfehlung ist, dies nicht zu thematisieren, damit die Mediand:innen nicht versuchen, sich darauf zu konzentrieren oder meine Erwartungen zu erfüllen. Meine Erfahrung ist, dass Medianden sogar die allermeiste Zeit nicht direkt in die Kamera schauen, einfach weil sie den Blick beim Reden oder Nachdenken schweifen lassen oder auf den Bildschirm schauen, um mir beim Reden zuzusehen. Dies ist keinesfalls Zeichen von Desinteresse oder Misstrauen. Bei gutem Rapport über die Stimme, ist der fehlende Augenkontakt irrelevant. Wenn es jedoch im Verlauf der Mediation zu Situationen kommt, in denen die Parteien sich gegenseitig etwas zusichern oder sich eine Partei bei der anderen entschuldigt, lade ich dann dazu ein, dabei direkt in die Kamera zu schauen.

Beispiel (Anmoderation der Mediatorin)

„Herr Anton, Frau Berta – Sie haben sich gerade dazu ausgetauscht, wie Sie mit dem Thema Vertraulichkeit hier in der Online-Mediation umgehen möchten und beide betont, dass es für Sie selbstverständlich ist, dass Sie keinerlei Mitschnitte, Schnappschüsse oder Ähnliches während der Sitzungen anfertigen. Ich möchte Sie beide einladen, sich dies nochmals gegenseitig ausdrücklich zuzusagen. Und wenn möglich, schauen Sie doch dabei kurz in die Kamera, damit das beim anderen auch wirklich ankommt." ◀

Zu bedenken ist auch, dass direkter Blickkontakt in verschiedenen Kulturen unterschiedliche Bedeutung hat [5]. In individualistischen Ländern wie den USA und Deutschland drückt fehlender Augenkontakt eher Enttäuschung oder Desinteresse aus und führt zu Verunsicherung in der Kommunikation. In vielen asiatischen Kulturen wird direkter Augenkontakt leicht als aufdringlich empfunden und eher vermieden bzw. nur kurz hergestellt. In der interkulturellen Online-Mediation ist das kulturell geprägte Kommunikationsverhalten zu berücksichtigen. Daher sollte idealerweise immer mit einem *„native speaker"* co-mediiert werden.

▷ **Tipps für den Kamera-Einsatz der Mediand:innen**
- Erläutern Sie den Mediand:innen, warum es für den Gesprächsverlauf und die Gesprächsatmosphäre wichtig ist, dass die Kameras möglichst durchgehend angeschaltet bleiben.

- Versichern Sie, dass Sie selbst ihre Kamera nicht ausschalten werden, also immer in der Kamera zu sehen sein werden.
- Weisen Sie Ihre Mediand:innen zu Beginn der Sitzung einfühlsam darauf hin, wenn der Kamerawinkel oder der Bildausschnitt unvorteilhaft sind.
- Wenn die Bandbreite der Mediandin so schwach ist, dass die Audioqualität leidet, wenn die Kamera an ist, sollte die Webcam ausgeschaltet werden. Gute Audioqualität ist wichtiger als das Live-Bild!
- Versichern Sie, dass Sie alle Beteiligten gleich groß sehen und niemanden in der Sprecheransicht übergroß „heranzoomen".
- Neigen Sie den Oberkörper tendenziell nach vorne. Dies wird als Interesse, Konzentration, Zugewandtheit wahrgenommen und schafft Nähe. Vermeiden Sie es, sich im Stuhl zurückzulehnen; dies wirkt automatisch skeptisch bis desinteressiert.
- Falls Sie bemerken, dass die Mediand:innen durch das eigene Bild stark abgelenkt sind, empfehlen Sie ihnen, die Software so einzustellen, dass sie selbst ihr eigenes Kamerabild nicht sehen, von den anderen aber gesehen wird (d. h. die Selbstansicht auszublenden, im Grunde wie „im echten Leben").
- Falls dies nichts hilft oder die Person unter *Zoom anxiety* leidet, stellen Sie ihr frei, die Webcam für eine gewisse Dauer ganz auszuschalten.

Literatur

1   Adrian, L. (2022). The New Normal: Online dispute resolution and online mediation. In U. Gläßer, L. Adrian, & N. Alexander (Hrsg.), *Mediation moves – concepts. Systems. People* (S. 175–194)
2. Amon, I. (2004). *Die Macht der Stimme. Persönlichkeit durch Klang, Volumen und Dynamik.* Redline Verlag
3. Baozhou, L., Weiguo, F., & Zhou, M. (2016). Social presence, trust and social commerce purchase intention. *Computer in Human Behavior, 56*, 225–237.
4. Bailenson, J. (2021). Nonverbal overload: a theoretical argument for the causes of zoom fatigue. *Technology, Mind & Behavior, Vol. 2 (1).* https://tmb.apaopen.org/pub/nonverbal-overload/release/2 (Zugriff: 20.12.2022)
5. Bekkering, E., & Shim J. P. (2006). Trust in videoconferencing. *Communication of the ACM, 49*(7), 103–107. https://www.researchgate.net/publication/220420692_Trust_in_videoconferencing. Zugriff: 02.08.2022.
6. Bielecke, A. (2022). Moderative Kompetenz und digitale Unerschrockenheit Konfliktmanagement in Hybridformaten. *Zeitschrift für Konfliktmanagement, 1*, S. 9–14.
7. Clark, H. H., & Brennan, S. E. (1991). Grounding in communication. In L. Resnick, J. Levine, S. Teasley. (Hrsg.), *Perspectives on socially shared cognition* (S. 127–149). American Psychological Association
8. Croes, M., Antheunis, M., Schouten, A., & Krahmer, E. (2019). Social attraction in video-mediated communication: The role of nonverbal affiliative behavior. *Journal of Social ans Personal Relationships, 36*(4), 1210–1232.

9. Daft R. L., & Lengel R. H. (1986). Organizational information requirements, media richness and structural design. *Management Science, 32/5*, 554–571.
10. Dennis, A. & Valacich, J. (1999). Rethinking media richness: towards a theory of media synchronicity. In: Proceedings of the 32nd Hawaii International Conference on System Sciences.
11. Fauville, G., Luo, M., Queiroz, A., Bailenson, J., & Hancock, J. (2021). Nonverbal mechanisms predict zoom fatigue and explain why women experience higher levels than men. https://ssrn.com/abstract=3820035 or https://doi.org/10.2139/ssrn.3820035.
12. Fulk, J., Schmitz, J., & Steinfield, C. (1990). A social influence model of technology use. *Organizations and CommunicationTechnology*, S. 117 -140
13. Gerstbach, I. (2021). *Die Kunst der Online-Moderation. Tools, Ideen und Tipps für erfolg-reiche Online-Meetings*. Carl Hanser Verlag
14. Gläßer, U. (2023). Mediation und Digitalisierung. In T. Riem & S. Dörr (Hrsg.), *Digitalisierung der Ziviljustiz*, in Druck
15. Gläßer, U., Sinemillioglu, N. S., & Wendenburg, F. (2020). Online-Mediation Teil 1, Technische Möglichkeiten und praktische Verfahrensgestaltung der Mediation im virtuellen Raum. *Zeitschrift für Konfliktmanagement, 23*(3), 80–85.
16. Groß, S. (2021). Moderationskomptenzen. Springer Gabler (2. Aufl.)
17. Ingram, R., Cruel, D., Johnson, B., & Wisnicki, S. (1988). Self-focused attention, gender, gender role and vulnerability to negative affect. *Journal of Personality and Social Psychology, 55*(6). S. 967-978
18. Institut für Arbeit und Gesundheit der DGUV, Dresden, Praxishilfe Zoom fatigue. https://publikationen.dguv.de/widgets/pdf/download/article/4428. Zugeriffen: 01. Aug. 2022.
19. Klese-Himmel, C. (2016). Die Rolle der Stimme im Psychotherapie-Setting. In C. Klese-Himmel (Hrsg.), *Körperinstrument Stimme* (S. 85–92). Springer Verlag
20. Kraus, M. W. (2017). Voice-only communication enhances empathic accuracy. *American Psychologist, 72*(7), 644–654.
21. Lederer, S. (2021). Meine Reise in eine neue Welt… von der klassischen zur Online-Mediation. *Perspektive mediation, 4*, 233–238.
22. Lombard, M., & Ditton, T. (1997). At the heart of it all: The concept of presence. *Journal of Computer-Mediated Communication, 3(2)*. https://doi.org/10.1111/j.1083-6101.1997.tb00072.x (Zugriff: 20.12.2022)
23. Meissner, J. (2007). *Herausforderung Computerkommunikation. Eine konstruktivistische Perspektive auf organisationale Kommunikation im Kontext Neuer Medien*. Carl-Auer Verlag
24. Mocker, D. (2022). Wir können die Emotionen anderer besser hören als sehen, Spektrum Kompakt 36/2019, Ganz Ohr – In der Welt des Hörens. https://www.spektrum.de/news/wir-koennen-die-emotionen-anderer-besser-hoeren-als-sehen/1510415. Zugegriffen: 02. Juni. 2022.
25. Morgan, N. (2018). *Can you hear me? how to connect with people in a virtual world*. Harvard Business Review Press
26. Pouw, W. et al. (2020). Acoustic information about upper limb movement in voicing. *PNAS, 117*(21), 11364–11367. https://doi.org/10.1073/pnas.2004163117 Zugegriffen: 02. Aug. 2022.
27. Proksch, S. (2021). Ein Praxisleitfaden für Online-Mediation. *Perspective mediation, 4*, 244–248.
28. Ramachandran V. (2021). Stanford researchers identify four causes for „Zoom fatigue" and their simple fixes. https://news.stanford.edu/2021/02/23/four-causes-Zoom-fatigue-solutions/. Zugegriffen: 01. Aug. 2022.
29. Reichwald, R., Möslein, K., Sachenbacher, H., & Englberger, H. (1998). *Telekooperation – verteilte Arbeits- und Organisationsformen*. Springer Verlag

30. Rice, R. (1992). Task analysability, use of new media and effectiveness. *A multisite exploration of media richness, in: Organization Science, 3*(3), 475–500.
31. Rump, J., & Brandt, M. (2020). *Zoom-Fatigue, Studie Institut für Beschäftigung und Employability (IBE).*
32. Sendlmeier, W. F. (2012). Die psychologische Wirkung von Stimme und Sprechweise – Geschlecht, Alter, Persönlichkeit, Emotion und audiovisuelle Interaktion. In O. Bulgakowa (Hrsg.), *Resonanz-Räume – Die Stimme und die Medien* (S. 99–116). Bertz & Fischer
33. Short, J. A., Williams, E., & Christie, B. (1976). *The social psychology of telecommunications.*
34. Stern, J. et al. (2021). Do voices carry valid information about a speaker's personality?. *Journal of Research in Personality, 92.* https://www.sciencedirect.com/science/article/abs/pii/S0092656621000295
35. T2informatik. https://t2informatik.de/wissen-kompakt/Zoom-fatigue/. Zugriff: 01.08.2022
36. Wolz, L. (2010). Das verrät der Kehlkopf. https://www.stern.de/panorama/wissen/mensch/stimme-und-persoenlichkeit-das-verraet-der-kehlkopf-3896810.html. Zugriff: 01.08.2022

Online-Mediation in der Praxis

Das Mediationsverfahren im virtuellen Raum umsetzen

3

Zusammenfassung

In diesem Kapitel geht es um die praktische Umsetzung des Mediationsverfahrens im virtuellen Raum. Dies beginnt mit der organisatorischen und technischen Vorbereitung. Sie erfahren, was Sie online in der Umsetzung aller fünf Phasen der Mediation beachten sollten, und wie Sie genau vorgehen, um bekannte Mediationsmethoden in den virtuellen Raum zu übertragen. Da die klassische Konfliktmoderation vom Ablauf her ähnlich ist, können Führungskräfte viele Anregungen in ihren Arbeitsalltag übernehmen. Auch für andere Settings wie Online-Coaching, Online-Beratung, Online-Therapie und Online-Supervision sind die Impulse hilfreich und können problemlos transferiert werden.

3.1 Technisch-organisatorische Vorbereitung

Der funktionierende technische Rahmen ist Grundvoraussetzung für ein professionelles Online-Angebot, siehe Abschn. 2.1.1 und Kap. 4. Insofern muss hier auch das Augenmerk in der Vorbereitung liegen. Wenn die Technik nicht läuft, können Sie als Person noch so kompetent sein – Ihre Dienstleistung wird nicht beim Kunden ankommen. Nehmen Sie sich daher ausreichend Zeit für die „leidige" Technik. Sehen Sie diese nicht als notwendiges Übel, sondern als glorreiche Erfindung, die überhaupt erst möglich macht, dass Sie Ihre Kompetenzen nun ortsunabhängig anbieten können.

Das bedeutet, dass Ihre eigene technische Ausstattung und Ihre IT-Kenntnisse stehen müssen, bevor Sie Online-Mediation professionell anbieten. Wenn Sie von Null beginnen, rechnen Sie genügend Zeit ein, bis Sie die Hardware bestellt, alles eingerichtet und sich eingearbeitet haben.

3.1.1 Technische Vorbereitung als Mediator

Im Folgenden gehen wir davon aus, dass Sie als Online-Mediator bereits für hervorragende Bedingungen und optimale technische Ausstattung an Ihrem eigenen Arbeitsplatz gesorgt haben, bevor Sie mit der Dienstleistung „Online-Mediation" an den Markt gehen. Die erforderliche Hardware-Ausstattung finden Sie in Abschn. 4.1. Auch wenn WLAN-Netze deutlich stabiler geworden sind, empfehle ich eine LAN-Verbindung an Ihrem Hauptarbeitsplatz – außer Sie sitzen direkt neben dem Router. Trotz Vorbereitung kann es jedoch immer unvorhersehbare technische Überraschungen (z. B. Software-Updates, Internet-Ausfall, …) geben, sodass Sie rechtzeitig (mindestens 1 h) vor Sitzungsbeginn überprüfen sollten, ob auch heute alles optimal funktioniert. Dazu gehört:

▶ **Tipps zur technischen Vorbereitung vor jeder Online-Sitzung**
- Überprüfung Sie die Internetstabilität, sofern Sie per WLAN arbeiten oder sich an einem anderen Standort als gewöhnlich befinden.
- Überprüfung Sie die aktuelle Bandbreite. Diese kann je nach Tageszeit schwanken z. B. in Abhängigkeit davon, wie viele Nutzer gerade auf diesen Router zugreifen (vgl. Breitbandmessung Abschn. 4.1.1).
- Loggen Sie sich frühzeitig in die Videokonferenz-Software ein (mindestens 15–20 Min. vor Beginn).
- Überprüfen Sie Ihre Audioqualität über die Audioeinstellungen (ggf. Audioassistent der Software).
- Überprüfen Sie die Webcam und die aktuellen Lichtverhältnisse und passen Sie diese ggf. etwas an.
- Richten Sie den virtuellen Raum ein, z. B. passen Sie die Anzahl der Stühle (s. virtueller Raum vitero) an, laden Sie Vorlagen hoch, bereiten Sie Nebenräume vor, testen Sie die Bildschirmfreigabe.
- Öffnen Sie alle Dokumente, die Sie im Verlauf der Mediation verwenden möchten (ggf. die Zwischenstände der letzten Sitzung) und rufen Sie weitere Tools auf, die zum Einsatz kommen z. B. externes Whiteboard.
- Schließen Sie alle Programme, die Sie für die Mediationssitzung nicht brauchen, insbesondere auch geöffnete Browser-Tabs. Schließen Sie Ihr E-Mail-Programm erst kurz vor Beginn der Sitzung, damit Sie mitbekommen, wenn Mediand:innen Ihnen noch kurz vor Beginn eine E-Mail schreiben.
- Stellen Sie Ihr Telefon und Handy leise bzw. leiten Sie es um. Wenn Ihre Mediand:innen Sie üblicherweise per Telefon bzw. Handy kontaktieren, stellen Sie Ihr Telefon erst dann auf lautlos, wenn alle Mediand:innen sich im virtuellen Raum eingeloggt haben.

Zu den sonstigen organisatorischen Vorbereitungen siehe Abschn. 3.1.5.

3.1.2   Erstkontakt & Auftragsklärung

Potenzielle Mediand:innen nehmen üblicherweise per Telefon oder E-Mail-Kontakt zur Mediatorin auf. Häufig entscheidet sich erst im Laufe des ersten Gesprächs, ob das Anliegen überhaupt für eine virtuelle Durchführung infrage kommt, bzw. welche Erwartungen der Kunde in dieser Richtung hat. Erfragen Sie neben den üblichen Informationen (grobes Thema/Bereich, Anzahl der Beteiligten, Bereitschaft der restlichen Beteiligten zur Mediation, grober Zeitrahmen, Kostenübernahme, …) auch die gewünschte Art und Weise der Umsetzung, siehe Checkliste Abschn. 6.1. Erläutern Sie dabei nochmals kurz die Unterschiede zwischen

- Präsenzmediation (physische Präsenz): *F2F*-Treffen vor Ort beim Kunden, in Ihrem Büro oder an einem dritten Ort
- Online-Mediation (virtuelle Präsenz): Online-Treffen in einer Videokonferenz-Software (Ihrer eigenen oder der des Kunden)
- *Blended*-Mediation (Gesamtprozess): Mischung aus physischen und virtuellen Sitzungen, wobei die Anzahl an Präsenz- und Online-Sitzungen je nach Fall variieren können
- Hybrid-Mediation (einzelne Sitzung): Kombination aus Teilnehmenden, die in einem physischen Raum zusammensitzen, mit (einzelnen oder mehreren) Teilnehmenden, die online zugeschaltet sind

In diesem Gespräch wird schnell deutlich, wie vertraut der potenzielle Kunde mit Online-Settings ist. Hat der Auftraggeber Interesse an Online- oder *Blended*-Mediation, gilt es vor allem zu überlegen, ob die gesamte Mediation oder nur ein Teil davon online stattfinden soll. Insbesondere ist zu entscheiden, ob die erste Sitzung in Präsenz stattfinden soll.

Oft haben sich potenzielle Auftraggeber*innen bereits im Vorfeld meist aus organisatorischen Gründen (weite räumliche Verteilung, hohe Anzahl Beteiligter, …) für eine Online-Mediation entschieden, sodass der Wunsch besteht, das Verfahren komplett online durchzuführen. Ist die räumliche Distanz gering (i. d. R. unter 2 Std. Fahrzeit) und sind nur wenige Personen beteiligt, kann ein Kennenlernen vor Ort in Erwägung gezogen werden. Sicherlich entsteht so wechselseitig zwischen Mediatorin und Mediand:innen ad hoc ein umfassenderer Eindruck, und ein erster Vertrauensaufbau findet statt. Natürlich muss nicht sofort entschieden werden, wie viele Sitzungen des Gesamtprozesses online stattfinden. Im Erstkontakt möchten Sie Ihre Kund*innen lediglich darüber informieren, dass Sie die gesamte Bandbreite der Umsetzung on- wie offline im Repertoire haben.

3.1.3   Wahl der Software & Raumbuchung

Eine wesentliche Entscheidung, die auch Auswirkungen auf die Qualität Ihrer Dienstleistung hat, ist die Wahl der Videokonferenz-Software. Als Online-Mediatorin werden

Sie nicht Lizenzen aller verfügbaren Videokonferenz-Anbieter besitzen, sondern sich für 1–3 Tools entscheiden, mit denen Sie gerne arbeiten, vgl. Abschn. 4.2. Jedoch kann es – gerade in der Wirtschaftsmediation – passieren, dass der Auftraggeber zur Bedingung macht, die hausinterne Software zu nutzen. Der versierte Umgang mit den gebräuchlichsten Software-Systemen wird i. d. R. als selbstverständliche Teilkompetenz des Online-Mediators erwartet. Sollten Sie sich in dieser Hinsicht (noch) unsicher fühlen, machen Sie sich fit oder delegieren Sie die Softwarebedienung an einen Co-Mediator oder technischen Support, der die Software bereits kennt.

3.1.3.1 Nutzung Videokonferenzsoftware des Kunden

Besonders in der innerbetrieblichen Wirtschaftsmediation kommt es häufig vor, dass der Auftraggeber das bereits intern etablierte und eingekaufte Videokonferenz-Tool nutzen möchte oder muss. Dies hat enorme Vorteile für Sie:

- den betroffenen Mitarbeiter:innen (Mediand:innen) ist die Software bereits vertraut
- die Software läuft auf den Mitarbeiter-Rechnern; es gibt keine Zugangsprobleme (z. B. aufgrund von VPN-Verbindungen)
- die interne IT-Abteilung kennt die Software und bietet Support (für die eigenen Mitarbeiter*innen, aber auch für Sie als extern beauftragte Person)

Idealerweise kennen auch Sie das Tool bereits. Wenn nicht, sollten Sie in der Lage sein, sich kurzfristig einzuarbeiten. Hilfreiche Tutorials zu den gängigen Videokonferenz-Systemen finden sich auf *youtube* oder direkt beim Hersteller. Vielleicht können Sie auch ein kostenloses Webinar, das in dieser Software angeboten wird, besuchen oder bei Kolleg:innen, die diese Software nutzen, schnuppern. Eine Liste der im deutschsprachigen Raum am häufigsten verwendeten Systeme finden Sie in Abschn. 4.2.1.

▶ **Damit alles reibungslos läuft**
- Klären Sie mit dem Auftraggeber frühzeitig, wer Ihr IT-Ansprechpartner im Unternehmen ist. Diese Person stellt Ihnen als externem Auftragnehmer die Zugangsdaten zur Verfügung.
- Stellen Sie sicher, dass im Unternehmen geklärt ist, wer die Buchung des virtuellen Raums und die Verschickung der Einladungsmail mit Link an die internen Mitarbeiter*innen (Mediand:innen) übernimmt. Bieten Sie an, dass Sie den Wortlaut dieser Einladungsmail gegenlesen bzw. eine Vorlage zuschicken. So können Sie sicher sein, dass Ansprache und Inhalt Ihren Vorstellungen entspricht.
- Achten Sie darauf, dass Sie in dem System die vollen Rechte erhalten (Host-/ Gruppenleiter-Rechte) und nicht nur als Gast (Teilnehmer) eingeladen werden, damit Sie den virtuellen Raum vollumfänglich bedienen können.

- Wenn Sie mit der Software noch nicht vertraut sind, lassen Sie sich die Zugangsdaten 1–2 Wochen vor Termin geben und machen Sie sich in mehreren Sitzungen mit den Funktionalitäten vertraut. Idealerweise laden Sie einen Sparringspartner aus Ihrer Peer-Group ein und testen einzelne Interaktionen und Abläufe zu zweit durch.
- Klären Sie auch, welche weiteren Tools (*Whiteboards*, Kollaborationstools, *Mindmapping-Tools*, …) in dem Unternehmen erlaubt sind bzw. Ihnen zur Verfügung gestellt werden können.

Falls Sie mit der Software-Wahl des Auftraggebers sehr unglücklich sind, fragen Sie nach, ob Sie nicht Ihre eigene Software verwenden könnten und begründen Sie Ihre Bedenken (z. B. weil bestimmte Funktionalitäten fehlen, die Darstellung nicht Ihren Vorstellungen entspricht, …) Mitunter ist es doch möglich, die Mitarbeiter:innen (Mediand:innen) in Ihr Videokonferenz-System einzuladen. Eventuell können dann jedoch nicht die firmeninternen Rechner verwendet werden, sondern die Mitarbeiter:innen müssten auf ihre Privat-Rechner zurückgreifen und vom Home-Office aus – nicht über das firmeninterne Netz – teilnehmen.

3.1.3.2 Nutzung der eigenen Videokonferenzsoftware
Bei vielen Anfragen steht den Mediand:innen bzw. Auftraggebern kein eigenes Video-konferenz-Tool zur Verfügung, sodass die Lizenz des Online-Mediators genutzt wird. In Einsatzszenarien, in denen die Online-Mediatorin auch in einer Art Veranstalterrolle ist (Bürgerbeteiligungsprozesse, Großgruppenmediation, …) wird sogar vorausgesetzt, dass die Mediatorin die Software stellt und die gesamte technisch-organisatorische Abwicklung anbietet.

Als professioneller Online-Mediator haben Sie mindestens eine Software-Lizenz erworben und idealerweise noch Zugriff auf ein zweites Tool als Back-Up. Mit dieser Software Ihrer Wahl sind Sie blind vertraut. Erläutern Sie dem Kunden, warum Sie diese bestimmte Software nutzen und informieren Sie über datenschutzrechtliche Aspekte dieses Anbieters, vgl. Abschn. 4.4.

Wenn Sie mit Ihren Klient:innen einen Technik-Check Termin vereinbart haben, buchen Sie den virtuellen Raum und verschicken Sie den Zugangslink zeitnah nach dem ersten Telefonat. Ihr professioneller Umgang mit dem Thema Software-Wahl und technische Erstinformation trägt bereits entscheidend zum Vertrauensaufbau bei.

3.1.4 Technischer Vorbereitungstermin mit Mediand:innen (Technik-Check)

Der Technik-Check ist ein Angebot, das der Mediatorin wie den Mediand:innen zur Sicherheit dient. Auch wenn in den letzten Jahren immer mehr Menschen mit ver-schiedenen virtuellen Räumen in Kontakt gekommen sind, liegen die tatsächlichen

Erfahrungen und Kenntnisse weit auseinander. Und es ist doch ein Unterschied, ob jemand bisher als stummer Teilnehmer zu einer Infoveranstaltung mit weiteren Hunderten Zuschauern eingeloggt war, oder ob er aktuell als Konfliktpartei an einer Online-Mediation teilnimmt, bei der es für ihn um ein belastendes Thema geht. In letzterem Fall möchte die Person 100 %ig sichergehen, dass sie sich problemlos einloggen kann und gut zu sehen und zu hören ist. Außerdem möchte sie sicher sein, die Mediatorin wirklich gut wahrnehmen können. Es entlastet Mediand:innen ungemein zu wissen, wie der technische Rahmen aussieht und sich anfühlt, auf den sie sich einlassen. Setzen Sie für diesen Termin jedoch max. 20–30 Min. an, damit von Vorneherein klar ist, dass es nur um einen kurzen Check geht und keinesfalls Gelegenheit sein wird, über den Konflikt zu sprechen.

Zum Technik-Check sollten sich die Mediand:innen unbedingt in den Räumlichkeiten befinden und die Hardwareausstattung nutzen, mit denen sie später auch an der Mediation teilnehmen. Es geht nicht um ein näheres Kennenlernen und schon gar nicht darum, in das Thema einzusteigen, sondern vor allen Dingen darum, sicherzustellen, dass zum eigentlichen Mediationsauftakt die Technik reibungslos funktioniert. Auch wenn sich dies wie eine Binsenweisheit anhört: es kommt immer wieder vor, dass Mediand:innen zwar glauben, technisch gut ausgerüstet zu sein, de facto aber die Dinge nicht laufen.

Nichts ist ärgerlicher als in der ersten Mediationssitzung festzustellen, dass das Mikrofon eines Medianden defekt ist oder dass eine Konfliktpartei keine Webcam zur Hand hat. Mit der Einladung zum Technik-Check weisen Sie bereits auf die Datenschutz-Bestimmungen der gewählten Software hin; mit Unterzeichnung des Arbeitsbündnisses stimmen die Mediand:innen der Nutzung dieser Software zu.

3.1.4.1 Ziele des Technik-Termins auf technischer Ebene

Ziel des technischen Vorab-Termins ist es, die Medianden vollumfänglich über die Software und den technisch-organisatorischen Rahmen der Online-Mediation zu informieren und bestehende Ungleichgewichte in Sachen Medienkompetenz auszugleichen. Für Mediand:innen und Online-Mediatorin besteht danach Sicherheit, dass die Bandbreite am Standort ausreichend für eine stabile gute bis sehr gute Audio- und Videoqualität ist, und dass alle Geräte vorhanden sind und funktionieren. Der Technik-Check sollte daher einige Tage vor der ersten Online-Sitzung stattfinden, damit die Beteiligten noch Gelegenheit haben, an ihrer Ausstattung etwas zu verbessern bzw. neue Hardware zu besorgen.

▶   **Technische Aspekte, die beim Technik-Check zu prüfen sind**
  - Internetverbindung/Bandbreite: gibt es stabiles WLAN oder LAN? Gibt es Zugangsprobleme aufgrund von *Firewalls* o. ä.?
  - Audioqualität/-Ausstattung: welches Mikrofon wird verwendet?
  - Videoqualität/-Ausstattung: welche Webcam wird verwendet?

- Hinweise zum Webcam-Hintergrund und Licht: sind alle gut und vorteilhaft zu sehen?
- Technik-Affinität/Bedienkenntnisse der Mediand:innen in Bezug auf die Software: sind alle wesentlichen Buttons bekannt?
- Vorkenntnisse/Erfahrungen der Mediand:innen in Bezug auf Online-Kommunikation: wie vertraut ist der Austausch im virtuellen Raum?
- Notwendigkeit von Verbesserungen oder Neuanschaffungen: was sollten die Mediand:innen bis zur ersten Mediationssitzung noch ändern oder besorgen?

Auch wenn die Software bereits bekannt ist, dient dieser Austausch über den technischen Rahmen dem Kennenlernen und Vertrauensaufbau. Nutzen Sie diese erste Chance, sich als Mediatorin zu präsentieren und Kontakt herzustellen!

Wahrscheinlich können Sie auch bereits den Umgang der Konfliktparteien miteinander und gewisse Dynamiken beobachten und zur Kenntnis nehmen. Der Termin sollte tatsächlich – wenn irgend möglich – mit allen Parteien gleichzeitig stattfinden. Nur wenn es nicht anders geht, sollten Sie die Mediand:innen einzeln zum Technik-Termin einladen. Dies kann der Fall sein, wenn sich die Mediand:innen in unterschiedlichen Zeitzonen aufhalten oder der Konflikt so eskaliert ist, dass jeglicher Kontakt belastend wird. Machen Sie in der Einladungsmail klar, dass beim Technik-Check-Termin keine Gelegenheit sein wird, über den Konflikt zu sprechen. Sollte ein Mediand sich nicht daranhalten, unterbinden Sie tatsächlich unmissverständlich das Gespräch. Schicken Sie im Vorfeld eine Liste der Aspekte zu, die Sie abfragen werden (siehe oben) und setzen Sie den Termin auf ca. 10–15 Min. pro Person an. Sie können auch in Betracht ziehen, den Technik-Check von einem technischen Support-Mitarbeiter durchführen zu lassen. Sie verschenken damit allerdings den zwischenmenschlichen Mehrwert, den so ein Vorab-Termin bieten kann.

3.1.4.2 Ziele des Technik-Checks auf Beziehungsebene

Idealerweise ist der Technik-Termin ein Termin, bei dem die Mediand:innen – womöglich zum ersten Mal seit längerer Zeit wieder – im selben Boot sitzen und sich mit den gleichen Fragestellungen konfrontiert sehen. Gestalten Sie diesen Termin so, dass er als Gemeinsamkeit erlebt wird! Stellen Sie beiden die exakt gleichen Fragen und achten Sie auf Ausgewogenheit in der Zeit, die Sie jedem widmen. Loben Sie die Mediand:innen für die gemeinsame Vorbereitung und die Bereitschaft, diese Zeit in die Konfliktlösung zu investieren.

Gleichzeitig ist der Technik-Check auch der erste Eindruck, den die Mediand:innen von Ihnen als Online-Mediator:in erhalten – auch wenn noch nicht über den Konflikt gesprochen wird. Die Mediand:innen werden Sie aufmerksam beobachten und Ihre Ausstrahlung, Stimme, Redeweise sowie Umgang mit Störungen und Irritationen registrieren. Nutzen Sie diese Chance, um sich optimal zu präsentieren und gehen Sie nicht davon aus, dass Sie den ersten Eindruck in der ersten eigentlichen Mediationssitzung nachholen können! Bereits beim Technik-Check werden die Mediand:innen innerlich entscheiden, ob sie Ihnen vertrauen und wirklich mit Ihnen zusammenarbeiten möchten oder nicht.

▶   **Tipps für die zwischenmenschliche Gestaltung des Technik-Check-Termins**
  - Persönliche Vorstellung als Mediator:in: einige Sätze zu Ihrem Werdegang, Ihren Schwerpunkten, Ihrer Person (wenn vorher kein *F2F*-Treffen stattgefunden hat)
  - Sich als Mensch greifbar machen: Einblick in Ihr Büro oder Arbeitsalltag geben oder – notfalls – in das, was gerade vor Ihrem Fenster passiert
  - Alternative Erreichbarkeit bei technischen Störungen ansprechen: um Telefonnummern und E-Mail-Adressen bitten (falls noch nicht geschehen) und klären, ob Kontakt über Messenger-Dienste wie whatsapp/Signal/threema, …in Ordnung ist oder nicht
  - Hinweise zur Self-Care für die Mediationssitzungen geben, siehe Checkliste Abschn. 6.3
  - Besprechen Sie idealerweise bereits jetzt, wie Sie gemeinsam erarbeitete Inhalte im Anschluss an die Sitzung verfügbar machen möchten, z. B. (verschlüsselte) Versendung von Dokumenten per E-Mail, gesicherter Datenaustausch über Plattformen wie Teamdrive oder idgard, Bereitstellung des Links zu einem *Whiteboard?*

3.1.5   Organisatorische Vorbereitung

Die organisatorische Vorbereitung betrifft die Planung der Termine, die Buchung des virtuellen Raums, das Erstellung und ggf. Hochladen von Folienvorlagen und die Verschickung der Einladungsmails mit Zugangslinks. Häufig kommen in dieser Planungs- und Vorbereitungsphase unterschiedlichste Medien zum Einsatz, z. B. telefonische Absprache mit dem Erstkontakt, E-Mails mit allen Beteiligten und Online-Vorgespräche mit dem Auftraggeber, bis das Grobkonzept des Gesamtverfahrens steht (vgl. Abschn. 2.2.1). Lesen Sie beispielhaft zur Organisation und Konzeption einer *Blended*-Mediation das Experteninterview in Abschn. 3.2.6.

3.1.5.1 Terminfindung & Zeitplanung
Da bei Online-Sitzungen der Anreise-Aufwand entfällt, lassen sich oft deutlich schneller Termine finden als für Präsenztreffen. Häufig kann so bereits wenige Tage nach dem Erstkontakt die erste Online-Sitzung stattfinden. Die Terminfindung ist so einfach, weil kurze Zeitslots von 60–90 min für die erste Online-Sitzung ausreichen, und das können i. d. R. auch durchgetaktete Führungskräfte ermöglichen. Die Abstimmung der Mediationstermine erfolgt je nach Kontext per E-Mail oder Telefon mit den Mediand:innen direkt,

über eine koordinierende Person beim Kunden oder mit der Auftraggeberin bzw. ihrer Assistenz.

Es hängt ganz vom Einzelfall ab, ob Sie zunächst nur einen ersten Termin vereinbaren oder gleich eine ganze Reihe. Bei eher unentschlossenen Mediand:innen entlastet die Festlegung eines ersten Termins zum Kennenlernen mit dem Hinweis, dass erst am Ende dieses Termins die Entscheidung für/gegen die Mediation gefällt werden kann. Kennen die Mediand:innen Sie bereits oder haben sie sich schon für die Mediation bei Ihnen entschieden, können Sie gleich mehrere Termin-Blocker anbieten. Mediand:innen mit hohem Leidensdruck beruhigt es, eine ganze Terminreihe vor sich zu sehen. Dies vermittelt das Gefühl, dass das Verfahren geplant und im Gang ist.

Entscheiden Sie somit ganz nach Fall und Kontext, wie viele Termine Sie zu Beginn (als Blocker) anbieten und auch, ob Sie bereits jetzt festlegen können oder müssen, welche dieser Termine online oder offline stattfinden sollen. Auch wenn Sie rein online arbeiten, hat sich ein Abstand von mehreren Tagen zwischen den einzelnen Terminen bewährt. Bei hohem Zeitdruck lassen sich auch tägliche oder sogar zwei Online-Termine pro Tag vereinbaren. Achten Sie dann auf eine ausreichend lange Pause dazwischen von mindestens 2 Stunden.

3.1.5.2 Terminbuchung & Generierung der Zugangslinks

Falls Sie sich eine Software-Lizenz mit mehreren Kolleg:innen teilen, sollten Sie die Terminblocker, die Sie den Medianden kommuniziert haben, umgehend auch in der Software buchen und später ggf. wieder löschen. In Ihrer Kollegengruppe sollten klare Absprachen gelten, wie sie mit Terminblockern verfahren, z. B. wie lange diese stehen bleiben dürfen bzw. bis wie viele Tage vor Termin Sie unbestätigte Zeitslots wieder frei geben.

Sofern Sie Ihre eigene Software-Lizenz haben, buchen Sie die Termine nach Bestätigung durch die Mediand:innen. Buchen Sie jeden Termin einzeln, sodass sich individuelle Zugangslinks pro Sitzung generieren. Aus Gründen des Zugangsschutzes empfehle ich nicht, Dauersitzungen anzulegen, auch wenn ggf. am Folgetag gleich der nächste Termin stattfinden sollte. Es mag zunächst einfacher erscheinen, wenn die Mediand:innen immer den gleichen Link verwenden können, jedoch steigt damit die Gefahr, dass die Links gespeichert werden und eventuell in Hände geraten, die nichts mit der Mediation zu tun haben. Falls Sie eine personalisierte Software-Lizenz haben, sodass der Link in Ihren virtuellen Raum immer gleich lautet, vergeben Sie unbedingt ein Passwort pro Sitzung und kommunizieren dieses erst am Tag der Veranstaltung an Ihre Mediand:innen.

Soll der Zugangsschutz besonders hoch sein (z. B. weil in der Mediation absolut vertrauliche Dinge angesprochen werden oder die Branche sehr sensibel ist), wählen Sie eine Software, in der Sie personalisierte *Accounts* für alle Beteiligten anlegen können. So können Sie sichergehen, dass sich wirklich nur die Personen, die an der Mediation teilnehmen, zu dem gegebenen Termin einloggen können. In den allermeisten Fällen wird der Zugang über einen Link für alle Mediand:innen jedoch der unkompliziertere und inzwischen allen vertraute Weg in die Online-Sitzung sein. Die Fragen des Zugangs-schutzes haben nichts mit dem Datenschutz zu tun, für den der Software-Anbieter auf seinen Servern zuständig ist, vgl. Abschn. 4.4.

3.1.5.3 Persönliche Vorbereitung & Psychohygiene

Zur organisatorischen Vorbereitung gehört auch, dass Sie selbst voller Energie und gut versorgt in die Online-Sitzung gehen. Dazu gehört auch, dass Sie Ihre gewohnten Rituale der Abgrenzung und Psychohygiene an das digitale Setting anpassen [13]. Folgende Aspekte können zu Ihrer *Self-Care* beitragen, vgl. Checkliste Abschn. 6.3:

- Sorgen Sie dafür, dass Sie ausgeruht und frisch sind. Beachten Sie Ihren Biorhyth-mus.
- Definieren Sie einen Online-Mediationsarbeitsplatz in Ihrem Arbeitszimmer (ggf. unterscheidet sich dieser Platz von Orten für weitere berufliche Tätigkeiten).
- Planen Sie keine harten Anschlusstermine, d. h. Sie sollten einen Zeitpuffer von mind. 30 Min vor und nach der Mediationssitzung haben. Idealerweise haben Sie auch vor-her kein weiteres wichtiges Online-Meeting an diesem Tag; und wenn, dann mit deut-lichem zeitlichen Abstand.
- Kleiden Sie sich mit Bedacht und so, dass Sie sich 100 % wohl fühlen.
- Sorgen Sie dafür, dass Sie in den nächsten 2 Stunden keinen Hunger bekommen.
- Trinken Sie vorher bereits ausreichend und stellen Sie sich zusätzlich etwas zu trinken bereit. Schenken Sie sich ein Glas Wasser ein, damit Sie im Bedarfsfall sofort einen Schluck nehmen können und nicht erst mit einer Flasche hantieren müssen.
- Legen Sie sich Taschentücher bereit. Nicht, weil Ihnen vermutlich die Tränen kommen, sondern weil Sie eventuell niesen müssen. Es ist unangenehm und lenkt ab, wenn die Nase läuft. Außerdem verursacht das Nase-Hochziehen ein seltsames Geräusch, das Mediand:innen als unangenehm empfinden könnten.
- Legen Sie sich ein Halsspray oder Halspastillen bereit. Je nachdem das wievielte Gespräch dies heute für Sie ist, könnte Ihre Stimme anfangen zu kratzen. Es ist störend für die Zuhörer, wenn Sie sich ständig räuspern müssen.
- Machen Sie Stimmübungen, um Ihre Stimmbänder aufzuwärmen.
- Kurbeln Sie Ihr Energielevel mit Körperübungen an, z. B. Yoga, *Power-Posing,* Tanzen, ….
- Sorgen Sie für beste Lichtverhältnisse, damit Sie über die Webcam gut ausgeleuchtet sind.
- Überprüfen Sie den Hintergrund, den Blick in Ihre Räumlichkeiten, der über die Web-cam zu sehen ist. Möchten Sie noch etwas verändern oder hinzufügen?
- Sorgen Sie nach der Online-Sitzung für einen Ausgleich zur Bildschirmarbeit (Natur, Sport, …)

Als vertrauensbildende und fürsorgliche Maßnahme können Sie einige dieser *Self-Care* Tipps auch vor der ersten Sitzung oder im Technik-Check an Ihre Mediand:innen weitergeben. Absolut empfehlenswert sind ein Getränk und Taschentücher.

3.2   Phase 1: das Erstgespräch im virtuellen Raum

Die Mediation beginnt mit Phase 1, dem Erstgespräch, in dem die Mediand:innen mit sämtlichen Informationen in Bezug auf das Mediationsverfahren versorgt werden und Sie als Mediatorin kennenlernen. Aktivieren Sie bei der Terminbuchung die Warteraum-Funktion der Software, damit Sie nun alle Beteiligten gleichzeitig ca. 5 Min. vor Beginn in den virtuellen Raum eintreten lassen können. Dies ist ein großer Vorteil gegenüber der Präsenzmediation, bei der es mitunter zu ungewollten Zusammentreffen oder angespannten Warte-Situationen der Konfliktparteien vor der Mediationspraxis kommt. Der Kontakt zu Ihnen als Mediator geschieht für beide Parteien gleichzeitig, was Ihre Allparteilichkeit unterstreicht. Sollte eine Partei sich verspäten, lassen Sie die anderen Mediand:innen dennoch pünktlich eintreten, da Sie sonst für Verwirrung sorgen. Erklären Sie kurz, dass eine Partei noch fehlt und dass Sie so nicht beginnen können. Bitten Sie dann die anderen Parteien, Ihre Kameras und Mikrofone nochmals auszuschalten, jedoch am Platz vor dem Rechner zu bleiben. Kontaktieren Sie nun per Telefon und per E-Mail die fehlende Partei.

3.2.1   Arbeitsbündnis online schließen

Ziel der Phase 1 ist es die Mediand:innen über die Prinzipien und den Ablauf der Mediation und die eigene Rolle als Mediator:in zu informieren. Darüber hinaus möchten wir das grobe Thema der Mediation erfahren, die Beteiligten kennen lernen und organisatorische Dinge (Orte, Zeiten, Kosten, …) klären. In Mediationen mit Privatpersonen wird am Ende dieser Sitzung das Arbeitsbündnis geschlossen. Diese inhaltlichen und organisatorischen Informationen sind online sehr leicht umzusetzen. Es empfiehlt sich, einen Foliensatz mit allen wichtigen Aspekten zu erstellen. Bei der Gestaltung achten Sie darauf, dass Sie der Präsentation durch Wahl der Schriften und Bilder eine persönliche Note geben. Denken Sie daran: alles was Sie online von sich zeigen, wird als Teil Ihrer Persönlichkeit gewertet und fließt in das Bild mit ein, dass sich die Mediand:innen von Ihnen machen.

Das (von Ihnen bereits unterschriebene) Arbeitsbündnis können Sie – sofern die gewählte Software dies ermöglicht – im virtuellen Raum hochladen, damit die Mediand:innen es öffnen und ausdrucken können. Die Unterschriften können postalisch oder als eingescanntes Dokument per Mail zu Ihnen zurückkommen. Alternativ können Sie ein digitales Signaturverfahren nutzen Abschn. 3.6.1.

### 3.2.2	Zwischenmenschlicher Kontakt & Vertrauensaufbau

Neben der Schaffung einer gemeinsamen Informationsgrundlage und organisatorischen Absprachen erfüllt Phase 1 weitere wichtige Funktionen in Bezug auf den Beziehungsaufbau. Sofern ein Technik-Check stattgefunden hat, war dies bereits ein erster Kontakt. Falls nicht, ist die erste Mediationssitzung der entscheidende erste Eindruck, bei dem die Mediand:innen innerhalb von wenigen Sekunden entscheiden werden, ob sie grundsätzlich mit Ihnen zusammenarbeiten wollen oder nicht.

Voraussetzung für den Kontaktaufbau ist eine nicht eindeutig zu definierende zwischenmenschliche Verbindung, der *human touch* (vgl. [6], S. 76). Dazu gehören körperliche Signale wie Lächeln, Blickkontakt, Handschütteln, und Aspekte wie Wärme, Energie, Verbindung, Mitgefühl, Spontaneität, ein Wir-Gefühl. Das Fehlen dieses „Faktor Mensch" in der Online-Kommunikation wurde oft bemängelt und häufig auch als Grund angegeben, warum Online-Mediation nicht funktionieren kann. Hilfreicher als die Frage, was im virtuellen Raum alles fehlt (s. Tab. 3.1, linke Spalte), ist laut Ebner

Tab. 3.1 In der Videokonferenz fehlende bzw. eingeschränkte Elemente mit Auswirkung auf den *human touch* und was wir dagegen tun können – Quelle: Eigene Übersicht in Anlehnung an Ebner, 2021

Elemente zwischenmenschlicher Nähe, die in Videokonferenzen fehlen oder nur eingeschränkt vorhanden sind	Elemente zwischenmenschlicher Nähe, die im virtuellen Raum vorhanden sind
Natürlicher Blickkontakt	„gefühlter" Blickkontakt über die Kamera
Nonverbale Schlüsselreize (über die Video-Kachel hinaus)	Oberkörpersprache, Oberkörpersignale (Frisur, Kleidung, Schmuck)
Perfekte, unverzögerte Synchronizität	Moderierter Dialog unter Anwendung der Grundlagen der Online-Moderation
Möglichkeit, den räumlichen Abstand zwischen 2 oder mehr Menschen zu variieren	Möglichkeit, den über die Kamera wahrgenommenen Abstand zu variieren
Essen/Trinken anbieten	Einladung, sich ein Getränk bereitzustellen; „Anstoßen"/Zuprosten in die Kamera
Den Raum teilen/gemeinsam in einem Raum sein	Hintergrundgestaltung des Kamera-Ausschnitts, den physischen Raum über die Kamera zeigen
Sich im Raum bewegen	Einladung & Anregung, aufzustehen/sich zu bewegen; Pausen anbieten
Berührung, Geruch, Geschmack und alle damit verbundenen Rituale wie z. B. Handschütteln, ein Glas Wasser einschenken, Duft von Kaffee oder Blumen,…	Genaue Wortwahl, bildhafte Sprache, Verbalisierung von Ritualen

([6], S. 77) die Suche nach Möglichkeiten, wie sich menschlicher Kontakt online trotz dieser Mängel herstellen lässt (s. Tab. 3.1, rechte Spalte).

Ebner benennt drei Bereiche, die den Faktor Mensch in der Mediation spürbar machen und sich wechselseitig stärken: Vertrauen, Empathie und soziale Intuition, vgl. [6], S. 80.

3.2.2.1 Begriff und Arten von Vertrauen

Der Begriff „Vertrauen" ist multidimensional und die Definition variiert je nach Person und Kontext. In der Forschung ist man sich interdisziplinär darüber einig, dass es sich bei Vertrauen um eine „aktive psychische Leistung" (vgl. [22], S. 177) handelt, bei der sich eine Person (unbewusst) dafür entscheidet, sich auf eine andere Person, eine Gruppe oder eine Situation einzulassen und – in Erwartung eines Gewinns – ein Risiko einzugehen, wie z. B. sich verletzlich zu zeigen. Im Kontext von Konfliktklärung relevante Elemente von Vertrauen sind:

- **Risiko**: nur wenn wir uns in eine riskante Situation begeben, uns verletzlich zeigen oder abhängig machen, besteht überhaupt die Notwendigkeit zu vertrauen
- **Unsicherheit**: nur wenn eine gewisse Unsicherheit in Bezug auf das zukünftige Verhalten des anderen besteht, müssen wir überhaupt vertrauen
- **Erwartungen**: wir verhalten uns kooperativ bzw. vertrauensgenerierend, weil wir erwarten, dass sich unser Gegenüber dann reziprok ebenso verhält

Vertrauen ist somit Voraussetzung für die Bereitschaft, Informationen zu teilen, sich auf einen Prozess mit unsicherem Ausgang einzulassen und sich für die Sichtweisen einer anderen Person zu öffnen, was eine grundlegende Voraussetzung für den Erfolg von Mediation überhaupt ist.

In Bezug auf die digitale Kommunikation erweist Vertrauen, „wer… bereit ist, unter dem Risiko zu handeln, dass er die sozialen sowie technischen Ausgangsbedingungen und Konsequenzen seines Handelns nicht vollständig überblickt. Gerade durch den Einsatz des Vertrauens in eine Computertechnologie, Information oder Sozialstruktur, gesteht er sich selbst zu, ein meist bewusstes Informationsdefizit in Kauf zu nehmen, um trotzdem handeln zu können." ([22], 177). Das fällt uns schon evolutionsbedingt schwer. „Wenn wir … digital vertrauen, verzichten wir auf Informationen, die wir für eine Entscheidung eigentlich benötigen würden. In digitalen Welten fehlen uns …sehr viele Informationen…und diese sind auch noch schwer zugänglich, da wir 1. nur zwei unserer fünf Sinne einsetzen können…, 2. die Informationsaufnahme primär durch das Lesen oder Interpretieren von Symbolen und Bildern erfolgt … 3. sich der Mensch vor uns noch nicht mit PCs …beschäftigt hat. So haben wir aus evolutionsbiologischen Gründen keine Lernerfahrungen damit in unserem Stammhirn gespeichert." (vgl. [10], S. 42).

Die Person, die vertraut (= Vertrauenssubjekt, hier: Mediandin) bringt als Voraussetzung eine gewisse Informiertheit in Bezug auf die zu vertrauende Person (Vertrauensobjekt, hier: Mediator) und Sache (hier: Mediationsprozess und Videokonferenz-Software) sowie seine persönliche Einstellung mit, die sich in einer Erwartungshaltung gegenüber dem Vertrauens-objekt niederschlagen. Das entgegengebrachte Vertrauen resultiert somit aus einer

- **individuellen Komponente**: generelle Vertrauensbereitschaft des Medianden als Resultat eines kulturspezifischen Vertrauensverhaltens, individueller Sozialisation und früherer Erfahrungen
- **Beziehungskomponente**: wahrgenommene Vertrauenswürdigkeit des Gegenübers (hier: des Mediators und der anderen Konfliktpartei(en))
- **Kontextkomponente**: wahrgenommene Vertrauenswürdigkeit und Zuverlässigkeit der Umgebung und Gesprächssituation (hier: videobasierte Online-Kommunikation in einem virtuellen Raum)
- **Zeitkomponente**: Vertrauensaufbau ist ein Prozess, der sich schrittweise durch gemeinsames Erleben und gemachte Erfahrungen vollzieht (Ausnahme: Vertrauens-vorschuss, der einer Person auf Grund einer Empfehlung gemacht wird)

Viele Ansprachen und Verhaltensweisen der Mediatorin zielen darauf ab, den Vertrauens-aufbau zwischen den Parteien zu fördern (z. B. Appell, rechtliche Auseinandersetzungen ruhen zu lassen, Vertraulichkeitsabsprachen, etc.), auch wenn wir die individuelle Ver-trauensbereitschaft der Mediand:innen nicht erzwingen können. Was wir aber steuern können, ist der Kontext – durch die Wahl der Software, die Sicherheitseinstellungen, s. Abschn. 4.3.3, die verlässliche Organisation. Auch die Beziehungskomponente können wir maßgeblich beeinflussen, indem wir uns online professionell verhalten und unsere Persönlichkeit auf möglichst vielfältige Weise und authentisch zur Geltung bringen, siehe Abschn. 2.4.

Um zu entscheiden, ob wir einer Person, einer Situation oder einem Prozess ver-trauen, greifen wir auf drei verschiedene „Datenbanken" in unserem Gehirn zu:

- Informationen, die sich im Laufe der Evolution in unserem Stammhirn angesammelt haben und mit dem wir 98 % unserer Entscheidungen treffen
- die eigene Biografie, d. h. unsere bisherigen Lernerfahrungen
- die aktuelle Situation, in der wir uns befinden, z. B. (virtuelle)Umgebung, körperliche Befindlichkeiten, …

Vertrauen ist wie jedes andere Gefühl das Ergebnis einer Informationsabfrage aus diesen drei „Datenbanken". Unsere Entscheidungen werden von Vorurteilen und Vorlieben beeinflusst, die uns oft nicht bewusst sind. „Wenn wir vertrauen oder digital vertrauen, verzichten wir auf Informationen, die wir für eine Entscheidung eigentlich benötigen würden. Der Vorteil dieser Abkürzung: unser Gehirn spart kostbare Energie und Zeit. Das ist auch in der analogen Welt so, allerdings ist der Aufbau von digitalem Vertrauen wesentlich schwieriger. In digitalen Welten fehlen uns leider sehr viele Informationen.

Diese sind zudem schwer zugänglich, da wir nur zwei unserer fünf Sinne einsetzen können, sehen und hören."[1]

Der weltweite Aufschwung des E-Commerce zeigt, dass Menschen Online-Angeboten (z. B. auf Websites angebotene Produkte und Dienstleistungen) zumindest so weit vertrauen, dass sie online Geschäfte abschließen oder sich Rat holen (vgl. zusammenfassend [15], S. 110 ff.). Die Gestaltung einer Website scheint hierbei erhebliche Auswirkung darauf zu haben, für wie vertrauenswürdig Konsumenten ein Online-Angebot – egal ob Produkt oder Dienstleistung – halten.

Als typische Herausforderungen für die Vertrauensbildung in virtuellen Umgebungen nennt Ebner (s. [6], S. 82 ff.) folgende Aspekte, die jeder für sich wenig förderlich für die Vertrauensbildung sind und zur Folge haben, dass sich Parteien unter Umständen online weniger verbindlich, weniger engagiert und weniger fokussiert zeigen:

- Parteien erwarten online bereits im Vorfeld eine geringere Vertrauenswürdigkeit ihrer Verhandlungspartner und ein niedrigeres Vertrauensniveau. Diese (negative) Erwartung kann zu einer *self-fulfilling prophecy* werden.
- Eingeschränkte nonverbale Kontext-Informationen macht die andere Partei schwerer einschätzbar.
- Erhöhte Tendenz von Zuschreibungen und Fehlinterpretation und damit einhergehend eine misstrauische Grundhaltung.
- Erhöhte Anonymität / „Gesichtslosigkeit" erleichtert Verhalten, das als Vertrauensbruch wahrgenommen werden kann.
- Die räumliche Distanz kann zu einem Gefühl der Trennung und Separation führen, was eine geringere Identifikation mit dem anderen nach sich zieht.
- Menschen sind online eher geneigt, verbal „auszuteilen" oder sich sogar kämpferisch-streitsüchtig zu zeigen.
- Die fehlende Sicherheit, ob der Gesprächspartner wirklich allein im Raum sitzt und die Privatsphäre geschützt ist, kann Misstrauen schüren.

Die Herausforderungen der Online-Kommunikation bringen außerdem eine Verstärkung des fundamentalen Attributionsfehlers mit sich. Nehmen wir am anderen ein uns irritierendes Verhalten wahr, z. B. zieht die Person die Stirn kraus, schreiben wir dieses gerne seiner Person zu (*„Der ist aber kritisch."* / *„Was für ein schlecht gelaunter Mensch."*), und nicht der Situation (*„Er versucht sich gerade in der Software zu orientieren."*). Im Gegensatz dazu erklären wir unser eigenes Verhalten, z. B. sich im virtuellen Raum nur auf Nachfrage zu äußern, nicht mit unserer Person (*„Ich bin zurückhaltend, wenn ich mich nicht wohl fühle/verunsichert bin."*), sondern mit der Situation

---

[1] vgl. Interview mit Dr. Katharina von Knop, https://newmanagement.haufe.de/skills/digital-trust-erfolgsfaktor-vertrauen und ihre weiteren Publikationen zum Thema „Digital Trust", https://www.digitaltrust.de/publications (Zugriff: 02.08.2022).

(*„Ist doch klar, dass man erst mal abwartet, wenn man in einen ungewohnten Prozess geworfen wird."*). Aufgrund der eingeschränkten sozialen Hinweisreize, fällt es online schwerer sich ein Bild von einer (unbekannten) Person zu machen, sodass es häufiger zu Attributionsfehlern kommt, was sich wiederum negativ auf den Vertrauensaufbau auswirkt.

▶ **Fundamentaler Attributionsfehler**
Ist ein Begriff der Sozialpsychologie und bezeichnet, die Tendenz, Personen als Ursache für ihre Handlungen zu sehen (Akteur-Beobachter-Unterschied). Damit kommt es zu einer Überbewertung von dispositionalen Faktoren bei gleichzeitiger Unterbewertung von situationalen Faktoren. Wir überschätzen somit systematisch den Einfluss von Persönlichkeitseigenschaften, Einstellungen und (negativen) Absichten auf das Verhalten anderer und unterschätzen äußere (situative) Faktoren. Oft dient diese dispositionale Ursachenzuschreibung der Aufrechterhaltung von Vorurteilen. Die Gründe für unser eigenes Verhalten – und insbesondere auch unser Scheitern – sehen wir hingegen häufig in der Situation begründet und nicht in unserer Person.

Vertrauen ist ein vielschichtiges Konstrukt und kann daher auch nur für Teilaspekte einer Situation oder Person gegeben werden. So könnte ein Mediand Sie z. B. für einen hervorragenden Mediator halten, Ihnen jedoch nicht die Medienkompetenz und souveräne Umsetzung der Mediation im virtuellen Raum zutrauen.

Schon in der Präsenzmediation ist der Vertrauensaufbau im Mediationsprozess somit vielschichtig. Neben der Vertrauensbildung zwischen den Parteien, die wir als Mediator:innen fördern, indem wir sie zu vertrauensförderndem Verhalten einladen (Offenheit, Vertraulichkeit, Ehrlichkeit, …), geht es auch um den Vertrauensaufbau zwischen Parteien und Mediatorin *(3rd party)*. Der Vertrauensaufbau ist online noch vielschichtiger als im physischen Raum, da zusätzlich zu den in der Präsenzmediation relevanten Vertrauensaspekten das Vertrauen in die Software *(4th party)* und den Software-Anbieter *(5th party)* dazukommt. Die Mediatorin selbst hat – davon gehe ich aus – umfassendes Vertrauen sowohl in den Prozess als auch in die gewählte Software (s. Abb. 3.1).

3.2.2.2 Vertrauen in die Online-Umgebung
Das Internet wird von vielen Menschen generell als wenig vertrauenswürdige Umgebung angesehen. Zahllose Appelle, auf den Schutz der Privatsphäre und der eigenen Daten zu achten, Meldungen über *Cyber-Mobbing, Hate-Speech, Fake-News* und *Dark-Net*, das *Tracking* von Suchverläufen, ungebetene Werbung sowie *Spam-Mails* haben dazu geführt, dass wir das Internet als unsicheres Terrain empfinden, in dem wir uns vorsichtig bewegen müssen. Auf der anderen Seite werden *Online-Shopping, Online-Banking* und *Online-Dating* in nie dagewesenem Ausmaß genutzt, obwohl diese Nutzung ein erhebliches Maß an Vertrauen voraussetzt.

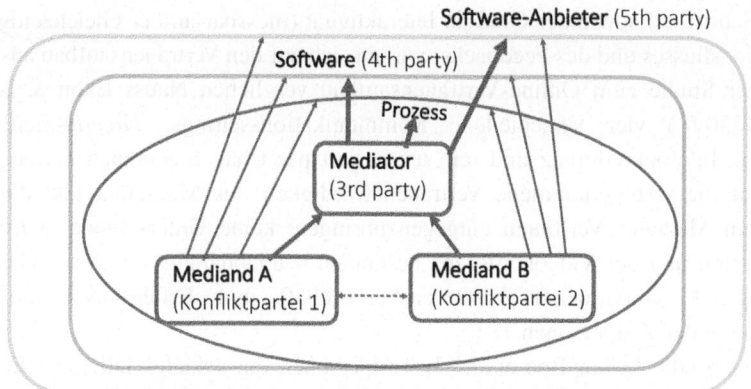

Abb. 3.1 Beispielhafter Vertrauensfluss zu Beginn einer Online-Mediation. (Eigene Darstellung ©Rickert 2023. Die Dicke der Linien symbolisiert die Stärke des Vertrauens)

Vertrauen in einen Software-Anbieter hängt im Bereich der Online-Mediation in hohem Maße vom Unternehmensstandort ab. Presseberichte und Beurteilung neutraler Stellen spielen ebenfalls eine Rolle. In einzelnen Branchen setzt sich auf Empfehlung ein bestimmter Anbieter durch, so z. B. im schulischen Bereich der Software-Anbieter BBB, in öffentlichen Einrichtungen und im Hochschulbereich WebEx und im Banken- und Versicherungswesen vitero. Viele europäische Nutzer misstrauen grundsätzlich Unternehmen, die ihre Serverstandorte in den USA haben (vgl. Abschn. 4.3.3). DSGVO-Konformität des Anbieters stärkt hingegen das Vertrauen in das Unternehmen.

In Bezug auf die Software selbst sind folgende Faktoren relevant für die Vertrauens-bildung:

- Zugangsschutz: gibt es personalisierte Logindaten oder nur einen allgemeinen Link?
- Stabilität/Lauffähigkeit: wie verlässlich und stabil läuft die Software auf ver-schiedenen Betriebssystemen und Geräten?
- Funktionalitäten: unterstützt die Software den User in Bezug auf seine Sichtbarkeit und Kommunikationsbedürfnisse? Gibt es unterschiedliche Feedback-Kanäle und Interaktionsmöglichkeiten?

Zu den Unterschieden der einzelnen Tools, vgl. Übersicht Virtual Classroom-Systeme (Abschn. 4.2.1) In der *Media-Richness*-Theory belegten Daft/Lengel bereits in den 1980er [4] und später Reichwald [20], dass für komplexe Kommunikationsaufgaben – wie etwa „Konflikt klären" – ein möglichst reichhaltiges Medium gewählt werden sollte, vgl. Abschn. 2.4.1. Die zur Verfügung stehenden Kommunikationskanäle (Sprache, Mimik,

Gesten, Schrift,…) sowie der Grad an Interaktivität (messbar an der Gleichzeitigkeit des Informationsflusses und des Feedbacks) wirken sich auf den Vertrauensaufbau aus[2].

In einer Studie zum Online-Vertrauensaufbau verglichen Nauss Exon & Lee (vgl. [15], S. 130 ff.) vier verschiedene Kommunikationssettings: *Face-to-face,* Video-konferenz, Telefonkonferenz und rein textbasiert per Chat. Sie fanden heraus, dass in Bezug auf die wahrgenommene Vertrauenswürdigkeit des Mediators und die Bereit-schaft dem Mediator Vertrauen entgegenzubringen, keine Unterschiede zwischen der F2F-Situation und der Videokonferenz bestanden – unabhängig von Alter, Geschlecht, Bildungsstand, individueller Vertrauensbereitschaft und Erfahrungen mit Video-kollaboration der Testpersonen.

In ihrer Studie ließen Bos et al. [3] Testpersonen ein soziales Dilemma lösen. Der Grad des Vertrauens wurde anhand der Kooperationsbereitschaft gemessen. Die Ergeb-nisse sind auch für Online-Mediation interessant: zwar dauerte es in der Video- und Audiokonferenz-Gruppe länger, bis Vertrauen aufgebaut wurde; jedoch – einmal vor-handen –, gab es keine Unterschiede in Bezug auf die Kooperationsbereitschaft und die erzielten Ergebnisse im Vergleich zur *F2F*-Gruppe. Das schlechteste Ergebnis erzielte die Gruppe, die lediglich textbasiert zusammenarbeitete. Diese Ergebnisse mögen in der Hinsicht beruhigen, dass Vertrauen in Videokonferenzsystemen verlässlich aufgebaut werden kann; jedoch sollte der Prozess bewusst gestaltet und ausreichend Zeit eingeplant werden.

Den Vertrauensaufbau zwischen den Parteien zu fördern, ist eines der Ziele einer jeden Mediation. Zu Beginn des Prozesses ist das Vertrauen zwischen den Parteien naturgemäß gering bis gar nicht vorhanden. Vertrauen wieder herzustellen ist meistens ohnehin Bestandteil der Mediation, wobei die Tiefe des für die nachhaltige Klärung not-wendigen Vertrauens stark vom Fall bzw. der Beziehung zwischen den Parteien abhängt. So ist es beispielsweise ein wesentlicher Unterschied, ob es sich um einen Sach-konflikt im beruflichen Kontext handelt, in dem die beiden Parteien künftig vermutlich nicht weiter miteinander zu tun haben (z. B. Konflikt um Handwerkerleistungen) oder um einen innerfamiliären Konflikt mit tiefen emotionalen Bindungen, die noch viele Jahre bestehen werden (z. B. ein Elternpaar in Trennung, das den Umgang mit den gemeinsamen Kindern regeln möchte).

3.2.2.3 Vertrauenswürdigkeit online herstellen

Während wir den Vertrauensaufbau zwischen den Konfliktparteien nur bedingt beein-flussen können, haben wir den Prozess des Vertrauensaufbaus der Konfliktparteien zu uns als Mediatorin maßgeblich in der Hand. Die Bereitschaft der Mediand:innen, der Mediatorin zu vertrauen wächst, wenn diese sowie der gesamte Prozess des Online-Mediationsverfahrens als vertrauenswürdig wahrgenommen werden. Die Vorstufe bzw.

---

[2]Weitere Erläuterungen zu Medieneffekten vgl. Ebner [6], S. 94–96.

der Wegbereiter für Vertrauensbildung ist somit die Vertrauenswürdigkeit. Wie kann diese online vermittelt und wahrgenommen werden?

Tab. 3.2 führt einzelne Aspekte von Vertrauenswürdigkeit auf und wie diese im virtuellen Raum wahrnehmbar gemacht werden können (vgl. [15], S. 114; [6], S. 102 ff.):

3.2.3   Online-Kommunikationsregeln vereinbaren (Netiquette)

In der Präsenzmediation hängt es vom Eskalationsgrad des Falls und der Persönlichkeit der Mediand:innen ab, ob wir zu Beginn der Mediation die Art und Weise der Kommunikation während der Mediationssitzungen thematisieren oder nicht. Bei hocheskalierten Paarbeziehungen und sehr impulsiven Charakteren kann es Sinn ergeben, konkrete Umgangsregeln abzusprechen. Dies gilt selbstverständlich auch für die Online-Mediation.

Jedoch gibt es darüber hinaus in jedem Fall bestimmte Regeln für die synchrone Online-Kommunikation zu vereinbaren, damit sich alle Beteiligten darüber im Klaren sind, wie in bestimmten Situationen (z. B. auch technischen Störungen) zu verfahren ist.

▶   **Kommunikations- und Umgangsregeln für synchrone Online-Kommunikation (Beispiele)**
- Wir nehmen an der Online-Mediation von einem ruhigen geschützten Raum aus teil, nicht von unterwegs.
- Wir schalten unsere Mikrofone zunächst aus.
- Wir schalten unsere Kameras an, und lassen sie auch während der gesamten Sitzung an. Ausnahmen und individuelle Absprachen sind selbstverständlich möglich.
- Wir konzentrieren uns auf das Gespräch.
- Wir sorgen für Vertraulichkeit, insbesondere sichern wir uns zu keinerlei audiovisuelle Aufzeichnungen zu tätigen.
- Wir melden uns (rechtzeitig) per Handzeichen, wenn wir etwas sagen möchten.
- Wir geben (rechtzeitig) ein Zeichen, wenn wir (bald) eine Pause benötigen.
- Wir loggen uns nicht einfach aus, sondern sagen Bescheid, wenn uns etwas so stört, dass wir überlegen, die Mediation abzubrechen.
- Falls wir aus technischen Gründen aus der Sitzung fallen, sind wir telefonisch erreichbar bzw. antworten umgehend auf E-Mails, um das weitere Vorgehen zu besprechen.
- …

3.2.3.1   Rahmen & Umgang mit Störungen

Wie bereits erläutert sind Ruhe und Ungestörtheit Grundvoraussetzungen für eine erfolgreiche Online-Mediation. Daher empfehlen sich folgende Regeln als grundsätzliche Übereinkunft, für deren Umsetzung jede:r Teilnehmende (selbstverständlich auch

Tab. 3.2 Handlungsempfehlungen zum interpersonalen Vertrauensaufbau

Vertrauensfördernde Eigenschaft/ Verhalten	Ist im virtuellen Raum sichtbar/erlebbar durch …
Expertise, Kompetenz, Leistungs-fähigkeit	• Gute Vorbereitung (inhaltlich, technisch, organisatorisch) • Rechtzeitige Bereitstellung hilfreicher technischer Hinweise und Informationen zur Software • Angebot eines Technik-Checks • Erläuterung der Software-Funktionalitäten • Souveräne Bedienung des virtuellen Raums und ggf. weiterer Software • Aus- und Fortbildungsnachweise, Referenzen, Testimonials auf der Homepage (Expertise) • Veröffentlichungen, Podcast-Beiträge auf der eigenen Homepage (Expertise) • Sichere Prozesssteuerung im virtuellen Raum • Zeit-Verantwortung (Gesprächstempo, Pausenzeiten, Sitzungsdauer, Abstände zwischen den Sitzungen)
Wohlwollen, Güte, Empathie, Wärme, Präsenz, Menschlichkeit	• sich authentischzeigen durch bewussten Einsatz von Stimme und Sprache • Aufrichtige & positive Wortwahl • Bildhafte Sprache • Handgestik nutzen • Blickkontakt • Lächeln • Spiegeln • Anpassen des Wortschatzes an Wortwahl des Medianden zur Schaffung von Gemeinsamkeit • Prozess als gemeinsamen Weg ansprechen, Aufbau eines Wir-Gefühls • Meta-Kommunikation und Verbalisierung von Gedanken/ Gefühlen • Skepsis der Parteien gegenüber Online-Mediation bzw. mögliche Frustration in Bezug auf die Kommunikations-situation online proaktiv ansprechen • Sich nahbar und greifbar machen und die Parteien so einladen, sich ebenfalls „unmaskiert" zu zeigen • *Small Talk* zu Beginn als Warm-Up , sanfter Einstieg

(Fortsetzung)

Tab. 3.2 (Fortsetzung)

Vertrauensfördernde Eigenschaft/ Verhalten	Ist im virtuellen Raum sichtbar/erlebbar durch …
Integrität, Glaubwürdigkeit, Charakterstärke, Konsistenz im Verhalten, Klarheit	• Pünktliches Einloggen • Einhalten der angekündigten (Pausen-)Zeiten und Schritte • Einbringen persönlicher Informationen zur eigenen Person (mündlich) und visuell (authentischer Raumhintergrund) • Meta-Kommunikation (Ankündigung & Kommentieren von Verhalten und Ereignissen, Übereinstimmung von Wort und Tat) • Häufige klärende Rückfragen zur Vermeidung jeglicher Missverständnisse und sofortige Klärung doppeldeutiger Botschaften • Technische Verlässlichkeit, Verantwortung für die Software übernehmen • Eigene perfekte Audio-/Videoqualität • Parteien, die geringes Engagement zeigen, explizit integrieren
Neutralität, Allparteilichkeit, Fairness, Gerechtigkeitssinn	• Vertraulichkeit ansprechen und sicherstellen • Beachtung gleich langer Redezeiten und regelmäßiger Sprecherwechsel in kürzeren Intervallen als *F2F* • Gleichbehandlung der Parteien (z. B. gleichhäufiges Ansprechen mit Namen) • Bei hohem Eskalationsgrad: Einzelgespräche im Nebenraum • Transparenz in Bezug auf Technik, Verfahren, Methoden durch Meta-Kommunikation • Erklärende Intervention & Ansprechen des Phänomens bei jeglicher Art von (technischer) Störung • Häufiges Nachfragen, um Unklarheiten zu vermeiden und den Prozess zu entschleunigen
Freundlichkeit, Liebenswürdigkeit, Kontaktfähigkeit, Rapport	• Lächeln • Kopfnicken • Offene (Ober-)Körperhaltung • Freundlicher Blick • Direkte, persönliche Ansprache • alle Beteiligten regelmäßig daran erinnern, dass nicht Videokacheln, sondern Menschen miteinander kommunizieren • Vorbild sein: der Ton des Mediators bestimmt den Ton der gesamten Mediation

Sie selbst) am eigenen Standort verantwortlich ist. Sie sollten somit frühzeitig – vor der ersten Sitzung – mündlich oder schriftlich kommuniziert worden sein, damit die Mediand:innen ausreichend Zeit haben, diese Gegebenheiten zur ersten Online-Sitzung zu schaffen.

▶   **Tipps zur Gestaltung einer störungsfreien Zusammenarbeit
    (beispielhaft formuliert als Ansprache der Mediatorin):**

- *„Damit wir konzentriert zusammenarbeiten können, sorgen Sie bitte für Ruhe
  im Raum und Ungestörtheit: d. h. Fenster zu, Türen zu, Smartphone aus und
  außer Sichtweite, Telefon aus, Türklingel abschalten, Kollegen/Mitbewohner
  informieren, Haustiere aus dem Zimmer, …*
- *„Bitte achten Sie darauf, dass Ihr Vor- und Zuname korrekt und vollständig
  ausgeschrieben ist, damit keine Unsicherheiten darüber entstehen, wer
  wer ist. Dies erleichtert es mir auch, Sie richtig anzusprechen. (Hinweis: bei
  Großgruppen und in mediativen Teamentwicklung kann es hilfreich sein, auch
  die Organisation, Unternehmen, Abteilung, Rolle, … hinter den Namen zu
  schreiben)*
- *„Bitte schalten Sie Ablenkungen am PC aus: Mailprogramm aus, kein E-Mail-
  Check nebenher, andere Browserfenster geschlossen und sämtliche Spiele aus."*
- *„Wenn Sie sich Notizen machen, schalten Sie bitte Ihr Mikrofon aus oder
  machen Sie diese handschriftlich. Das Tippgeräusch der Tastatur kann schnell
  laut werden und für die anderen Teilnehmenden störend sein. Auch kann der
  Eindruck entstehen, dass Sie sich gerade mit etwas anderem beschäftigen."*
- *Umgang mit Verbindungsabbrüchen: „Falls Sie aus dem virtuellen Raum „ver-
  schwinden", unterbreche ich die Sitzung sofort und warte ca. 2-3 Min., ob
  Sie sich wieder einloggen. Sollte dies nicht möglich sein, geben Sie mir bitte
  umgehend auf meinem Handy Bescheid. Wir können dann gemeinsam entscheiden, ob wir in einer anderen Software oder als Telefonkonferenz weitermachen oder einen neuen Termin ansetzen müssen. Wie kann ich Sie im Falle
  eines Verbindungsabbruchs am besten erreichen? Am Handy oder Festnetz?
  Oder per whatsapp/Signal/ … oder per E-Mail?"*
- *Falls Sie ohne Abmeldung plötzlich nicht mehr im virtuellen Raum sind, sich
  nicht neu einloggen und und auf meine Kontaktaufnahme nicht reagieren,
  gehe ich davon aus, dass Sie sich absichtlich ausgeloggt haben. In diesem Fall
  werde ich die Sitzung für diesen Tag abbrechen und zeitnah weiter versuchen,
  Sie zu erreichen. Bitte geben Sie mir dann die Chance, zu klären, was Sie stört
  und was ich ggf. an den Rahmenbedingungen ändern könnte, damit Sie weiter
  an der Mediation teilnehmen können." Dieser Fall sollte möglichst nicht eintreten, da Sie bereits bei der Etablierung von Kommunikationsregeln vereinbaren, dass niemand sich „ohne Ansage" ausloggt, s. Abschn. 3.2.3.*

3.2.3.2 Mikrofonsteuerung, Stummschaltung & Wortmeldungen

Der Umgang mit den Möglichkeiten der Audiosteuerung kann in der Online-Mediation
durchaus als Interventionstechnik gelten. Anders als im physischen Zusammentreffen
haben wir im virtuellen Raum als Moderatorin die Möglichkeit, andere Gesprächspartner stumm zu schalten. Gleichzeitig kann jeder Einzelne seinen eigenen Audio-Kanal
öffnen oder schließen. Diese Gestaltungsmöglichkeit der Audio-Verbindung, die es so

im physischen Treffen nicht gibt, hat Auswirkungen auf die Gesprächsführung und den Gesprächsverlauf.

Zum einen hat der Moderator/Mediator – rein technisch, aus dem Medium heraus – ein Werkzeug an der Hand, einer Konfliktpartei das Rederecht zu entziehen und sie somit tatsächlich „mundtot" zu machen. Anders als in physischer Präsenz, wo wir eine Partei nur bitten können, sich zu mäßigen, den anderen ausreden zu lassen etc..... können wir im virtuellen Raum diesen Zustand tatsächlich herstellen. Wir haben somit eine machtvolle Möglichkeit der Gesprächssteuerung zur Verfügung – ob wir sie tatsächlich einsetzen möchten, sei dahingestellt.

Inwiefern die Nicht-Übertragung kleiner Laute (lautes Ausatmen, Schnauben, Lachen, Seufzen, …) und Äußerungen (*„Jaja"*, *„Hmhm"*, *„Also das ist doch…"*) der „zuhörenden Partei" durch (freiwillige oder erzeugte) Stumm-Schaltung den Mediationsverlauf beeinflusst, ist noch nicht hinlänglich erforscht. Solch kommentierende Äußerungen können sowohl einen positiven (Gefühl der Bestätigung, Besänftigung, Zustimmung, …) als auch einen negativen Effekt (Gefühl der Veräppelung, Verurteilung, Ablehnung,…) auf die aktuell „sprechende Partei" haben, und auch der Mediator kann wertvolle Informationen aus diesen Äußerungen ableiten. Daher wäre eine (unbestätigte) These, dass durch das Unterbinden dieser Reaktionen durch Stummschaltung dem Mediator interessante Informationen verloren gehen und der Kontakt zur anderen Partei schwerer gehalten werden kann, was dem Verlauf der Mediation nicht dienlich wäre. Tatsächlich ist es vom Fall, von der Persönlichkeit und Emotionalität der Mediand:innen abhängig, wie die Mikrofonsteuerung gehandhabt wird, wobei die Übergänge fließend sein können.

- Wer Rahmenbedingungen wie in der physischen Präsenz schaffen möchte, bittet beide Mediand:innen, die Mikrofone immer frei geschaltet zu lassen (freie Gesprächsführung). Wir vergessen so weniger leicht, dass hinter dieser Videokachel ein Mensch sitzt und auch die betroffene Person fühlt sich eher als Teil des Gesprächs, wenn der Audiokanal offen bleibt.
- Wer sich auditiv auf einen Medianden konzentrieren und Störungen durch die andere Partei vermeiden möchte, bittet immer nur die Partei, das Mikrofon freizuschalten, die gerade spricht (strukturierte Gesprächsführung).

In jedem Fall sollten der Umgang mit der Mikrofonsteuerung und Stummschaltung zu Beginn einer Online-Mediation mit den Mediand:innen im Rahmen der Erarbeitung von Kommunikationsregeln angesprochen und vereinbart werden. Je höher die Teilnehmerzahl, umso wichtiger zu Beginn des Gesprächs den Umgang miteinander klar zu regeln. Diese Regeln sollten möglichst konkret sein. Abstrakte Formulierungen wie „Behandeln Sie sich respektvoll", „Bleiben Sie sachlich" sind wenig hilfreich und ein gemeinsames Verständnis von Respekt und Sachlichkeit wäre erst einmal herzustellen. Folgende Informationen gebe ich üblicherweise den Medianden im Erstgespräch, manchmal auch bereits im Technik-Check-Termin:

Beispielhafte Ansprache der Mediatorin

- *„Wie Sie wissen, kann ich als Gastgeberin im virtuellen Raum die Mikrofone aller Anwesenden stumm schalten. Ich würde von dieser Möglichkeit nur dann Gebrauch machen, wenn an einem Standort störende Hintergrundgeräusche auftreten (dies könnte z. B. eine Baustelle vor Ihrem Fenster sein oder ein Nachbar, der gerade seine Küche renoviert) oder wenn es einem der hier Anwesenden – trotz mehrfacher Bitte – nicht möglich ist, die andere Person ausreden zu lassen oder sich in einer unangebrachten Ausdrucksweise zu mäßigen. Dies könnte z. B. zu Beginn der Mediation, wenn die emotionale Belastung sehr hoch ist, der Fall sein."*

- *„Wie Sie auch wissen, können Sie selbst Ihr eigenes Mikrofon jederzeit wieder freischalten. Ich werde Ihnen, obwohl dies technisch möglich ist, das Rederecht niemals ganz entziehen. Sie werden immer die Möglichkeit haben, sich hier mündlich zu äußern. Jedoch führt der kurze Klick auf den „Mikrofon einschalten"-Button zu einer gewissen Entschleunigung und kann somit für den Gesprächsverlauf hilfreich sein. In einer späteren Phase der Mediation möchte ich Sie dann einladen, die Mikrofone frei geschaltet zu lassen, damit Sie in einen guten Gesprächsfluss kommen. Ist das so für Sie nachvollziehbar?"*

- *„Wie ich bereits zum Ablauf der Mediation erläutert habe, werde ich zu Beginn des Prozesses jeweils einzeln mit Ihnen sprechen. Während einer von Ihnen redet, möchte ich die andere Partei bitten, ihr Mikrofon auszuschalten. Damit Sie sich dennoch jederzeit einbringen können, geben Sie mir ein Handzeichen in die Kamera oder schreiben eine Kurznotiz im Chat, wenn Sie dringend etwas sagen möchten. Hier reicht der Hinweis, dass Sie einen Beitrag haben, Sie brauchen nicht den genauen Inhalt auszuformulieren. Ich komme dann so schnell wie möglich auf Sie zu. Bitte verzichten Sie darauf, im Chat in Großbuchstaben zu schreiben, da viele Teilnehmende dies als Schreien interpretieren würden."*

- *„Generell achte ich darauf, dass Sie beide gleichermaßen zu Wort kommen. Da die Aufmerksamkeitsspanne im virtuellen Raum tendenziell etwas kürzer ist, werden wir relativ häufige Sprecherwechsel haben. Sollten Sie je das Gefühl haben, dass die Redezeiten ungleich verteilt sind, weisen Sie mich bitte jederzeit darauf hin."*

- *„Generell sind Gespräche – nicht nur online – angenehmer, wenn wir uns nicht ins Wort fallen. Auf Grund der kleinen Zeitverzögerung, die online entstehen kann – das so genannte Audio Delay – passiert es in der virtuellen Zusammenarbeit häufiger, dass wir uns – unabsichtlich – unterbrechen. Dies ist ein weiterer Grund, warum sich das Stummschalten der Mikrofone bewährt hat."*

- *„Wenn Sie die anderen Teilnehmer schlecht verstehen können oder sich die Audioqualität im Laufe der Sitzung verschlechtert, sagen Sie mir bitte sofort Bescheid. Wir schauen dann gemeinsam, ob es eine Lösung gibt, z. B. hilft es manchmal die Webcam auszuschalten."*

- *„Machen Sie sich kurze, stichpunktartige Notizen, während die andere Person spricht. So können Sie sichergehen, dass Sie nichts vergessen und können sich weiter auf das Gespräch und das, was der andere gerade sagt, konzentrieren. Wenn Sie wieder an der Reihe sind, werden Sie ausreichend Zeit bekommen, ihre Stichpunkte auszuformulieren. Wenn Sie dringend zu etwas eben Gesagtem Stellung nehmen möchten, heben Sie bitte beide Hände in die Kamera. Das werte ich als Zeichen, dass Ihr Beitrag jetzt wirklich wichtig ist und unmittelbaren Bezug hat."* ◄

3.2.3.3 Umgang mit der Kamera

Auch das Thema „Umgang mit der Webcam" sollte zu Beginn der Mediation angesprochen werden, um spätere Unklarheiten und Missverständnisse zu vermeiden. Grundlegend geht die Audioqualität vor. Dies muss erläutert und Regeln für den Umgang mit der Webcam vereinbart werden, zum Beispiel mit folgenden Worten:

Beispielhafte Ansprache des Mediators

- *„Generell ist es mir in der Online-Situation wichtig, dass wir uns alle möglichst immer sehen können, d. h. unser Standardsetting ist die eingeschaltete Webcam. Eine angenehme Ansicht haben wir alle, wenn wir die Galerieansicht (Raster-ansicht) wählen. Ziehen Sie am besten das Browserfenster so groß, dass Sie die Mimik der anderen Parteien gut sehen können."*
- *„Es ist ein Gebot der Höflichkeit und der Kollegialität, wenn alle die Kamera eingeschaltet lassen. Doch es kann Situationen geben, in denen Sie sich wohler fühlen, wenn die Kamera aus ist. Für diese Fälle möchte ich jetzt mit Ihnen einige Absprachen treffen, damit wir später in der Situation wissen, woran wir sind."*
- *„Bei schlechter Internetverbindung kostet die Webcam viel Bandbreite, sodass es besser ist, die Webcam auszuschalten, damit die Tonqualität nicht leidet. Bitte sagen Sie mir sofort Bescheid, wenn Sie jemanden nur noch abgehackt oder ver-zerrt hören."*
- *„Manchen Menschen ist es unangenehm, wenn sie im Aufmerksamkeitsfokus stehen oder das Gefühl haben beobachtet zu werden, ohne dass sie es merken. Das ist absolut nachvollziehbar. Zumal wir hier im virtuellen Raum nicht mit-bekommen, wenn andere Teilnehmer unsere Videokachel groß schalten, also die Sprecheransicht bzw. Spotlight-Funktion aktivieren. Lassen Sie uns daher verein-baren, dass wir alle die Galerieansicht wählen. So sehen wir unsere Gesichter gegenseitig in einem Abstand, mit dem wir uns wohl fühlen und der auch eher dem natürlichen Abstand entspricht, den wir zueinander in der physischen Begegnung wählen würden."*
- *„Wenn es Ihnen (heute) unangenehm ist, dass ich bzw. andere Menschen in Ihre privaten Räumlichkeiten sehen können, wählen Sie einen virtuellen Hintergrund oder schalten Ihren Hintergrund unscharf."*

- *„Wenn es Ihnen im späteren Verlauf der Mediation einmal in einer bestimmten Situation unangenehm sein sollte, dass die Kamera eingeschaltet ist, lassen Sie mich das wissen. Wenn dieser Eindruck bei mir entsteht, werde ich nachfragen, ob es Ihnen gerade lieber wäre, die Kamera auszuschalten. Das Wichtigste ist für mich, dass Sie sich wohl fühlen. Wenn Sie sich vor allem durch Ihr eigenes Bild abgelenkt fühlen, es Sie aber nicht stört, dass wir anderen Sie sehen, können Sie auch ein Post-it über Ihre eigene Videokachel kleben bzw. die Selbstansicht ausblenden."* ◄

3.2.4 Vertraulichkeit online

Vertraulichkeit gilt als ein Grundprinzip der Mediation. In der Europäischen Mediationsrichtlinie von 2008[3] wird Vertraulichkeit als *wichtig* bezeichnet, jedoch wird von den einzelnen Mitgliedstaaten eine Anpassung als Zeugnisverweigerungsrecht (vgl. u. a. Zivilprozessordnung) verlangt. Der deutsche Gesetzgeber hat die Vertraulichkeit (anders als in der Mediationsrichtlinie) als Wesensmerkmal der Mediation aufgenommen, jedoch nicht grundsätzlich (vgl. Mediationsgesetz[4]), d. h. Konfliktparteien können einvernehmlich individuell abweichende Regelungen für sich treffen. Der Aspekt der Vertraulichkeit betrifft on- wie offline den Ausschluss der Öffentlichkeit, die Vertraulichkeitsverpflichtung der Medianden untereinander und die Verschwiegenheitspflicht des Mediators, vgl. [7], S. 13 ff. Insbesondere die ersten beiden Punkte müssen in der Online-Mediation gesondert angesprochen werden.

3.2.4.1 Nicht-Öffentlichkeit online
Ein wesentlicher Grund sich für das Mediationsverfahren – und gegen ein Gerichtsverfahren – zu entscheiden, ist der Wunsch der Mediand:innen, autonom eine eigenverantwortliche Lösung zu finden. Dafür ist der Ausschluss der Öffentlichkeit zum Schutze der Privatsphäre oder eventueller Geschäftsgeheimnisse wesentlich. Nur so können zwei weitere wichtige Mediationsprinzipien, nämlich die Offenheit und gegenseitige Informiertheit überhaupt gewährleistet werden. Der geschützte vertrauliche Rahmen ist somit wesentliche Voraussetzung für eine erfolgreiche Durchführung der Mediation.

In der Präsenzmediation kann dieser Rahmen durch die Bereitstellung eines geschlossenen Raumes, in dem nur der Mediator und die Konfliktparteien physisch anwesend sind, sichergestellt werden. Für alle Anwesenden ist offensichtlich, dass niemand weiteres sich im Raum befindet. Das Schließen der Tür kann hierbei auch demonstrativ als Beginn des Verfahrens gesehen werden.

---

[3] Richtlinie 2008/52/EG Europäisches Parlament und Rat vom Mai 2008, https://eur-lex.europa.eu/legal-content/DE/TXT/?uri=celex%3A32008L0052 (Zugriff: 20.8.2022).

[4] Vgl. Mediationsgesetz § 1 Rn.53 https://www.gesetze-im-internet.de/mediationsg/MediationsG.pdf (Zugriff: 20.08.2022).

In der Online-Mediation kann die Nicht-Anwesenheit weiterer Dritter nicht so ohne
weiteres als gegeben angenommen, sondern muss thematisiert werden. Die Mediatorin
geht beispielhaft voran und bestätigt mündlich (ggf. unterstützt durch einen Kamera-
Schwenk), dass sie sich allein im Raum befindet und dass alle Fenster und Türen
geschlossen sind. Eventuell kann zusätzlich betont werden, dass sich auch niemand
in angrenzenden Räumlichkeiten befindet und mithören könnte. Nun können auch die
Parteien einzeln gebeten werden, zu bestätigen, dass sie sich in geschlossenen Räumlichkeiten befinden bzw. allein im Zimmer und niemand weiteres das Gespräch mithört.

Im Sinne der Vertraulichkeit ist es ein Pluspunkt, wenn Sie über Kopfhörer und nicht
über die externen Lautsprecher des Rechners hören. Somit können Ihre Gesprächspartner
wirklich sicher sein, dass ihre Redebeiträge auf keinen Fall für Dritte mitzuhören sind,
vgl. Abschn. 4.1.4.

3.2.4.2 Vertraulichkeitszusicherung der Parteien untereinander

Welchen Umgang mit dem Thema Vertraulichkeit die Parteien miteinander vereinbaren, ist von Fall zu Fall unterschiedlich. So haben Menschen, die in einer privaten
Angelegenheit in der Mediation sind, andere Bedürfnisse und Vorstellungen als Personen
in einem beruflichen Konflikt, womöglich mit Hierarchiegefälle oder übergeordnetem
Auftraggeber. Wesentlich ist, dass das Thema „Vertraulichkeit" in der Online-Mediation
explizit angesprochen wird. Über die auch in der Präsenzmediation übliche Einigung
dahingehend, mit wem und in welchem Umfang über Inhalte der Mediation oder
das Verfahren an sich gesprochen wird, muss in der Online-Mediation zusätzlich die
Möglichkeit der Erstellung audio-visueller Mitschnitte angesprochen werden.

Man muss kein Technik-Freak sein, um zu wissen, wie das geht. Auch technische
Laien sind in der Lage, Screenshots anzufertigen oder eine Online-Sitzung auf der
Tonspur oder gar komplett aufzuzeichnen. Das Abfotografieren des Bildschirms
und Mitschneiden des gesprochenen Wortes bzw. des Videos ohne Einwilligung des
Abgebildeten ist jedoch ein Verstoß gegen das allgemeine Persönlichkeitsrecht[5]. In der
Online-Mediation müssen sich die Parteien untereinander – aber auch dem Mediator
gegenüber – glaubhaft versichern, dass sie keinerlei audiovisuelle Dateien anfertigen
werden, auch nicht zum Spaß und zum lokalen Abspeichern auf dem eigenen PC.
Niemand wird seinen Gefühlen freien Lauf lassen, wenn er befürchten muss, dabei foto-
grafiert oder gar gefilmt zu werden. Daher kommt dieser Thematik online eine höhere
Bedeutung zu als in der Präsenzmediation, in der prinzipiell auch denkbar wäre, dass ein
Mediand ein Diktiergerät in der Tasche mitlaufen lässt.

---

[5]Eine Veröffentlichung eines Bildes ohne Einwilligung des Abgebildeten ist in Deutschland ein
Verstoß gegen das Recht am eigenen Bild, ein Unterfall des allgemeinen Persönlichkeitsrechts,
geregelt durch Art. 2 Abs. 1 in Verbindung mit Art. 1 Grundgesetz.

Da die Verschwiegenheit der Parteien nicht gesetzlich geregelt ist, sind die Mediand:innen gegenseitig auf die Einhaltung dieser Zusicherung angewiesen[6]. Neben der mündlichen Bestätigung mit Blick in die Kamera, empfiehlt es sich hierfür eine Folie vorzubereiten, auf der die Mediand:innen digital unterschreiben oder zumindest einen Haken platzieren können.

3.2.4.3 Verschwiegenheitspflicht des Mediators

Die Verschwiegenheitspflicht der Mediatorin (und weiterer unterstützender Personen, z. B. technischer Betreuer) ist im § 4 Mediationsgesetz als Pflicht zur Zeugnisverweigerung geregelt. Diese Verpflichtung umfasst sämtliche Informationen zu einer Person, auch den Namen und die Tatsache, dass überhaupt eine Mediation angefragt oder durchgeführt wurde. Der Mediator darf bzw. muss seine Verschwiegenheit nur dann aufheben, wenn er im Laufe der Mediation erfahren sollte, dass schwerwiegende Straftaten (z. B. Kindesmissbrauch) vorgefallen sind.

Die Tatsache, dass die Mediatorin keine vertraulichen Informationen aus dem Mediationsverfahren nach außen tragen und hierzu – im Falle einer gescheiterten Mediation – von der anderen Partei im eventuell dann anschließenden Gerichtsverfahren nicht als Zeugin benannt werden darf, ist Grundvoraussetzung dafür, dass die Parteien sich überhaupt auf die Mediation einlassen und im Verlauf der Mediation vollkommen öffnen können. Dazu gehört auch die Deaktivierung einer etwaigen Aufzeichnungsfunktion der Videokonferenzsoftware[7], sowie die Deaktivierung einer automatischen Speicherung von Chatverläufen und das lokale Abspeichern auf dem eigenen Rechner von gemeinsam erarbeiteten Sitzungsergebnissen, vgl. [7], S. 36 ff.

In diesem Zusammenhang sei noch das vertrauliche Versenden von E-Mails erwähnt, das auch in Vor-Ort-Mediationen eine Rolle spielt. In den allermeisten Präsenzmediationen werden ebenfalls per E-Mail Termine vereinbart und Dokumente verschickt, sodass dieses Thema nicht ausschließlich für die Online-Mediation relevant ist. Eine Transportverschlüsselung, meist gemäß dem weit verbreiteten Transport Layer Security (TLS)-Protokoll, verschlüsselt den Transportkanal zwischen den beiden Kommunikationspartnern, sodass alle Daten während des Transports sicher sind, nicht jedoch auf dem Server des E-Mail-Anbieters selbst und an den Web-Knotenpunkten des Versands. Nur eine Ende-zu-Ende-Verschlüsselung schützt jede einzelne E-Mail, sodass weder die beteiligten E-Mail-Anbieter, noch potenzielle Angreifer sie unterwegs lesen oder manipulieren könnten. Bei sensiblen und persönlichen Daten empfiehlt sich daher die Ende-zu-Ende-Verschlüsselung, die jedoch in der Praxis noch selten eingesetzt wird, da die Hersteller verbreiteter E-Mail-Programme

---

[6] Hinweis: in internationalen Wirtschaftskonflikten regeln die UNCITRAL Conciliation Rules (vgl. https://uncitral.un.org/sites/ncitral.un.org/files/media-documents/uncitral/en/con-rules-e.pdf die Pflicht zur Geheimhaltung anders. (Zugriff: 30.08.2022).

[7] diese ist z. B. bei BBB standardmäßig aktiviert und muss manuell bei Terminbuchung ausgeschaltet werden. (Stand: Juli 2022)

diese Verschlüsselungstechnik nicht anbieten. Anwender:innen müssen entsprechende Plug-Ins selbst aktivieren. Weitere Informationen zum Vorgehen finden Sie auf der Website des Bundesamtes für Sicherheit in der Informationstechnik[8].

3.2.5   Online-Methoden für das Erstgespräch

Im Erstgespräch möchten die Mediand:innen sich ein Bild vom Online-Mediator, dem Prozess und der technischen Umgebung machen, um auf Basis dieser Informationen die Entscheidung zu treffen, ob sie sich unter diesen Rahmenbedingungen auf das Mediationsverfahren einlassen können. Der Mediator wiederum möchte sich ein Bild machen, mit welchen Persönlichkeitstypen er es zu tun hat und worum es grob geht, um entscheiden zu können, ob der Fall für Online-Mediation geeignet ist. Idealerweise kann ein gemeinsames Ziel definiert werden. Unter Beachtung der grundlegenden Aspekte der Online-Moderation (Abschn. 2.3) und der Online-Präsenz (Abschn. 2.4), ist ein wesentlicher Aspekt in Phase 1, den Umgang miteinander im virtuellen Raum zu klären. Dies gelingt gut mit auditiven und visuellen Methoden, die ich aus dem Online-Trainingsbereich für die Online-Mediation transferiert habe.

3.2.5.1 Visuelle Methoden
Im virtuellen Raum schauen wir konzentriert auf einen Bildschirm und haben eine Kamera zur Verfügung, somit bietet es sich an, die visuellen Möglichkeiten des Mediums zu nutzen, vgl. [1]. Dies beginnt bei der Gestaltung der Präsentation und Materialien, geht über den Raum und Kamera-Hintergrund, der Nutzung von Bildern und Comics bis hin zum Einsatz visueller Methoden.

Farben haben Einfluss auf unsere Psyche, denn jede Farbe besitzt eine für sie typische Wellenlänge und Energie, die sich auf den Körper überträgt. Farbpsychologisch betrachtet wirkt blaues Licht kühlend und beruhigend, rotes Licht hingegen wärmend und anregen, Gelb steht unter anderem für Heiterkeit, Grün für Kreativität. Auch Weiß, Grau und Schwarz als sog. „unbunte" Farben entfalten eine Wirkung. Eine beispielhafte Übersicht von Farbwirkungen bietet das AOK Gesundheitsmagazin[9]. Überdenken Sie daher Ihre Foliengestaltung und eventuell auch die Wandfarbe hinter Ihrer Webcam.

In dem Wissen, dass Farben und Bilder bzw. Zeichnungen eine positive Wirkung entfalten, haben geben sich Mediator:innen oft viel Mühe bei der individuellen Gestaltung

---

[8] https://www.bsi.bund.de/DE/Themen/Verbraucherinnen-und-Verbraucher/Informationen-und-Empfehlungen/Onlinekommunikation/Verschluesselt-kommunizieren/E-Mail-Verschluesselung/E-Mail-Verschluesselung-in-der-Praxis/e-mail-verschluesselung-in-der-praxis_node.html   (Zugriff: 02.08.2022).

[9] https://www.aok.de/pk/magazin/wohlbefinden/entspannung/13-farben-ihre-psychologische-wirkung/ (Zugriff: 30.08.2022).

von Flipcharts. Bilder und Grafiken, Comics und Zeichnungen – all dies sind visuelle Elemente, mit denen auch in der Mediation gearbeitet werden kann, z. B. für Einstiegsmethoden wie eine Stimmungsbild-Abfrage, Assoziationsübungen etc. Gerade über optische Elemente könnte auch der Humor in der Mediation mehr Platz finden. Vorteile der Online-Mediation sind die einfache Verfügbarkeit von Bild-Dateien direkt am Rechner und die einfache Einbindung in den virtuellen Raum.

3.2.5.1.1 Begrüßungsblick

Eine Methode zum Einstieg, die sich für gering eskalierte Konflikte bzw. Präventiv-Mediation und Teamentwicklungsprozesse mit einer Teilnehmerzahl bis ca. 10 Personen eignet, ist der bewusste „Begrüßungsblick" in die Kamera. Im Anschluss an diese Übung lassen sich gut die Regeln für den Umgang mit der Kamera, siehe Abschn. 3.2.3.3 erläutern.

Methode zum Einstieg und Warm-werden
Der „wohlwollende Begrüßungsblick"

Ziele: gemeinsamer verbindender Start, Wahrnehmung der Gruppe, Schaffung eines positiven Wir-Gefühls, Sensibilisierung für den Umgang mit der Webcam, entspanntes Ankommen/zur Ruhe kommen, Überprüfung der Kamerafunktion und Sitzposition, Einüben des Kamerablicks.

Vorgehen:
- Bitten Sie die Teilnehmenden ihre Kamera anzuschalten und sich so zu positionieren, dass sie gut zu sehen sind.
- Geben Sie – wenn nötig – Tipps zur Verbesserung der Lichtverhältnisse und des Kamerawinkels/-ausschnitts
- Bitten Sie die Teilnehmenden in die Galerie-(Kachel-)Ansicht zu schalten, damit sich alle gleichzeitig sehen können
- Laden Sie die Teilnehmenden nun ein, sich Zeit zu nehmen und jede Person für 1-2 Sekunden ganz bewusst anzuschauen und dieser anschließend über die Kamera ein Lächeln zu schenken. So sehen sich alle dabei zu, wie jede:r jede:n anlächelt.
- Weisen Sie darauf hin, dass in den nächsten Minuten nun nicht gesprochen wird, damit sich alle auf den „wohlwollenden Begrüßungsblick" konzentrieren können. Die Blicke wandern nun von Videokachel zu Videokachel.

Hinweis: die Methode ist nicht geeignet für hoch-eskalierte Konflikte, Sitzungen mit hohem Zeitdruck, bei unterschiedlicher technischer Ausstattung bzw. einzelnen Personen ohne Kamera.

3.2.5.1.2 Visualisierung & Foliengestaltung

Um den Ablauf der Mediation optisch ansprechend zu visualisieren, lohnt es sich, eine Folie etwas aufwändiger zu gestalten, z. B. als Landkarte oder Reise mit mehreren

Stationen. Dieses Bild ist für die Mediand:innen leichter zu erfassen als eine mündliche Erklärung des Mediationsprozesses. Ihre gewählte visuelle Metapher (z. B. Reise, Wanderung, Brücke, …) sollten Sie verbal natürlich (immer wieder) aufgreifen.

Jegliche Art von ansprechender Visualisierung kann eine Online-Sitzung auflockern und strukturierend wirken. So empfehlen sich z. B. besonders gestaltete Pausen- und Abschlussfolien, die als wiederkehrende optische Anker der Sitzung Struktur und Rahmen geben. Ob Sie hierzu auf selbst gemalte oder gezeichnete Elemente oder auf Fotos, Grafiken oder Comics zurückgreifen, bleibt Ihnen überlassen und wird in jedem Fall auch als Ausdruck Ihrer Persönlichkeit bei den Mediand:innen ankommen. Falls Sie Fotos verwenden, die Sie nicht selbst erstellt oder gekauft haben, beachten Sie bitte das Copyright und geben die Quellen entsprechend an. Es gibt eine Vielzahl an Bild-Datenbanken[10], in denen Sie hochwertige Fotos lizenzfrei herunterladen können.

Methode zum Einstieg und zur Orientierung
Erläuterung des Mediationsprozesses anhand einer visualisierten Metapher

Ziele: Information zum Ablauf, Struktur und Orientierung schaffen, Interesse und Offenheit wecken, Vertrauensaufbau

Vorgehen:
- Legen Sie die vorbereitete Folie auf (Bildschirm teilen).
- Erläutern Sie den Mediationsprozess anhand einer Metapher, die Sie auf der Folie visualisiert haben.
- Erzählen Sie den Ablauf der Mediation wie eine Geschichte und variieren Sie entsprechend Ihre Tonlage und Erzählweise. Die Mediand:innen können sich so an Ihre Stimme gewöhnen und einhören.

Hinweis: Diese Prozess-Folie können Sie zu Beginn jeder Online-Sitzung wieder auflegen, um den Fortschritt zu würdigen und auf die aktuelle Phase einzustimmen.

3.2.5.1.3 Stimmungsbild (*Hashtag*-Methode)

Da uns nonverbale Signale im virtuellen Raum fehlen, ist es mitunter herausfordernd, zu Beginn einer Online-Sitzung ein Gefühl für die Stimmung in der Gruppe zu bekommen. Da hilft nur Nachfragen. Häufig wird den Teilnehmenden selbst erst bei dieser kurzen Reflexion bewusst, wie es Ihnen gerade geht. Diese Methode kann – für wenig technikaffine Teilnehmende – analog mit Zettel und Stift durchgeführt werden, alternativ lässt sich auch der Chat im virtuellen Raum nutzen.

---

[10] z. B. pexels, pixabay, unsplash, pixelio und weitere ….

Methode zur Einstimmung und Ankommen:
Stimmungsbild mit 3 Hashtags

Ziele: gemeinsamer Start, Fokussierung, Ankommen, in Kontakt mit sich selbst kommen, Selbstreflexion, Einstimmung, Überprüfen der Kamera-Funktion und des Bildausschnitts/-winkels.

Vorgehen:
- Bitten Sie die Teilnehmenden ihre Kamera zu starten und einen Zettel und (dicken) Stift bereit zu halten.
- Stellen Sie die Einstiegsfrage oder noch besser: legen Sie eine Folie mit der visualisierten Einstiegsfrage auf. Beispiel: *„Wie geht es Ihnen gerade?"* oder *„Wie kommen Sie hier heute an?"* oder *„Wenn Ihre Stimmung das Wetter wäre, wie wäre es heute?"*
- Bitten Sie die Gruppe nun 3 Hashtags oder Schlagwörter zu dieser Frage auf ihren Zettel zu schreiben. Geben Sie dafür 3 min Zeit und kündigen Sie an, dass in dieser Zeit nicht gesprochen wird. Alternativ wäre auch denkbar, ein Bild zeichnen zu lassen.
- Bitten Sie nach Ablauf der Zeit, die Teilnehmer alle gleichzeitig ihre Zettel in die Kamera zu halten und zu schauen, was die anderen geschrieben haben.
- Gehen Sie auf jeden einzelnen Beitrag ein (ohne Beurteilung, Bewertung und Rückfragen).

Hinweis: Alternativ können Sie die Teilnehmer bitten, drei Schlagwörter in den Chat zu schreiben und erst auf Kommando gemeinsam zeitgleich abzuschicken.
Hinweis: diese Methode lässt sich auch zwischendurch oder am Ende einer Sitzung durchführen. Beispiel: *„Wie geht es Ihnen (mit diesem Ergebnis)? Mit welchem Gefühl gehen Sie heute aus dieser Sitzung? Was nehmen Sie aus dieser Sitzung mit?"*

3.2.5.1.4 Einführung von Karten und Symbolen

Manche Kolleg:innen nutzen in der Mediationspraxis Karten als Signale und Symbole. Hier sind der Kreativität keine Grenzen gesetzt. Beispielsweise ließe sich aus dem Fußball die „gelbe" und „rote Karte" für Nicht-Einhaltung von Kommunikations- regeln übertragen. Verwendet ein Mediand wiederholt beleidigende Sprache oder fällt der anderen Partei ins Wort etc., bewirkt eine in die Kamera gehaltene „gelbe Karte" eventuell mehr als der wiederholte Hinweis auf die vereinbarten Kommunikationsregeln. Darüber hinaus wird der Redefluss der anderen Partei durch dieses Zeichen nicht gestört.

Ein besonders schönes Beispiel zum Einsatz von farbigen Karten im virtuellen Raum habe ich in dem Beitrag von Gesine Otto auf dem Schulmediationskongress

2022[11] gesehen, die eine gelbe, rote und grüne Karte im Rahmen des systemischen Konsensierens auch online verwendet.

Genauso gut lässt sich ein Objekt als „Redestein", Pausenzeichen oder ähnliches einführen und bei passender Gelegenheit im gesamten Verlauf der Online-Mediation wieder verwenden. In jedem Fall schafft ein in die Kamera gehaltener visueller Reiz hohe Aufmerksamkeit und stellt eine Brücke von der analogen in die virtuelle Welt dar.

Keinesfalls sollten Sie jedoch den Bogen überspannen und ein Feuerwerk an Bildern oder gar Videos abspulen. Es verlangt Fingerspitzengefühl die passenden optischen Reize für Ihre Medianden herauszufinden und das richtige Maß zu finden.

3.2.5.2 Einsatz auditiver Mittel

Unser Gehör ist der zweite Wahrnehmungskanal, der sich im virtuellen Raum direkt ansprechen lässt. Musik hat einen großen Einfluss auf unseren Körper und unser Gehirn. Der Hörsinn ist sehr eng mit dem limbischen System verknüpft, das u. a. für Gefühle verantwortlich ist. Und unser Körper ist von Geburt an mit Rhythmus (Atmung, Herzschlag) vertraut. Musik kann nachweislich [9] die Laune anheben, beruhigend, vitalisierend und auch konzentrationsfördernd wirken. Starten Sie mit (eher Mainstream-) Musik, die Ihnen selbst gefällt und beobachten oder erfragen Sie, ob Sie damit auch den Geschmack der Mediand:innen treffen. Positive Reaktionen wie ein Lächeln, Mitwippen, Mitsummen sind ein guter Gesprächseinstieg.

Auch mit kurzen auditiven Elementen wie einem Jingle, Gong oder Applaus lässt sich experimentieren. Der Einsatz von Musik und Tönen ist fein zu dosieren und sollte individuell an die Mediand:innen bzw. den Verlauf der Mediation angepasst werden, damit Sie wirklich den gewünschten positiven Effekt der Entspannung und des Wohlbefindens erreichen.

▶   **Tipps zum Einsatz von Musik und auditiven Elementen**
- Musik und Töne können online für Auflockerung, Entspannung und Struktur sorgen. Lassen Sie z. B. vor und nach der offiziellen Sitzung (Ein- und Ausloggen) leise Musik laufen. Aktivieren Sie dazu im virtuellen Raum die Option „Ton freigeben".
- Die Musik sollte selbstverständlich zu Ihren Mediand:innen passen und eine leichte, lockere Atmosphäre kreieren.
- Nutzen Sie ggf. beim Technik-Check Musik als Hörprobe zum Einstellen der Audioqualität und holen Sie bei der Gelegenheit Feedback dazu ein, wie die gerade laufende Musik den Mediand:innen gefällt.
- Ebenso können Sie mit Musik die Pausen „einläuten" und beenden. Sobald Sie die eigentliche Mediation starten bzw. die Pause vorbei ist, schalten

---

[11] Mit Dank an Gesine Otto für die Erlaubnis, Ihre Methode hier zu erwähnen, vgl. youtube Beitrag Schulmediationskongress 2022.

Sie die Musik ab. Der Fokus wird so automatisch wieder auf das Gespräch gerichtet.

- Sicherheitshalber sollten Sie GEMA-freie Musik nutzen, die Sie auf verschiedenen Plattformen[12] kostenlos downloaden können.

3.2.6   Experteninterview mit Dr. Katarzyna Schubert-Panecka: Interkulturelle *Blended* (Online)-Mediation

Hintergrundinformation
Dr. Katarzyna Schubert-Panecka[13] (KSP) ist international zertifizierte Wirtschaftsmediatorin, Mediationsausbilderin und -Supervisorin (DACH) mit langjähriger Erfahrung im Wirtschafts- und Hochschulbereich. Darüber hinaus arbeitet sie als Mediatorin im Bereich Energiewende und Klimaschutz sowie als BusinessCoachin und Klima Coachin (ICF PCC). Schwerpunkte ihrer Arbeit sind interkulturelle Mediationsprozesse sensu largo, in denen Menschen und Organisationen begleitet werden, die etlichen kulturellen Räumen, Einflüssen und Bedeutungszuschreibungen gehören.
Das Gespräch wurde von **Anne Rickert** (AR) geführt und fand im November 2021 online statt.

AR: In dem interkulturellen Fall, von dem du berichten wirst, wurden schon bei der Anfrage und deiner konzeptionellen Planung unterschiedliche Kommunikationsmedien eingesetzt. Wie lief das Ganze ab?

KSP: Für mich beginnt das Mediationsverfahren beim Zuschlag zum Angebot und die Pre-Mediation bei der ersten Anfrage. Diese Anfrage- und Vorgespräche gehören für mich also zur Mediation dazu, und hier setze ich schon seit längerem Online-Kommunikation im Sinne von einem Mix aus E-Mail, Telefon, Videokonferenz und Vor-Ort-Gespräch ein. In diesem konkreten Fall hat mich ein Kollege angerufen, der eine dringende Anfrage aus dem akademischen Kontext hatte und wissen wollte, ob ich Kapazitäten frei habe. Die Kapazität war da, und so konnte er mich empfehlen. Dann wurde ich von einer Person aus der betroffenen Organisation angerufen, von der ich den Fall geschildert bekam.

AR: Dein erster Kontakt war also diese Person aus der Organisation, mit der Du telefonisch ein längeres Gespräch darüber hattest, mit welchen Formaten du sie unterstützen könntest.

KSP: Ja, das ist oft so im organisationalen Kontext, dass die Gespräche sowohl auf der HR- oder Verwaltungsebene als auch mit den Beteiligten stattfinden. Es geht um die Klärung des potenziellen Auftrags, die Finanzierung, die Beteiligten etc. Aus dem Gespräch konnte ich acht direkt beteiligte Personen identifizieren, die sowohl international als auch im deutschsprachigen Raum unterschiedlich verteilt waren. Darüber hinaus gab es über ein Dutzend Personen, die indirekt beteiligt waren und weitere

---

[12] u. a. musicfox, frametraxx, audiohub, gemafreie-musik-online.de.
[13] https://schubert-panecka.eu/de/ (Zugriff: 01.10.2022).

Akteur:innen, die an dem Geschehen interessiert waren. Daher bot ich gleich Online-Mediation an; zumal es schnell losgehen sollte, weil der Konflikt sehr eskaliert war.

AR: Was bedeutet für dich in diesem Zusammenhang der Begriff „Interkulturalität"?

KSP: Ich verstehe Interkulturalität als ein Phänomen, das unterschiedliche Dimensionen unserer Vielfalt betrifft. Im Alltag wird diese Vielfalt zwar mitunter noch auf Internationalität reduziert, doch ist in den letzten Jahren die Komplexität von Interkulturalität und der Umstand, dass sie in beinahe jeder Beziehung vorhanden ist, ins Bewusstsein gerückt. In dem konkreten Fall vertraten die Beteiligten gleich mehrere dieser Dimensionen: sie waren intergenerational – es waren vier Generationen beteiligt -, sie waren interdisziplinär, also aus unterschiedlichen Forschungsdisziplinen, und auch international, d. h. sie stammten aus unterschiedlichen Ländern. Wir hatten demzufolge Mehrsprachigkeit im Raum und – wenn wir die 42 Diversitätsdimensionen[14] mitberücksichtigen – Menschen mit gesundheitlichen Beeinträchtigungen und nicht zuletzt mit unterschiedlichen politischen Orientierungen. Also eine „unglaubliche", wunderbare Vielfalt. Genuss pur. *(lacht).*

AR: In der Tat vielschichtig. Inwiefern war der Fall dafür prädestiniert, online mediiert zu werden?

KSP: Der Konflikt war in vieler Hinsicht dazu geeignet, online mediiert zu werden. Er ist in einer Gesprächssituation im virtuellen Raum entstanden und eskalierte auch in diesem Raum. Die Beteiligten waren zudem nur teilweise an einem geographischen Ort und es musste zunächst geklärt werden, inwiefern sie alle (und nicht nur die disziplinarisch Verantwortlichen) eine Mediation gutheißen werden. Aufgrund der skizzierten Vielfalt, der Eskalation und der notwendigen Klärung von grundsätzlicher Bereitschaft zur Zusammenarbeit, habe ich mich entschieden, zunächst Einzelgespräche anzubieten. Darin ging es auch darum, Vertrauen in den Prozess zu stiften, die Einigungsbereitschaft zu eruieren und das Verfahrensdesign zu prüfen.

AR: Die Einzelgespräche hast du also alle online geführt?

KSP: Ja, und zwar jeweils gleich lang, um Fairness zu bewahren und samt der Transparenz, dass alle gleiche Zeit mit mir sprechen und gleiche Fragen beantworten werden. Eine der Konfliktbeteiligten war nicht bereit, mitzumachen.

An dieser Stelle würde ich gerne die Begriffe „E-Mediation" sowie „synchrone Online-Mediation" und „asynchrone Online-Mediation" aufgreifen, weil alle Elemente eine Rolle gespielt haben und als mediativ bezeichnet werden können. Ich habe mich mit den Beteiligten per E-Mail ausgetauscht, sie offiziell zum Einzelgespräch eingeladen, meine Rolle und das Verfahren erläutert, die ersten Fragen zum Nachdenken geschickt und so weiter. Auf diese asynchrone Kommunikation sind nicht alle eingegangen. Mit denen, die geantwortet haben, hatte ich dann synchrone Online-Gespräche.

---

[14] vgl. 4-Layers-of-Diversity-Modell nach Gardenswartz/Rowe (2003), beispielhaft https://www.charta-der-vielfalt.de/diversity-verstehen-leben/diversity-dimensionen/ (Zugriff: 01.08.2022).

AR: Hast du das Medium bzw. die Software vorgeschlagen und eingeladen oder wie lief das?

KSP: Ich habe ein Angebot gemacht, welches Medium wir verwenden könnten und mich zugleich flexibel gezeigt. Insbesondere, da eine der Videoplattformen diejenige war, auf der der Konflikt – auch der technischen Komponente wegen – eskaliert ist. In der Folge haben wir auf etliche Medien zurückgegriffen wie Big Blue Button, Skype und auch Zoom. Dazu kurz auf der Metaebene: ich bin in etlichen Organisationen, in verschiedenen Mediator:innen-Pools tätig, und da gibt es mittlerweile über ein Dutzend Plattformen, die ich für Online-Mediationen und Coaching nütze und diese Möglichkeiten großartig finde. Manche Kund:innen sagen einfach: das ist unser Medium, hier kommst du rein und hier arbeiten wir und das ist für mich vollkommen *d'accord*. Aber es zeigt schon, dass wir als Mediatorin oder Coachin eine unglaubliche Flexibilität brauchen und auch den datenschutzrechtlichen Auftrag im Auge behalten müssen. Das ist vielleicht das Erste, was wir brauchen, wenn wir online arbeiten.

AR: Absolut. Mir gefällt da dein Begriff der *digital fluency* [21]. Wie ging es weiter?

KSP: Interessant und lehrreich war, dass zwei meiner Gesprächspartner:innen sich mit dem Smartphone eingeloggt hatten und während des Gesprächs unterwegs waren. Ich realisierte, wie viel meiner Aufmerksamkeit der Bewegung des Bildes und der Nebengeräusche galt – und nicht der Person. Ich bat sie ziemlich bald, sich unter einen Baum zu setzen, den ich gerade im Hintergrund sehen konnte, weil mir diese ständige Bewegung und Bildveränderung zu viel war. Das ist wieder Metaebene, aber die Frage „Wieviel kann ich aushalten?" in Bezug auf Lautstärkenschwankungen und Bildbewegungen ist wichtig. Mit dem zweiten Gesprächspartner am Handy hatte ich eine sehr schlechte Verbindung, und auch das kann sehr anstrengend sein, insbesondere, wenn wir eng getaktet sind und nicht die Zeit haben, jede Frage mehrmals zu wiederholen.

AR: Oh ja, da stimme ich dir zu. Ich finde oft anstrengend, wenn jemand mit dem Handy läuft, dass man den Atem so stark hört. Auch wenn die Person vielleicht gar nicht so aus der Puste ist, ist das Atemgeräusch viel dominanter. Das lenkt mich extrem ab. Im virtuellen Raum passiert das manchmal, wenn Leute ihr PC-Headset aufhaben und das Mikrofon zu nahe am Mund ist. Da lässt sich der Abstand ganz einfach vergrößern; das geht am Handy schwieriger.

KSP: Ja, am PC schalten wir das Mikrofon immer wieder stumm und haben dann diese Ruhe, die auch irgendwie unnatürlich ist. Als wie anstrengend ich es empfinde, online zu mediieren, hängt sehr davon ab, wie viele Stunden ich vorher schon gearbeitet habe. Stichwort Kräftehaushalt.

AR: Darf ich kurz nachhaken: War das Wunsch der Partei am Handy teilzunehmen und dabei draußen laufen zu dürfen oder ging es einfach nicht anders, war es eine Notlösung?

KSP: Damit wurde ich überrascht. Wir hatten die Termine vereinbart, und ich hatte zwar um gute Verbindungsqualität gebeten, zugleich bin ich zu selbstverständlich davon ausgegangen, dass man/frau sich an einem Computer in einem Raum hinsetzt. Heute bin ich in meiner Kommunikation expliziter, was für Bedingungen ich mir wünsche, um ein vertrauliches und gutes Gespräch online zu unterstützen. Gerade im internationalen Kontext erlebe ich, dass Klient:*innen – nicht nur *Screenagers,* sondern auch ältere Menschen – an Mediationen (und noch häufiger an Coachings) von Orten aus und zu Zeiten teilnehmen, die nicht unbedingt Ruhe und Fokus mit sich bringen. Manchmal funktioniert es gut und alle profitieren davon, manchmal wird`s schwierig.

Wir erfahren eine Verdichtung und Beschleunigung auf vielen Ebenen, oft haben auch die Parteien ausgefüllte Kalender und sind vielfältigen Ablenkungspotenzialen ausgesetzt, zum Beispiel durch weitere Programme, die sie parallel nutzen. Daher betone ich immer die Netiquette, unter anderem, dass die Person in einem stillen Raum sein und wirklich Zeit für das Gespräch haben sollte. Aber das klappt nicht immer und ist ein Aspekt der Interkulturalität, dass Menschen hier unterschiedlich sind und so akzeptiert werden möchten. Wenn sich eine Gruppe darauf einigt, dass zwischendurch Kinder, Katzen etc. durch den Raum gehen und jeder das eigenverantwortlich organisieren will, dann respektiere ich diesen Wunsch. Zugleich nehme ich wahr, dass mein Bedürfnis nach Vertraulichkeit, Ruhe und Fokus deutlich höher ist als das mancher Mediand:innen. Das liegt wohl in der anderen Verantwortung und in meiner Rolle. Für mich bedeutet Präsenz, dass ich sowohl online als auch offline ganz bei den Parteien bin. Deswegen ist nicht das Eine „Präsenz" und das Andere „Nicht-Präsenz", sondern eben *offline* und *online* Präsenz.

AR: Genau, ich nenne es gerne physische Präsenz und virtuelle Präsenz, weil mich stört genau das an den oft gegenübergestellten Begriffen Online-Mediation und Präsenz-Mediation.

KSP: Wir sind auch präsent, wenn wir Mails schreiben oder telefonieren, nicht wahr? Ich bemühe mich zumindest um den Fokus auf der Partei, mit der ich gerade arbeite, egal in welchem Medium. Um auf den Fall zurückzukommen: nach den Einzelgesprächen haben sechs der acht Personen einem *offline* Termin zugestimmt. Dieser fand unter Corona-Regelungen statt und einige haben dafür eine längere Anreise auf sich genommen. Während dieser Vor-Ort-Sitzung konnten die Parteien an einem Tag den Konflikt beilegen und eine Vereinbarung treffen. Wir haben uns darauf geeinigt, nochmal zusammenzukommen, um die Umsetzung der Vereinbarung in den Alltag zu überprüfen. Diesen evaluativen Schritt mache ich immer kurze Zeit später und dann eine Weile später nochmal. Dieser Evaluationstermin fand *online* und viel früher statt als geplant, nachdem eine Partei mich kontaktiert hatte, weil jemand sich nicht an die Vereinbarung gehalten hatte. Während des Termins haben wir den Punkt geklärt und eine Stellungnahme erfasst, mit der jedoch im Nachgang noch eine andere Dynamik entstanden ist. Auch hier haben wir gemeinsam Medien verwendet und kollaborativ gearbeitet.

AR: Hattet ihr als Arbeitssprache Englisch vereinbart?

KSP: Genau, wir haben Englisch vereinbart, hatten aber auch hin und wieder deutsche Phasen. Bei Bedarf bemühe ich mich, mit Übersetzungen auszuhelfen. Insbesondere in emotionalen Momenten, wenn es für jemanden schwierig ist, sich in der Fremdsprache auszudrücken.

AR: Die Parteien kannten sich ja vor der Eskalation schon aus dem realen Leben, oder?

KSP: Teilweise ja. Eine der Parteien hat jedoch bei der Vor-Ort-Mediation alle zum ersten Mal physisch getroffen. Ein Auslöser für den Konflikt lag auch darin, dass die Beteiligten sich nicht ganz klar über die Prinzipien der Zusammenarbeit mit und über das Medium waren. Andere Auslöser, die sich bei einer physischen Zusammenarbeit vielleicht anders artikulieren und bewältigen ließen, waren *online* doch eskaliert. Das ist die Brisanz in so einer vielfältigen Gruppe, die unterschiedliche Vorstellung darüber vertritt, was darf sein, was darf nicht, wann benehme ich mich wie, wann rede ich dazwischen und wann nutze ich den Chat, wann nicht. Wenn wir die erwähnte Mehrsprachigkeit, mehrere Generationen und unterschiedliche Sozialisierung vor Augen haben, wird die Komplexität von manchem Unterfangen klar. Insofern war auch für mich in dem Prozess wichtig, zunächst das Vertrauen zu stiften, dass man/frau wieder zusammenkommt und respektvoll miteinander umgehen kann – wie das geschieht, bestimmen wir partizipativ.

AR: Kannst du noch ein bisschen was zum eigentlichen Konflikt dieser Personen sagen, die auf wissenschaftlicher Ebene interdisziplinär zusammenarbeiten? Das Problem war nicht eine inhaltliche Auseinandersetzung, sondern auf der Metaebene der Umgang miteinander – gerade auch der Umgang in der virtuellen Zusammenarbeit -, der dann zur Eskalation führte?

KSP: Es war ein Wertekonflikt, bei dem auch intergenerationale Aspekte eine Rolle spielten. Es gab unterschiedliche Ideen im Raum, wie und worüber kommuniziert, wie auf Einzelpersonen eingegangen und wie mit Vertrauen umgegangen wird. In einem virtuellen Meeting mit ca. 15 Personen aus dem akademischen Kontext, treffen sowieso schon unterschiedliche Meinungen zu diesem Thema des Umgangs aufeinander. Dann kam noch die besondere Art der Online-Kommunikation, die Werte, die intergenerationale Ebene, die interdisziplinäre Ebene und die inhaltlich-wissenschaftliche Ebene hinzu und das – nicht zu vergessen, unter pandemischen Umständen.

AR: In der physischen Präsenzveranstaltung, konntet ihr den Konflikt beilegen und auch eine Vereinbarung finden. Ging es darum, wie die Zusammenarbeit weitergehen könnte oder ging es darum die Zusammenarbeit zu beenden? Wie ging es nach der gemeinsamen Online-Sitzung weiter?

KSP: Die Beteiligten wollten zum einen die Zusammenarbeit abschließen und auf der anderen Seite entscheiden, was das Ergebnis ist, wie man es bekannt machen kann. Wie es sich im Laufe der Auftragsklärung andeutete und dann immer klarer wurde, war der Konflikt ein Teil von etwas Größerem. Dass eine Person sich laut anderer nicht an die Vereinbarung gehalten hatte, sodass wir uns gleich nochmal online getroffen haben, möchte ich normalisieren. Es passiert häufig, dass sich im Nachgang noch etwas bewegt und etwas anderes entsteht. Deswegen ist mir so wichtig, kurz nach einer Mediation noch einmal mit den Parteien zusammen zu kommen und zu schauen, was funktioniert, was funktioniert noch nicht. Ich habe daher zeitnah das Online-Treffen einberufen. Die gemeinsame Stellungnahme habe ich in Yopad mitgeschrieben, sodass alle es sehen und nachjustieren konnten. Im Nachgang wurde das Dokument an eine Person geschickt, die bei der Sitzung nicht dabei sein konnte, sodass diese Partei auch noch etwas ergänzen konnte. Wie so häufig in öffentlich relevanten Mediationen, gab es von der Vereinbarung am Ende zwei Varianten: eine vertrauliche Vereinbarung nach innen für das Team beziehungsweise die unmittelbar beteiligten Parteien, und dann eine abgestimmte, meist kürzere Variante, die nach draußen mitgeteilt wird.

AR: Dieser Prozessschritt hat also online sehr gut funktioniert. Was war für dich herausfordernd?

KSP: Es war herausfordernd durch die Arbeitsbelastung, und mir ist ein Fehler passiert, weil wir bis in die Nacht gearbeitet hatten. Danach habe ich eine Partei aus Versehen nicht ins CC genommen; die Vereinbarung kam dort also nicht an und ich habe dadurch das Vertrauen dieser Partei verloren. Für mich war das eine harte Lehre in Sachen Achtsamkeit und Grenzen von Arbeitszeiten. Auch wenn der Wunsch da ist, den Parteien schnell die Möglichkeit zur Klärung anzubieten, lade ich alle, vor allem mich selbst dazu ein, noch achtsamer unseren Ressourcen zu sein.

AR: Siehst du darin auch eine Gefahr in der asynchronen Online-Kommunikation, in deinem Fall konkret der E-Mail, dass wir uns durch die schnellen Medien und ihre dauernde Verfügbarkeit zur Eile gedrängt fühlen?

KSP: Es ist wichtig, sich die Zeit zu nehmen, alle Punkte langsam durchzugehen – wer war dabei, was will ich verschicken, an wen… Die Beschleunigung, die wir in der virtuellen Zusammenarbeit, ob synchron oder asynchron, an den Tag legen, ist unglaublich. Wir beobachten, dass die Parteien online häufig nicht nur in der Mediationssitzung sind, sondern parallel noch in Slack, mit ihrem Kind, mobil für ihre Mitarbeiter:innen erreichbar usw. Wir sind als Mediator:innen ja nicht die „Eltern", die nachfragen müssen, was die Mediand:innen gerade tun; ich merke aber wie schwer es ihnen fällt, es sich längere Zeit auf ein Thema zu fokussieren, und darin liegt ein Konfliktpotenzial. Wir sind auf so vielen Medien gleichzeitig und nirgendwo. Was macht das mit uns als Mediator:innen, wenn einige Parteien nicht so richtig dabei sind?

AR: In dem konkreten Fall hatte die Eskalation online stattgefunden. Hat man dir berichtet, wie das genau ablief? Haben sich die Leute angeschrien? Sind sie beleidigend geworden? Verlief die Eskalation eventuell heftiger und ausfallender als sie in Präsenz abgelaufen wäre? In der Literatur wird von einer Art „Enthemmtheit" in der schriftbasierten Online-Kommunikation zum Beispiel in Foren gesprochen. Kann man Vergleichbares deiner Meinung nach auch in der videobasierten Online-Kommunikation beobachten?

KSP: Gute Frage. Es gibt etliche Forschung zu Kommunikationsabläufen in den sozialen Medien und deren Rückkopplung auf unsere alltägliche Kommunikation. Ich höre auch von Fachkolleg*innen in Organisationen, der Ton sei rauer geworden. In diesem Fall ist die Eskalation verbal aus dem Ruder gelaufen. Ich glaube, wir befinden uns seit Jahren in einer Wechselwirkung zwischen unterschiedlichsten Arten von Kommunikation. Wir sind in einer Pandemie und in einer Situation der Klimabedrohung – da sind viele Menschen persönlich und privat belastet und gehen in dieser Stimmung in die Arbeit und auch in Online-Treffen. Es genügt, sich das Thema *Hate Speech* gegenüber Frauen anzuschauen oder den Umgang mit *People of Colour,* um zu sehen, was da alles möglich wird. Ich glaube, das hinterlässt Spuren. Ich glaube, wenn wir uns vor Ort begegnen, haben wir weniger Achtung voneinander als vielleicht noch vor fünf Jahren, aber immer noch mehr als online.

AR: Der Umgang miteinander hat sich insgesamt in der Gesellschaft verändert: weniger Rücksichtnahme, weniger Toleranz sind an vielen Stellen zu sehen. Gleichzeitig beobachte ich auch andere Räume, in denen viel Achtsamkeit praktiziert wird, zum Beispiel die *Sharing-* und Nachhaltigkeitsbewegung.

KSP: Das möchte ich überhaupt nicht verneinen. Aber auf den Konfliktkontext bezogen, lässt sich zum Beispiel auf der Straße oder in sozialen Medien beobachten, wie schnell Menschen ausagieren. Irgendetwas läuft nicht so, wie man/frau sich das wünscht. Wie viel Geduld sehen wir dann? In der Konfliktbearbeitung müssen wir den Menschen in seiner gesamten aktuellen Lebensrealität sehen. Us selbst auch – je nachdem, wie viele Stunden ich am Tag schon gearbeitet habe, machen mich nämlich die wackeligen Bilder im Hintergrund der Webcam mehr oder weniger unruhig. Da zeigt sich wieder diese andere Art von Anstrengung, für die wir uns online Filtermechanismen angewöhnen müssen oder schon angewöhnt haben oder uns eben gerade nicht angewöhnen sollten. Ich finde es gefährlich zu sagen, wir sind irgendwann wie so eine neue Spezies Mensch, die in der Lage ist, Bewegbilder auszufiltern oder Unruhe oder Lärm… ich frage mich manchmal, wie weit wir uns da noch entwickeln können oder wie weit sich auch die junge Generation entwickelt in Bezug auf das Ausfiltern oder generell die Verarbeitung von Reizen.

AR: Das sehen wir auch in Kinofilmen, was Lautstärke und Schnelligkeit der Bilder anbelangt. Ich empfinde Sequenzen als heftig und anstrengend, die für Jugendliche heute vollkommen normal sind.

KSP: Da kann ich eine Brücke zu deiner Erwähnung von Achtsamkeit vorhin bauen. In alten japanischen Filmen dauert eine Sequenz minutenlang und das spiegelt diese intensive Beschäftigung mit dem Kontext. Wir werden auch empfindsamer mit dem Alter, weil wir einfach weniger aushalten können. Aber es ist auch tatsächlich lauter geworden. Im Zusammenhang mit Online-Mediation müssen wir überlegen, wie viel übertragen wir aus der beschleunigten virtuellen Welt in offline Realität und umgekehrt (Stichwort Metaversum). Wie schaffe ich es zu verlangsamen? Ich habe bemerkt, dass es mir im Coaching offline viel leichter fällt, dem Klienten Zeit zu lassen, seine Antwort zu reflektieren. Das ist eine selbstkritische Beobachtung. Dabei achte ich schon darauf, vor und nach der Coaching-Sitzung ca. eine Stunde Ruhe zu haben für die Vor- und Nachbereitung. Ich nehme nicht einen Klienten nach dem anderen auf die Agenda. Ich will dazu ehrlich sagen, erst durch die Umstellung auf online durch die Pandemie, habe ich die Freude an Moderation von großen Gruppen in einem neuen Licht entdeckt und bin da total in meinem Element. Ich liebe diese Nähe, allen ins Gesicht sehen zu können, wo ich mich im physischen Raum als kurzsichtige Person eher anstrengen muss. Diese Flexibilität zu haben, gleich mitschreiben zu können, das ist einfach genial und deckt meinen Hunger auf Komplexität und Gleichzeitigkeit, ohne Verluste der Aufmerksamkeit durch die genannte Nähe und Jahre von Erfahrung. Auf der anderen Seite gehen diese ganzen fluiden Komponenten weg. Die Präsenz, die wir mit unserer Persönlichkeit einbringen können, auch die anderen natürlich, das Erfassen von Stimmungen zwischen den Menschen, das geht nicht so schnell. Aber vergleichen wir hier nicht Birnen und Äpfeln? Ich mag beides. Schwierig zu sagen, das eine sei besser als das andere.

AR: Wir haben jetzt Online-Mediation in dieser Vielfalt beleuchtet und noch gar nicht über die Technik geredet. Würdest du sagen, die Technik ist nicht mehr das Thema, und was sind deine Tipps in Sachen Umgang mit der Technik?

KSP: Jein, es ist nicht mehr das Thema und trotzdem, wenn man/frau nur 90 Min Zeit für eine Online-Sitzung Zeit hat und die auch teuer ist, frustriert es alle sehr, wenn einzelne mit der Technik nicht klarkommen. Für all diejenigen biete ich eine halbe Stunde vorher eine Einführung an. Ansonsten stelle ich nur zwei Prinzipien auf: die Bitte, zuzuhören bis der andere ausgesprochen hat, weil es online sonst schnell schwierig wird und zweitens, dass ich mir erlaube, zu unterbrechen. Das geht auch mit Humor und Respekt.

AR: Was für ein Fazit ziehst du nun für diesen Online-Fall beziehungsweise Multimedia-Fall? Da gab es verschiedene Schritte: von den telefonischen Vorgesprächen, den Einzelgesprächen online, über den entscheidende Mediationsworkshop vor Ort, zum Verfassen der Stellungnahme wieder online und das Verschicken der Dokumente per Mail. Nur so war dieser Fall überhaupt zeitlich-organisatorisch zu schaffen.

KSP: Das gehört für mich alles zur Mediation oder wie immer man die Formate nennt, die die Klient:innen beim Bearbeiten ihrer Anliegen unterstützen. Die Frage, ob *online* oder *offline*, was ist schwieriger oder leichter zu mediieren und was ist besser… ich glaube, diese Unterscheidung „entweder – oder", die ist passé. In allen Settings bin ich – wie Du und andere Fachkolleg:innen – auf vielen Ebenen unterwegs.

AR: Dann lässt sich auch die Frage nach dem Mehrwert von Online-Mediation in dem Sinne nicht stellen, weil die Verfahren und die genutzten Medien sowieso verschmelzen?

KSP: Ein klarer Mehrwert ist für mich der ökologische Aspekt. Als jemand, der sich für die Ökologie einsetzt, finde ich diese Möglichkeiten großartig, solange wir den energetischen Aufwand im Auge behalten und klug nutzen. Ich habe gerade einen anderen Fall, in dem auch Kolleg:innen aus den Staaten und aus dem asiatischen Raum mit dabei sind und arbeite seit 2020 deutlich mehr im globalen Kontext. In diesem ist ist die Erwartung einer *offline* Begegnung eine andere. Da sagen wir uns auch: lasst uns gerne treffen, wenn alle mal in Deutschland sind, aber doch nicht wegen dem Fall. Obwohl die sich alle untereinander schon kennen und ich die einzige Unbekannte bin, habe ich das Vertrauen, dass es online klappt. Ich möchte den Wert von physischen Treffen nicht herunterspielen, aber es braucht eine Abwägung: *online* haben wir diese Flexibilität, den Umweltschutz-Aspekt und die einfache Zusammenarbeit mit Kollaborationstools. Aber es ist auch eine Zeitinvestition, sich in die Online-Welt einzuarbeiten und damit vertraut zu machen. Das muss jeder Einzelne entscheiden: wie viel Zeit bin ich bereit zu investieren? Wenn jemand sich online unwohl fühlt und nach vielen Anläufen merkt, hier nicht in seine Komfortzone zu kommen, dann würde ich empfehlen, es besser zu lassen.

▶ *Ende des Interviews*

3.3 Phase 2: Sachverhaltsklärung & Themensammlung

3.3.1 Sachverhaltsklärung: Worum geht es eigentlich?

Die 2. Phase der Mediation dient der Erhellung des Sachverhalts sowie der Sammlung und Priorisierung der zu besprechenden Themen. In der Anmoderation und Durchführung dieser Phase gibt es im Vergleich vom physischen zum virtuellen Raum keinen Unterschied. Lediglich die Visualisierung, die in dieser Phase wesentlich zur Entschleunigung und Deeskalation beiträgt, wird online angepasst.

Wenn die Mediand:innen nacheinander den Sachverhalt schildern, ist es ihnen wichtig, ihre Sicht der Dinge darstellen zu können. Gleichzeitig möchten Sie als Mediator:in möglichst schnell verstehen, wie die Person „tickt" und auch die Unterschiedlichkeit der Positionen möglichst frühzeitig erfassen. Dazu kann hilfreich sein, bereits existierende Dokumente, Zeichnungen, Listen, Tabellen, Grafiken, Bilder, … im virtuellen Raum für alle sichtbar zu machen. Hierfür müssen die Dokumente selbstverständlich digitalisiert vorliegen, was nur noch für wenige Mediand:innen ein Problem darstellt, da die meisten Haushalte inzwischen einen Scanner besitzen. Je nach Anwendungsfeld (z. B. Elder Mediation) könnten Sie auch anbieten, das Einscannen von Unterlagen, die Ihnen zur Verfügung gestellt wurden, zu übernehmen.

▶ **Digitalisierung von Unterlagen**
Klären Sie mit den Mediand:innen zum Ende der ersten Sitzung:
- Welche Dokumente sollen in der nächsten Sitzung zur Erläuterung des Sachverhalts gemeinsam betrachtet werden?
- Liegen diese Dokumente bereits digital vor, z. B. als Word-Dokument, Excel-Tabelle, pdf oder jpg?
- Wer hat diese vorhandenen Dokumente auf seinem Rechner und möchte sie in der nächsten Sitzung zeigen?
- Gibt es Dokumente, die nicht digital vorliegen, z. B. Handzeichnungen, Fotos?
- Besteht die Möglichkeit, diese Dokumente bis zur nächsten Sitzung zu digitalisieren, z. B. selbst einzuscannen oder einscannen zu lassen?
- Falls nicht: könnten die Dokumente postalisch dem Mediator zur Verfügung gestellt werden, damit dieser sie digitalisieren kann?

- Fühlen sich die Mediand:innen wohler, wenn sie die Dokumente in der nächsten Sitzung selbst am Bildschirm teilen, oder soll die Mediatorin dies für sie tun?
- Sind die Mediand:innen damit vertraut, den Bildschirm zu teilen oder soll dies kurz gemeinsam ausprobiert werden? Ist der Mediator damit vertraut, die Rechte zum Bildschirmteilen in der gewählten Software zu vergeben (dies kann in jeder Software anders sein z. B. in Zoom: Freigabe für mehrere Teilnehmer gleichzeitig erlauben, in vitero: Platzwechsel auf Co-Moderationsstuhl, in Webex: Vergabe der Co-Host Rechte)

Es macht Sinn, dass die Mediand:innen dem Mediator Dokumente zur Sachverhaltsklärung vorab zur Verfügung stellen, so wie es auch in der Präsenz-Mediation regelmäßig geschieht. In der Online-Mediation ist jedoch der Vertrauensbeweis, wenn Mediand:innen (ggf. nach nur einem Online-Kontakt mit der Mediatorin) vertrauliche Dokumente wie z. B. eine Übersicht über ihre sämtlichen Finanzen, zuschicken noch höher wertzuschätzen. Betonen Sie daher nochmals Ihre Vertraulichkeit und besprechen Sie, ob die Mediand:innen auf einen Ende-zu-Ende-verschlüsselten E-Mail-Versand Wert legen Abschn. 3.2.4. Folgende Vorteile können Sie auch den Konfliktparteien gegenüber benennen. Wenn Ihnen Dokumente zur Sachverhaltserhellung vorliegen, können Sie als Mediator:in…

- … sich die Unterlagen vorab anschauen und gut vorbereitet in die Sitzung gehen
- … gezieltere Fragen stellen und so den Mediand:innen wertvolle Zeit in der Sitzung sparen
- … Dokumente selbst auf den Bildschirm legen und darin navigieren, sodass Sie höhere Steuerungshoheit haben
- … Dokumente dann öffnen und so lange offenhalten, wie Sie es für sinnvoll erachten sowie den optimalen Bildausschnitt und die beste Darstellungsgröße wählen.

Kurzum: Sie sind nicht abhängig von der Kooperationsfähigkeit und Medienkompetenz der Mediand:innen. So können die Beteiligten dem Ziel von Phase 2, größere Klarheit über die – eventuell widersprüchlichen –Sichtweisen und die Aufklärung des einen oder anderen Missverständnisses, einen großen Schritt näherkommen.

3.3.2 Themensammlung & Themendokumentation

Zur Themensammlung im virtuellen Raum benötigen wir einen Flipchart-Ersatz. Hierzu kommen diverse Tools infrage – je einfacher, desto besser. Da zumindest in klassischen Kleingruppen-Mediationen der Mediator die Themen aufschreibt, ist der Einsatz echter Kollaborationstools, in denen mehrere Teilnehmende gleichzeitig schreiben können, unnötig. Sog. „Single-User-Anwendungen" wie die Microsoft Office-Produkte reichen völlig aus. Dies kann ein über den Bildschirm geteiltes Word-Dokument oder eine

Powerpoint-Folie sein. Selbstverständlich können auch andere Whiteboards[15] oder in die Videokonferenz-Software integrierte Whiteboards genutzt werden.

Viele Mediator:innen empfinden es als Erleichterung, dass sie bei der digitalen Erstellung von Themenlisten nicht auf ihre Schrift achten müssen. Alles, was Sie notieren, ist in jedem Fall gut leserlich und lässt sich einfach nachbearbeiten, ändern oder löschen. Außerdem können Sie die Dokumente bzw. Whiteboards sehr gut vorbereiten und bei der nächsten Online-Sitzung erneut öffnen und nahtlos daran weiterarbeiten. Wenn Sie integrierte Whiteboards verwenden, wählen Sie die Einstellungen so, dass die Teilnehmenden nicht auch zeichnen oder schreiben können. Es besteht sonst die Gefahr, dass Mediand:innen – unabsichtlich – auf die Seite *posten,* malen oder in irgendeiner Form den Ablauf stören.

Einige Videokonferenz-Systeme haben Whiteboards integriert; jedoch lassen sich die Ergebnisse nur im pdf oder png-Format exportieren. Das bedeutet, dass die Inhalte statisch abfotografiert wurden und sich nicht weiterbearbeiten lassen. In reiner Kollaborationssoftware ist die Weiterarbeit an bestehenden Whiteboards immer möglich; jedoch müssen Sie diese Tools als externe Anwendung in Ihrem Konferenzsystem öffnen. Da die meisten Software-Systeme kontinuierlich weiterentwickelt werden, prüfen Sie kontinuierlich die technischen Möglichkeiten der einzelnen Tools.

Dass die Arbeitsergebnisse sofort in digitaler Form vorliegen, hat prinzipiell den Vorteil, dass sie diese aus den meisten Systemen heraus am Ende der laufenden Sitzung per *File-Sharing* direkt an die Teilnehmenden verschicken können und sich so den Nachbereitungsaufwand sparen. Sie könnten sogar die Einstellungen in der Software so wählen, dass die Teilnehmenden automatisch Zugriff auf die Ergebnisse haben und sie sich selbst herunterladen können. Denken Sie daran, das Datum der Sitzung aufzuschreiben, damit Sie das Dokument später eindeutig zuordnen können.

Alternativ verschicken Sie das Dokument (als pdf oder jpg) im Nachgang per E-Mail. So können Sie noch etwas nachbearbeiten, z. B. Kästen übersichtlicher anordnen, Schriftgrößen anpassen, Tippfehler beseitigen etc. und das Ganze im richtigen Dateiformat abspeichern. Sämtliche online erstellten Unterlagen sind ein Aushängeschild ihrer Arbeit als Online-Mediatorin und sollten entsprechend professionell aussehen. Darüber hinaus hat die E-Mail mit dem Sitzungsprotokoll auch einen Betreuungsaspekt, der dem kontinuierlichen Kontakt- und Vertrauensaufbau dient.

3.3.3   Themenpriorisierung

Da jegliche Art von aktiver Beteiligung in der Online-Kommunikation grundsätzlich wünschenswert ist, sollte für die Themenpriorisierung eine Form gewählt werden, in der die Mediand:innen selbst in der Anwendung agieren können. Je nachdem, wie die

---

[15] z. B. miro, conceptboard, padlet, mural, mentimeter ….

Themenliste (durch die Mediatorin) erstellt wurde, kann in der gleichen Anwendung weitergearbeitet oder auf der abfotografierten Liste in eine andere Multi-User-Anwendung gewechselt werden[16]. Im Sinne der guten Online-Moderation geben Sie klare Anweisungen, wie genau die Mediand:innen die Priorisierung vornehmen sollen, z. B. *„Sie haben 6 Punkte zur Verfügung. Bitte markieren Sie damit Ihre 3 wichtigsten Themen. Sie dürfen die Punkte auch anhäufen.“*

Falls Sie das Gefühl haben, dass die Mediand:innen mit einer eigenständigen Priorisierung in der Software überfordert sein könnten, bieten Sie an, dies für die Parteien zu übernehmen. Beachten Sie dabei, dass Sie nicht vorauseilend Symbole auf der Arbeitsfläche sichtbar machen, bevor die Mediandin genau erklärt hat, wo sie die Priorisierung setzen möchte.

Natürlich können Sie auch ohne Whiteboard oder externe Kollaborationssoftware arbeiten, indem Sie die Editierfunktionen in bekannten Microsoft Office Produkten nutzen, wie z. B. in einem Word-Dokument die Schriftfarbe übereinstimmender Themen auf grün ändern oder Zahlen (1, 2, 3) hinter die entsprechenden Themen setzen.

3.3.4   Online-Methoden für größere Gruppen

3.3.4.1 Kartenabfrage

Bei Gruppen ab 4 Personen kann die klassische Themensammlung, in der jede Konfliktpartei mündlich ihre Themen benennt, etwas langatmig werden. Daher empfiehlt es sich in größeren Gruppen, die Mediand:innen ihre Themen auf Karten zu schreiben und anschließend mündlich vorstellen zu lassen. Diese Methode lässt sich online wunderbar umsetzen. Die Mediand:innen sollen sich in ihrem Reflexions- und Schreibprozess nicht gegenseitig beeinflussen, daher möchten wir vermeiden, dass Einzelne bereits Themen sichtbar machen, während andere noch schreiben.

▷   **Durchführung einer Online-Kartenabfrage**
- Bitten Sie die Mediand:innen sich zu überlegen, welche Themen sie im Rahmen der Mediation besprechen möchten und kündigen Sie dafür z. B. 15 Min. Zeit (Stille) an.
- Bitten Sie die Konfliktparteien, ihre Themen stichpunktartig als Oberbegriff zu notieren und dabei auf Beurteilungen, Wertungen und Negativität zu verzichten. Versichern Sie, dass im Nachgang für jede:n Einzelne:n ausreichend Zeit zur Erläuterung sein wird.

---

[16] Beispielhaft in Zoom: Freigabe des Whiteboards oder Nutzung der Kommentierfunktion auf bestehender Liste; in vitero: Verteilen von Kollaborationssymbolen (Punkte, Sterne,...) zum Punkten auf der gemeinsamen Arbeitsfläche.

- Nach 10-15 Min. bitten Sie die Mediand:innen ihre Themen nun sichtbar zu machen und wählen dafür ein für den Fall und die Anzahl der Beteiligten passendes Vorgehen (s. Tab. 3.3).
- Ergebnis ist ein gemeinsames Dokument, in dem alle Themen pro Person oder pro Partei notiert und ggf. bereits geclustert sind.
- Dokumentieren Sie das Ergebnis umgehend (Screenshot) und exportieren Sie es am Ende der Sitzung in allen verfügbaren Formaten.

Bestehen die Parteien aus jeweils mehreren Personen, können diese zunächst in Kleingruppenarbeit ihre Themen erarbeiten. Richten Sie dazu virtuelle Nebenräume ein und geben entsprechende Bearbeitungszeit.

Für die Umsetzung kommen verschiedene Formate infrage:

3.3.4.2 Sternpositionierung

Mit der Methode „Sternpositionierung" lässt sich in physischer Präsenz durch Positionierung des eigenen Körpers im Raum in kurzer Zeit eine abgestufte Abfrage

Tab. 3.3 Kartenabfrage im virtuellen Raum: Möglichkeiten der Umsetzung

Tool/Funktion	Vorgehen nach der Reflexionszeit	Hinweise/Vor- und Nachteile
Chat-Funktion	• Mediand:innen schreiben ihre Themen untereinander weg in den Chat, damit Sie alle Themen einer Person am Stück sehen können • Vereinbaren Sie ein Trenn-Zeichen zwischen den Themen (z. B. Kommas oder Querstriche)	• PRO: Jeder kann sofort mitmachen, auch ohne Medienkompetenz • PRO: kein Medienbruch, kein Zeitverlust durch Erläuterungen eines externen *Tools* • zur Dokumentation der Originaltexte Chat exportieren
integrierte Whiteboard-Funktion	• Nach Reflexionszeit geben Sie das gemeinsame Bearbeitungsrecht frei und lassen die Medianden ihre Themen selbst auf die gemeinsame Arbeitsfläche schreiben • Unterstützen Sie umgehend, wenn Sie merken, dass ein Mediand Probleme mit der Bedienung der Software hat	• PRO: Aktivierung durch Eigenaktivität • CONTRA: Bedienung des *Tools* stellt ungeübte Nutzer ggf. vor Herausforderungen und kann schnell zu Frust führen • *Whiteboard* am Ende der Sitzung exportieren (wenn möglich in einem Format, das weiterbearbeitet werden kann)
Externes Kollaborationstool	• Stellen Sie den Link zur externen Software im Chat zur Verfügung • Leiten Sie Schritt-für-Schritt an, wie die Beteiligten in der neuen Software vorzugehen haben	• CONTRA: der Medienbruch und das weitere Browserfenster können ungeübte Nutzer überfordern • PRO: bei sehr großen Gruppen steht eine sehr große Arbeitsfläche zur Verfügung • PRO: (Zwischen-)Ergebnis kann jederzeit weiterbearbeitet werden

in Bezug auf ein bestimmtes Thema herbeiführen. Um den Sachverhalt zu klären, könnte die Eingangsfrage lauten „*Was ist los?*" oder „*Worin besteht, deiner Wahrnehmung nach, das Problem?*". Die Beteiligten stehen im Kreis und treffen nun Aussagen zur Fragestellung, indem sie nacheinander einzeln in die Kreismitte treten und dort ihre Meinung oder ihr Gefühl äußern. Anschließend positionieren sich die restlichen Beteiligten gleichzeitig zu dieser Aussage, in dem sie sich in Abstufungen räumlich nah (als Zeichen für Übereinstimmung/Zustimmung) bzw. räumlich fern (als Zeichen der Nicht- bzw. weniger Übereinstimmung) stellen. Unterschiedliche Meinungen sind so körperlich „erfahrbar". Die Mediatorin schreibt die Aussagen auf Karten mit, und die Gruppe definiert daraus im Anschluss die Themen der Mediation. Die Methode ist besonders bei gering eskalierten Konflikten und zur Prävention geeignet für Gruppen, in denen nur geringe hierarchische Unterschiede bestehen, deren Mitglieder sich schon längere Zeit kennen und bereits viel miteinander kommunizieren. In der Gruppe sollte grundsätzlich Vertrauen vorhanden sein, auch wenn aktuell ein zu klärendes Thema vorliegt.

Für die Umsetzung dieser Methode im virtuellen Raum benötigen wir eine Repräsentanz der eigenen Person, die auf einer gemeinsamen Arbeitsfläche von den Beteiligten eigenständig verschoben werden kann. Wir benötigen somit eine Kollaborationssoftware, in der alle zeitgleich arbeiten können. In meinen Methodenworkshops habe ich ausprobiert, ob die Methode auch funktioniert, wenn ich auf mündlichen Zuruf hin für die Beteiligten eine Repräsentanz der Person auf einer gemeinsamen Arbeitsfläche (z. B. einer Folie) positioniere und verschiebe. Die Rückmeldungen waren jedoch eindeutig: die Methode wirkt viel besser, wenn die Beteiligten ihre Repräsentanz selbst positionieren und verschieben können. Zur Umsetzung ist das *Whiteboard* der Videokonferenz-Software oder ein externes Kollaborationstool geeignet. Hinweise zur Umsetzung:

- Falls die Nutzung von Kollaborationssoftware nicht allen Beteiligten geläufig ist, sollte ausreichend Zeit eingeplant werden und die Bedienung gut erklärt werden, damit die Positionierung der eigenen Repräsentanz ohne Zögern und Unsicherheit verschoben werden kann.
- Einigen Sie sich mit den Beteiligten auf die Art der Repräsentanz (farbige Punkte, Sterne, …) und achten Sie darauf, dass zumindest am Schluss die Positionen namentlich beschriftet werden, um die Einzelmeinungen später in der Dokumentation nachvollziehbar zu machen[17] (s. Abb. 3.2).
- Zeichnen Sie zu Beginn einen Kreis als Referenzrahmen auf die gemeinsame Arbeitsfläche, um die Abstufung in der Positionierung erkennbar zu machen.

---

[17] In der Software vitero können Symbole personalisiert (d. h. mit Namensschild) verteilt werden.

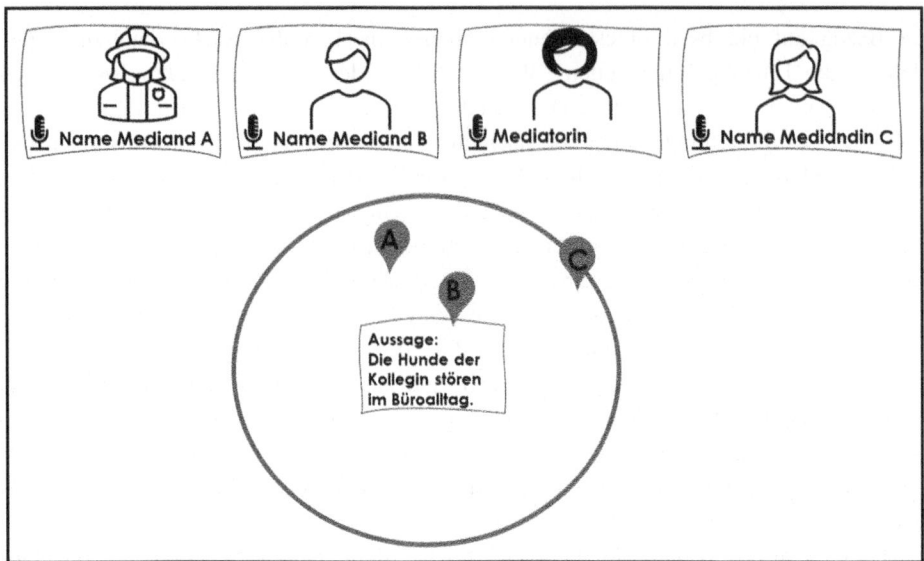

Abb. 3.2 Bsp.hafte Ansicht eines Bildschirms. Umsetzung der Methode „Sternpositionierung" zum Thema „Hund im Büro" im virtuellen Raum

3.3.5 Experteninterview Dr. Thomas Uhlendahl: Online-Beteiligungsprozesse

Hintergrundinformation
Dr. Thomas Uhlendahl (TU) ist Gründer und Geschäftsführer von memo-U[18], Experte für Moderation und Prozessdesign von Beteiligungsprozessen, Mediator in Bürgerbeteiligungsverfahren, Trainer und Coach aus Freiburg.
Das Interview wurde von **Anne Rickert** (AR) im Januar 2022 online geführt.

AR: In den vergangenen zwei Jahren der Pandemie hat sich Online-Mediation im klassischen Setting mit 2 Medianden und auch bis Teamgröße ganz gut etabliert. Eine besondere Herausforderung stellt jedoch die Mediation von Großgruppen dar. Genau das ist dein Spezialgebiet. Wie genau setzt du eine Großveranstaltung mit Klärungscharakter in Bürgerbeteiligungsprozessen online um?

TU: Vorweg möchte ich sagen, dass ich schon vor Corona Online-Veranstaltungen und Online-Besprechungen gemacht habe. Ich bin in einem Verein von Prozessbegleitern „Generationen.Dialog.Zukunft – Netzwerk für demografiebewusste Entwicklung e. V."[19], der über ganz Baden-Württemberg verteilt ist. Wir nutzen seit Jahren Zoom, weil es keinen Sinn macht, sich zu jeder kleinen Absprache vor Ort zu treffen. Insofern war Zoom für mich und mein Team nicht neu, und wir waren darin schon fit. Meine feste

---

[18] https://memo-u.de (Zugriff: 01.08.2022)

[19] http://www.generationen-dialog-zukunft.de (Zugriff: 02.06.2022).

Überzeugung nach inzwischen knapp 2 Jahren und über 1000 Online-Meetings, -Veranstaltungen, -Moderationen und -Besprechungen ist, dass Online-Veranstaltungen in der Summe in nichts hinter realen Treffen nachstehen. In wirklich gar nichts. Klar, gibt es Unterschiede, aber wenn ich auf die Gruppengröße achte, mit den Breakouts richtig arbeite, bewusst Methoden einsetze, kann ich genauso eine Gruppe von 15 Personen oder mehr zu einem Gruppengefühl und ins gemeinsame Arbeiten bringen wie in physischer Präsenz. Insofern ist die entscheidende Frage nur: Wie setze ich's methodisch richtig und gut ein?

AR: Weil du gerade die Methodik ansprichst: wie arbeitest du normalerweise online?

TU: Mein Metier sind unter anderem größere Gruppen von einem Dutzend bis auch über hundert Menschen, und da mache ich keine Mediation im klassischen Sinn. Ab mehr als drei Konfliktparteien wird es – auch mit 2 Mediatoren – leicht unübersichtlich. Daher greife ich weitestgehend auf *Dynamic Facilitation* von Jim Rough[20] zurück; eine hoch-mediative Methode. Gemäß mediativem Ansatz höre ich dabei immer einer Person gut zu und versuche, das für die anderen nutzbar zu machen, also vom Moderationsecho über Zusammenfassung bis Visualisierer, damit das Gesagte für alle Anwesenden greifbar, erlebbar und nicht nur hörbar wird. Das sind auch zentrale Elemente der Mediation. Jim Rough empfiehlt diese Methode für bis zu zwölf Personen, aber es geht auch bis 15 und mehr Leute. Es funktioniert auch online, weil ich auf einem Bildschirm zwölf Leute gut sehen kann, und weil sich die Struktur – das Aufschreiben in vier Kategorien – online sehr gut umsetzen lässt.

AR: Das heißt, du nutzt diese für die Präsenz entwickelte Methode einfach *online* ohne viel anpassen zu müssen? Welche Vorteile siehst du hier in der digitalen Umsetzung?

TU: Ja, die vier Kategorien, mit denen wir arbeiten sind: Herausforderungen/Fragen, Ideen/Lösungen/Vorschläge, Bedenken/Sorgen und Informationen/Sichtweisen, die auf 4 Pinnwände notiert werden. Das kann ich online wunderbar abbilden. Es gibt inzwischen eigens entwickelte Tools, aber ein Online-Whiteboard reicht vollkommen. Ich arbeite gerne mit miro, da gibt es sogar eine Zählfunktion in den Tabellen. Das ist hilfreich, weil alle Antworten eine Nummer in ihrer Kategorie bekommen, also Frage 1, 2, 3, 4, … Lösungsvorschlag 1, 2, … usw. Bei einem Bürger:innenrat kommen in anderthalb Tagen schon mal 150 bis 180 Lösungsvorschläge zusammen und dann ist es wichtig, dass die nummeriert sind, damit wir uns alle darauf beziehen können. Online funktioniert das Mitschreiben sogar besser, weil ich tippe und nicht von Hand schreibe. Das ist ein großer Vorteil, denn erstens stehen die Pinnwände in Großgruppen oft sehr weit weg, sodass der Einzelne das gar nicht lesen kann, und zweitens ist meine Handschrift eine Katastrophe, wenn ich schnell schreibe. Und ich brauche auch keine Assistenz, die parallel alles abtippt. Wir haben das Ergebnis gleich digital und alle können während des Prozesses gut mitlesen.

---

[20] siehe http://www.dynamicfacilitation.com/ (Website Jim Rough); im deutschsprachigen Raum: https://dynamicfacilitation.org (München) (Zugriff: 02.08.2022).

AR: In was für einem Fall oder Prozess hast du die Methode online verwendet?

TU: Ich habe sie sehr intensiv im Rahmen des Beteiligungsprozesses „Freizeit-konzept für den Stuttgarter Wald" angewandt. Offiziell war das kein Mediationsver-fahren, sondern ein Planungsprozess, den ich im Team mit einem Planungsbüro, das auf Freizeit- und Sportkonzepte und Mountainbike-Planungen spezialisiert ist, durchgeführt habe. Das Büro hat den Planungsteil und ich den Moderationsteil übernommen. Durch die Pandemiezeit wurde der Stuttgarter Wald von verschiedenen Gruppen intensiver genutzt, und es kam gehäuft zu Konflikten zwischen Mountainbikern, Spaziergängern, Hundebesitzern, Eltern mit Kinderwagen, aber auch der Stadt Stuttgart, Jägern, dem Waldbeirat für fortwirtschaftliche Themen und natürlich den Waldschützern – da ging es von den Interessen her wirklich wild durcheinander und es gab viele unterschied-liche Konfliktparteien. Wir haben den Prozess so aufgesetzt, dass wir eine große Begleit-gruppe hatten und Einzelthemen in sogenannten „Gruppen mit Schlüsselakteuren" bearbeitet haben. Es gab also keine breite Bürgerbeteiligung, sondern eine Stakeholder-Beteiligung mit Gruppen von maximal 15 Personen. Bei den hoch eskalierten Themen-feldern, wie zum Beispiel „illegale Mountainbike-Trails in Schutzgebieten" sind wir in die ersten zwei Termine mit der Methode *Dynamic Facilitation* eingestiegen und haben über miro visualisiert. Die Protokolle sind öffentlich einsehbar[21]. Dann haben wir die Begleitgruppe, den Waldbeirat, und weitere Akteursgruppen eingeladen, in die Schlüssel-akteur-Gruppen zu gehen und haben festgestellt, dass viele sich noch nie wirklich richtig zugehört hatten. Ich habe vollstes Vertrauen in *Dynamic Facilitation* für größere Gruppen, weil klassische Mediation ist da zu zäh und zu langwierig. In der Mediation sagt man: erst die Bedürfnisklärung wirklich sauber machen, bevor ich in die Lösungs-orientierung gehe, weil's mir sonst auf die Füße fällt. Durch die Art der Moderation wird die Person animiert, auch die hinter den Lösungsvorschlägen stehenden Bedürfnisse und Interessen auszuführen. Wenn ich das aufschreibe, die anderen sich darauf beziehen können und wir daraus weitere Lösungsvorschläge iterativ entwickeln, habe ich genau diese Anerkennung der unterschiedlichen Bedürfnisse, die ja das Immanente in der Mediation ist.

AR: Ich sehe Bürgerbeteiligungsprozesse als eine Art Präventiv- oder prozess-begleitende Mediation. Inwieweit siehst du hier Chancen für die proaktive Online-Umsetzung?

TU: Idealerweise werden Bürgerbeteiligungsprozesse anberaumt, wenn es schon Konzepte gibt, aber man noch vor der Umsetzung ist. Dann ist es praktisch eine Präventivmediation. Aber im Falle des Stuttgarter Waldes war das nicht mehr präventiv. Das war schon massiv eskaliert, weil sich 2020 jeder einen Hund oder ein Mountain-bike gekauft hat, und alle sind in den Stuttgarter Wald gestürmt. Vor zehn Jahren gab es um die 5000–6000 Mountainbiker in Stuttgart, inzwischen sind es rund 60.000, die mit

---

[21] Dokumentation des Prozesses und Ergebnis, siehe https://www.stuttgart.de/freizeitkonzept-wald (Zugriff: 20.08.2022).

Mountainbikes im Stuttgarter Wald unterwegs sind – größtenteils illegal, nämlich abseits der zwei Meter breiten Wege, und viele davon auch noch motorisiert. Da hat die Stadtverwaltung entschieden, einen Prozess zu starten, und wir haben Ende 2020 angefangen und das ganze Jahr 2021 diesen Prozess als Kommunikationsbüro begleitet. Jetzt – Stand Januar 2022 – ist das Freizeitkonzept Stuttgarter Wald in der Finalisierung.

AR: Wie ist die Durchführung im virtuellen Raum bei den Akteursgruppen angekommen? Würdest du das Ganze als mediativen Prozess beschreiben?

TU: Ich muss sagen – ohne jetzt bestimmte Akteursgruppen herauszugreifen – es war ein großes soziales Lernen. Dieses Erkennen: „Wir sind eigentlich keine Feinde" hat auch zwischen Ämtern und Stakeholdern, die unterschiedliche Interessen qua hoheitliche Aufgabe haben, stattgefunden. Zu verstehen, dass ich die Menschen von ihren Aufgaben getrennt betrachten kann. Das ist der Einfluss des Harvard-Konzepts in die Mediation und hat zwischen einigen Konfliktgruppen sehr gut geklappt. Nämlich anzuerkennen, dass dieser Mensch mir persönlich nichts Böses will, sondern z. B. ehrenamtlicher Naturschützer ist und in dieser Rolle für den Erhalt der Arten eintritt. Und wieder andere sagen eben, wir treten für das und das ein. Zu dieser gegenseitigen Anerkennung, die durch die Trennung von Mensch und Aufgabe, auch der behördlichen Aufgabe, entsteht, hat diese Methode wirklich sehr gut beigetragen. Es wurde öffentlich bewusst nicht als Mediationsverfahren bezeichnet, da wir zum einen nicht das Mandat für ein solches bekommen haben und es zum anderen nicht vorgesehen war, das Phasenmodell der Mediation stringent zu befolgen. Wir haben versucht mit größtmöglicher Transparenz ein *Commitment* zu erarbeiten. Die Prinzipien der Mediation waren somit nicht voll erfüllt, aber es war ein Klärungsprozess und darum geht's mir: es online möglich zu machen, dass emotional betroffene Menschen eine Thematik gemeinsam besprechen können.

AR: Was du gerade berichtest, hört sich sehr positiv an. Habt ihr den Prozess teilweise oder ganz online gemacht und wie hast du genau visualisiert?

TU: Nur online. Lediglich die zentrale Steuerungsgruppe hat sich noch zu Beginn der Pandemie und auch zwischendrin im Sommer 2021 live in Stuttgart getroffen. Aber die großen Veranstaltungen mit Waldbeirat und allen Begleitgruppen – 40 bis 50 Leute – das ging alles nur online. Das Tool meiner Wahl ist Zoom. Es ist mit Abstand die stabilste Videokonferenzplattform. Dazu nutze ich noch verschiedene Tools für Abfragen, Umfragen, Stimmungen, die ein bisschen mehr bieten als die Umfragemöglichkeiten innerhalb von Zoom, kombiniert mit einem Online-Whiteboard. In einem anderen Fall haben wir für die Stadt Kehl einen Führungskompass für die Führungskräfte aufgesetzt, partizipativ mit den oberen drei Führungsebenen der gesamten Stadtverwaltung, rund 35 Leute. Diesen Prozess hätten wir in Präsenz so methodisch gar nicht umsetzen können, weil wir 20 Pinnwände gebraucht hätten, um das zu visualisieren. Online konnten wir in Mural das *Board* beliebig größer ziehen und die Listen beliebig länger machen. Klar, sieht man über *Screen-Sharing* nicht unbedingt immer alles auf einen Blick. Aber ich kann den Link teilen und die Leute können selbst drauf gucken und sehen die Visualisierung besser als im physischen Raum. Auf eine reale Flipchart passen vielleicht

10 Lösungsvorschläge, die dann auch noch im Raum verteilt aufgehängt werden. Da können die Leute während der Veranstaltung nur bedingt hin- und herlaufen und müssen sich das alles später durchlesen. Online ist das viel leichter.

AR: Neben diesen methodischen Vorteilen für Großgruppen, was funktioniert deiner Meinung nach online noch gut – im Vergleich zum physischen Treffen?

TU: Ein weiterer großer Vorteil ist für mich, dass ich das Gesicht von der Person, die gerade spricht, und ihre ganze Mimik sehr gut sehen kann. Ich nutze die Spotlight-Funktion und sehe die Person in der Sprecheransicht dann viel näher als in der physischen Realität, wo ich oft in sehr großen Räumen arbeite. Klar, die restliche Körperhaltung sehe ich nicht, aber das, was das Gesicht verrät, dafür sehr gut. Wenn ich im Halbkreis sitze mit 15 Leuten, sitzen manche schon mal 10 m entfernt. Da kann ich kleinere Gefühlsregungen nicht mehr erkennen, sondern sehe je nach Licht manchmal nur Silhouetten, die sprechen.

AR: In Bezug auf die Stimme und das gegenseitige Zuhören – wie siehst du das im Vergleich zwischen physischer und virtueller Präsenz?

TU: Wenn die technische Ausstattung stimmt – und die allermeisten haben inzwischen gute Mikrofone – dann höre ich die Nuancen in der Stimme online besser. Wir haben uns gegenseitig auf dem Ohr. Da muss ich klar sagen, das ist viel näher dran – im wahrsten Sinne des Wortes – als in der realen Veranstaltung.

AR: Bei Großgruppen muss so ein Mikrofon in den großen Sälen ja immer erst zu der Person hingetragen werden und dann ist oft auch die Übertragung nicht optimal oder die Leute versuchen ohne Mikrofon zu sprechen und sind dann zu leise. Das kann online nicht passieren. Meine Erfahrung ist, dass immer seltener Menschen in der Online-Sitzung sitzen, die gar kein Audio-Gerät haben. Die allermeisten haben zurückgemeldet bekommen, dass sie schlecht zu hören sind, und haben technisch nachgerüstet. Also insgesamt hat ein unglaublicher Lernprozess stattgefunden, was die Technik anbelangt. Wie siehst du das?

TU: Absolut. Und gerade bei Menschen, bei denen ich zunächst erstaunt war. Die Gruppe der 50- bis 65-jährigen tat sich am allerschwersten. Die Senioren ü65 hatten Lust, ihre Enkel zu sehen und haben sich sehr schnell aufgerüstet. Die waren auf einmal sehr digital. Die Jüngeren sind digital sowieso fit. Aber die Kategorie 50 bis 65 und dann teilweise mit „Verwaltungsdenke" waren skeptisch, da hat es am längsten gedauert. Auch in der öffentlichen Verwaltung gab es massive Hindernisse in dieser Altersgruppe – sogar in größeren Städten, wo man denkt, da sollte Geld da sein, war der Umstieg in die digitale Welt teilweise schleppend. Die IT-Beauftragten mussten natürlich erst alles prüfen in Sachen Datensicherheit, Datenschutz, Firewalls usw. Zoom war da in der Verwaltung Mitte 2020 nicht möglich, d. h. es mussten extra Rechner mit SIM-Karten angeschafft werden, damit sie außerhalb des Rechennetzes der jeweiligen Stadtverwaltung liefen. Nur so konnten wir als Büro mit den Kommunen überhaupt Zoom nutzen. Und ich habe letztes Jahr auch Bürgerbeteiligungsprozesse in Kommunen begleitet, bei denen Verwaltungsmitarbeitende inklusive der Leitungen zusammen zu sechst in einem Meeting-Raum saßen – mit Maske, gut belüftet, frierend, alle ca. 10 m von der Kamera weg und mit sehr schlechter Tonqualität, da es nur ein kleines Tisch-mikrofon gab. Das waren die Anfänge. Bis dann alle verstanden haben: die Gesprächs-qualität ist viel besser, wenn jeder vor seinem eigenen Rechner sitzt. Das war zum Glück im Stuttgarter Prozess anders. Die haben sehr schnell dafür gesorgt, dass die Ver-waltungsmitarbeitenden komplett ausgestattet sind, gut mitarbeiten konnten, und ent-sprechend war auch wirklich ein produktives Arbeiten möglich. Die Beteiligten durften während der Ausgangsbeschränkungen entweder aus dem Homeoffice oder aus dem Büro teilnehmen, da haben wir uns wirklich sehr gut digital einge-*groovt*.

AR: Du hast gerade die Bedenken in Sachen Datenschutz in der öffentlichen Ver-waltung angesprochen. Ist das für dich kein Thema? Wählst du in Zoom immer den deutschen Server aus oder wie gehst du damit um, dass es eine 100 %-ige Sicherheit in Bezug auf den Datenschutz bei einem amerikanischen Anbieter ja nicht gibt?

TU: Die gibt es nicht, aber für mich ist die Frage, will ich in Schönheit sterben oder will ich arbeiten? Und natürlich habe ich in Zoom die Einstellungen so gestellt, dass ich die europäischen Server nutze. Zoom hat sich in Sachen Datenschutz enorm verbessert und ist auch mehrfach überprüft worden. Das Unternehmen hat in 2020 eine Firma für Verschlüsselung und IT-Sicherheit dazu gekauft und hat massiv nachgerüstet. Für so eine Firma wäre das der Super-GAU, wenn Hacker irgendwelche Datenlücken raus-bekommen würden. Insofern vertraue ich da auch der Eigenverantwortung des Unter-nehmens, das ja um sein Geschäftsmodell fürchten muss.

AR: Das stimmt. Manchen Branchen wie Versicherungen und Finanzwesen, geht es jedoch gar nicht um Hackerangriffe, sondern darum, dass der Anbieter eine amerikanische Firma ist, die letzten Endes dem *Freedom Act*[22] unterliegt, d. h. sollte je eine amerikanische Behörde Daten anfordern, müssen amerikanische Unternehmen diese rausgeben. Daher sagen manche ja – zu Recht – echte DSGVO-Konformität hat man ein-fach nur mit einem europäischen Tool.

TU: Da ist der große Vorteil in meinem Metier, dass ich öffentliche Prozesse begleite, d. h. die Protokolle werden sowieso ins Netz gestellt und sind der Öffentlichkeit zugäng-lich. Wir zeichnen die Meetings nicht auf, aber wir protokollieren sie. Das heißt, ein gewisses Transparenzgebot ist sowieso da und wir haben auch nichts zu verstecken. Ich finde, man muss wirklich immer gucken, was wird eigentlich besprochen? Ist das wirklich geheimdienstwürdig oder geht's um die Zaunversetzung zwischen dem Grund-stück von Frau Müller und Herrn Meier. Ich habe schon Mediationen in Nachbarschafts-konflikten via Zoom gemacht, denn – in der Tat – wie relevant ist das, wenn sich hier zwei Nachbarn streiten?

---

[22] Der Freedom Act ist ein US-amerikanisches Bundesgesetz, das den 2015 ausgelaufenen PATRIOT Act ersetzt. Dieser war 2001 als Reaktion auf die Terroranschläge des 11. September 2001 vom Kongress verabschiedet worden war und erlaubt US-Behörden bei geringfügigem Verdacht den Zugriff auf Telekommunikationsdaten. Dies führt bis heute zu einer massenhaften Speicherung und Verarbeitung von Daten, ohne dass Betroffene Rechte gegen eine solch u. U. willkürliche Verarbeitung haben.

AR: Gibt es weitere Aspekte, die aus deiner Sicht für Online-Veranstaltungen sprechen?

TU: Ja, das Thema Umweltbewusstsein. In einem anderen Kontext – das war eine Großveranstaltung mit über 100 Personen, die sich in Ulm treffen wollten – hat mein Team ausgerechnet, dass wir mindestens eine Tonne CO_2 eingespart haben, weil wir uns nicht vor Ort, sondern online getroffen haben. Und dabei haben wir den CO_2-Verbrauch für Rechner und Server hoch angesetzt und auch mit eingerechnet, dass die meisten natürlich mit dem Zug angereist wären. Nichtsdestotrotz – also trotz CO_2 Verbrauch der Rechner zu Hause, des Server-Betriebs und der autofreien Anreise – haben wir eine Tonne CO_2 eingespart.

AR: Toll – wie habt ihr das ausgerechnet? Pro Person 10 Kilo CO_2 für diesen Tag gespart, das ist ein unfasslich gutes Argument, online zu arbeiten, im Sinne der Nachhaltigkeit. Das passt auch zum Mediationsgedanken an sich. Gibt's da eine App oder ein Tool, um die CO_2 Ersparnis auszurechnen?

TU: Das hat meine damalige Praktikantin in einem Excel-Sheet zusammengetragen. Mediation ist idealerweise eine Dienstleistung mit sozialer Nachhaltigkeit. Wir haben das Ziel, die Themen nachhaltig zu lösen und auch, dass eine persönliche Entwicklung stattfindet im Hinblick auf Selbstklärung, Positionierung und die Fähigkeit, sich auszudrücken. Da passieren Lerneffekte auf verschiedenen Ebenen, die nachhaltig sind, weil sich die Beteiligten im nächsten Konflikt anders verhalten. Dazu kommt jetzt noch die ökologische Nachhaltigkeit.

AR: Das ist so ein wertvoller Aspekt an der Online-Arbeit. Du hast vorhin berichtet, dass im Bereich der persönlichen Nähe aus deiner Sicht online keine Abstriche gemacht werden müssen. Wie schaffst du es, online wirklich an die Leute ranzukommen und einen Draht aufbauen? Was machst du in deiner Gesprächsführung anders als im F2F-Gespräch?

TU: Das sind verschiedene Aspekte, die ich bewusst mit reinnehme. Ich gebe schon lange Moderationsseminare für Studierende und wir haben schon vor der Pandemie getestet und reflektiert, was online funktioniert und was nicht. Zum einen nutze ich in Zoom bewusst Musik zum Einstieg. Wenn die Leute sich einloggen und es läuft ein bisschen Brazilian-Chill-Out, hat das schon einen entspannenden Aspekt. Zweitens begrüße ich online die Leute persönlicher als ich es im realen Raum mache. Im physischen Raum renne ich meistens vor der Veranstaltung noch herum und organisiere die letzten Sachen oder trage Pinboards hin und her. Online ist es viel leichter, alles vorzubereiten. Meistens bieten wir deutlich vor Beginn der Veranstaltung einen Technik-Check an. Da hole ich jeden persönlich ab, sehe und höre den Menschen, gebe vielleicht ein paar Tipps, d. h. das ist eine persönliche Begrüßung von fast jeder einzelnen Person. Wenn das in einem längeren Prozess so ist – wie jetzt im Stuttgarter Wald-Kontext –, dass man die Personen immer wieder sieht, ist das ein verbindender, wiederkehrender Moment. Dementsprechend können sich da auch Beziehungen aufbauen.

AR: Den Beziehungsaufbau online aktiv zu unterstützen, ist etwas ganz Wichtiges. Was tust du hier, damit sich die Beteiligten untereinander kennen lernen können?

TU: In Großgruppen lasse ich die Teilnehmenden am Anfang häufig in der Zusammenarbeit durchwechseln. Das mache ich *online* wie *offline,* weil Menschen in größeren Gruppen, wenn sie sich untereinander nicht kennen, sonst in ihren Peergroups bleiben. Klar, gibt es immer einige Extrovertierte wie mich, die sofort Anschluss finden. Aber es gibt immer auch die Stilleren, und ich möchte alle mitnehmen. Aus den *Liberating Structures*[23] nutze ich z. B. das Impromptu-Networking[24], in der die Leute dreimal hintereinander für jeweils zwei Minuten in Zweiergrüppchen durchwechseln. Danach hat jeder zumindest einzelne Personen als Anker. Im späteren Prozessverlauf bilde ich dann verschiedene Kleingruppengrößen – Vierer-, Fünfer- bis hin zu Achtergruppen. Indem ich mit den Kleingruppengrößen bewusst spiele, haben spätestens am Ende des ersten Termins alle die Chance gehabt, mit allen zu sprechen und so sorge ich für stetigen Kontaktaufbau untereinander. Online ist es wichtig, so früh und auch so lange wie möglich – je nach zeitlichen Ressourcen – die Menschen in Kleingruppen zu stecken, damit sie sich miteinander vertraut machen können. Im besten Fall in einem Zweiergespräch. Das ist zeitlich nicht immer möglich, aber ein Dreiergespräch für fünf Minuten am Anfang muss drin sein.

AR: Nun ist es – wie du schon gesagt hast – für manche Menschen herausfordernd, mit ihnen Unbekannten in Kontakt zu treten. Meine Erfahrung ist, dass es gerade introvertierten Menschen online leichter fällt, ins Gespräch zu kommen. Wie siehst du das?

TU: Ja, ich nutze wirklich die Software, um die Gruppen zufällig zu durchmischen und das wird als eine Art höhere Gewalt akzeptiert. Das ist einfacher als in Präsenz zu sagen: *„Sucht euch mal einen Gesprächspartner",* wenn die Leute noch gar niemanden kennen. Die ersten zwei Male funktioniert der Zufallsgenerator von Zoom wirklich gut, wenn ich die Kleingruppen zurücksetze und wieder neu mische. Aber dann ist der Algorithmus ziemlich bescheiden und die Teilnehmer landen leider oft wieder in sehr ähnlich durchmischten Gruppen. Daher machen wir das inzwischen händisch, wenn wir wollen, dass die Gruppen ganz neu durchmischt sind; das ist echt Arbeit bei hundert Leuten! Tatsächlich nehmen die Teilnehmenden es online viel eher als gottgegeben hin, dass sie zufallsmäßig durchgemischt werden. Vor Ort erlebe ich es immer wieder, gerade im ländlichen Raum, dass wenig Bereitschaft besteht, sich spontan mit „Fremden" auszutauschen. Ich hatte einmal ein Ehepaar Anfang 30, das sich bei einem World Café, das über vier Runden ging, drei Runden lang nicht getrennt hat, weil der Mann das nicht wollte. In der vierten Runde hat es der Frau dann gereicht und sie hat sich an einen anderen Tisch gesetzt. Der Mann hatte riesige Angst, seine Frau könnte an einem anderen Tisch „fremdkommunizieren". Kürzlich in einer Gemeinde nördlich von Freiburg war es ähnlich: da saßen Leute an dem Tisch, die haben sich den ganzen Abend

---

[23] ein Methodenkasten um viele Menschen einzubeziehen, vgl. https://liberatingstructures.de/

[24] vgl. https://liberatingstructures.de/liberating-structures-menue/impromptu-networking/ (Zugriff: 30.08.2022).

über nicht durchgemischt. Das kann ich online ganz anders steuern und da ist wie gesagt die Bereitschaft, sich durchmischen zu lassen, größer.

Ein anderer Riesenvorteil im Online-Setting ist, dass die Wege wegfallen. Bis in Präsenz alle die Räume gewechselt oder ihr Eckchen gefunden haben – das ist schon ein organisatorischer und zeitlicher Aufwand. Im virtuellen Raum geht das in wenigen Sekunden. Im besten Fall moderiere ich, und mein technischer Host bereitet im Hintergrund alles vor. Auf Klick sind die Leute im Nebenraum und fertig … einigen wenigen muss man vielleicht manuell nachhelfen. Genauso zurück: ich kann das Schließen der Breakouts ankündigen, die Uhr zählt runter und Zack, sind alle wieder da und verquatschen sich nicht. Das heißt, die zeitliche Disziplin, die Akkuratesse, also insgesamt die Effizienz ist online immens höher. Ein Wermutstropfen ist, dass die Zwischengespräche, die sich auf dem Weg von Raum zu Raum so ergeben, wegfallen. Dafür biete ich in den Pausen offene Nebenräume an, in welche sich die Leute selber zuordnen können – das wird teilweise genutzt. Auf einer Online-Großveranstaltung mit über 100 Leuten, bieten wir abends nach der offiziellen Veranstaltung viele offene Themenräume zum Austausch an und man kann sich über den Chat dazu verabreden. In einem Nebenraum mache ich knisterndes Lagerfeuer, in einem anderen eine Chill-out-Lounge, vielleicht noch einen Weinkeller mit Pianomusik im Hintergrund. Im Unterschied zur Präsenz erfordert das allerdings die bewusste Entscheidung, sich in den Nebenraum einzuloggen und sich zu verabreden. Ich werde nicht von aufgeschlossenen Personen einfach angesprochen und eingeladen, sondern ich muss mich aktiv dazuschalten und weiß dann erst mal nicht, was mich in diesem Breakout-Raum erwartet.

AR: Das mag für manche schon eine Hemmschwelle sein, andere wiederum empfinden es in der physischen Präsenz herausfordernd, sich einfach zu einer Gruppe dazuzustellen und sich ins Gespräch einzubringen. Nochmal zurück zu dem Aspekt, dass die Bereitschaft, sich online auf eine Gesprächssituation einzulassen, in der ich noch niemanden kenne, höher ist. Meinst du, das liegt eventuell auch daran, dass zumindest im Hinterkopf bewusst ist: *„Es kostet mich nur einen Klick und ich bin wieder weg"*? Diese Möglichkeit, sich jederzeit rauszuziehen und auszuloggen, ist ja da. Geht das eventuell mit der erhöhten Akzeptanz, sich auf was Fremdes einzulassen einher und könnte man das auch auf das Mediationsverfahren überhaupt übertragen? Vielleicht sind online Menschen erreichbar, die sich sonst gar nicht auf einen Konfliktklärungsprozess eingelassen hätten?

TU: Die unmittelbare, physische Konfrontation ist in der Tat geringer. Das hat den großen Vorteil, dass ich nicht befürchten muss, dass mich jemand direkt anschreit, zum Beispiel – da kann ich mich online ganz anders schützen. Beziehungsweise ich werde auch anders beschützt, weil online die Moderation viel präsenter ist. Manche unterwandern diese starke Rolle der Moderation, indem sie die Chats nutzen und nebenher viel schreiben. Da gehe ich aber nicht drauf ein. Das ist so, wie wenn jemand dem Nachbarn kurz etwas zu tuschelt. Diese Unruhe und Undiszipliniertheit fallen online übrigens größtenteils weg. Nebenher im Chat zu schreiben ist ein viel größerer Aufwand als kurz dem Nachbarn auf die Schulter zu tippen und zu gucken, ob ich seine Sympathie und

Allianz habe. Hier ist die fehlende Niederschwelligkeit der Online-Kommunikation konstruktiv für den Prozess, weil sie sämtliche Beteiligten mehr zur Fokussierung bringt. Das sehe ich als Gewinn, dass alle konzentrierter an der Thematik dabei sind.

AR: Wie wirkt sich dies auf den Gesamtprozess aus? Brauchst du insgesamt weniger Zeit, weil alle disziplinierter arbeiten und insgesamt weniger Pausen durch Raumwechsel und Organisatorisches entstehen? Leidet darunter in deinen Augen in irgendeiner Weise die Qualität oder das Ergebnis?

TU: Überhaupt nicht oder besser: man kann es nicht vergleichen. Manche Settings wie den Prozess mit den Führungskräften hätten wir in Präsenz räumlich und organisatorisch gar nicht abbilden können. Andere Aspekte sind online und offline gleichermaßen zu berücksichtigen, z. B. darauf zu achten, dass die Leute sich durchmischen, dass sich alle im Raum wohlfühlen. In der physischen Veranstaltung gestalte ich ja auch den Raum, ordne die Stühle im Kreis, gestalte eine Mitte mit Blumen oder Deko, stelle ein Rednerpult vor die Bühne oder Bistro-Tische bei Bürgerveranstaltungen usw. Online mache ich mir genauso Gedanken über die Gestaltung, zum Beispiel indem ich mir ein passendes Hintergrundbild und die Musik auswähle, die Leute persönlich begrüße etc. Es ist eben eine andere Form. In Bezug auf Methoden ist wichtig, alle abzuholen, damit sie mit den Tools zurechtkommen. Wenn bei einer Kartenabfrage digital nicht so affine Menschen mit dem Whiteboard nicht klarkommen, hilft eine Assistenz und schreibt für die Person mit oder wir visualisieren gleich alles auf Zuruf. Daher gilt: Never Host Alone. Und da ist wieder der Vorteil: online sehen alle alles und können die Moderationskarte, die ich gerade mitschreibe, direkt mitlesen. In Präsenz arbeite ich oft in riesigen Sälen, vorne hängt eine Karte an der Pinnwand, die sieht niemand.

AR: Deine Methoden und die Raumgestaltung lassen sich also wunderbar online transferieren. Aber wie ist es mit der Atmosphäre? In intensiven Arbeitsprozessen entsteht eine Gruppenatmosphäre, eine Energie im Raum, eher diffus, wenig greifbar... Wie erlebst du das online? Geht da etwas verloren oder bekommst du auch online mit, wenn zum Beispiel die Stimmung in der Gruppe sich wendet oder die Energie abflacht?

TU: Das kriege ich online mit, weil ich ja die Gesichtsausdrücke sehe und das teilweise viel besser als in Präsenz. Da merke ich, ob die Leute abgelenkt oder abwesend sind, wohin sie die Augen bewegen oder ob sie sogar die Kamera abschalten. Natürlich ist auch hier meine Aufgabe als Moderator direkt zu reagieren. Genau deswegen kann ich nicht noch parallel den Chat lesen und auch noch dokumentieren, dafür habe ich dann eine Chatbeauftragte oder – wenn ich allein bin – stelle ich den Chat ganz ab. Dann gilt eben: wer etwas beitragen will, muss den Mund aufmachen. Das kann ich gut handeln, weil ich ja alle stummschalten kann, sodass nicht einfach jemand rein ruft. Ob ich die Teilnehmer am Bildschirm oder ob vor mir im Halbkreis sitzen sehe, die Reaktionen sind die gleichen: Kopfnicken, mimisches Feedback, Abschweifen des Blicks. Und man hört auch an der Stimme oder merkt allgemein an der Beteiligung, wie die Stimmung ist. Wenn sich in den Videokacheln nichts mehr bewegt, dann weiß ich, ich muss eine Pause machen. Eine Sache, die ich mir angewöhnt habe, ist, dass ich etwas mehr gestikuliere vor der Kamera und bewusst deutlich stärkere körperliche Zeichen setze.

AR: Unsere physische Präsenz und Körpersprache spielen in der Mediation ja schon eine Rolle. Hast du hierzu Erfahrungen wie du das Defizit der eingeschränkten Übertragung körpersprachlicher Signale online ausgleichen kannst?

TU: Ich habe einen Fall zwischen einem Hausmeister und einer Gruppe Jugendlicher in Präsenz mediiert, in dem ich *Dynamic Facilitation* eingesetzt habe. Da stelle ich mich, wenn die Parteien sich anschreien, physisch dazwischen, um den Blickkontakt zu unterbrechen und wende dabei der Person, die das Setting sprengt, bewusst den Rücken zu. Online ist der direkte Blickkontakt sowieso eingeschränkt. Nur wenige Menschen haben ihre Kamera vor den Bildschirm gestellt und verbauen sich so zum Teil die Sicht auf den Monitor, um dafür immer mit Blick in die Kamera zu sprechen. In der Regel blicken wir zwischen der eigenen Kamera oberhalb des Bildschirms und dem Monitor hin und her, was aber nicht tragisch ist. Ich wende den Menschen auch kurz den Rücken zu, wenn ich etwas auf ein Flipchart aufschreibe. Das Entscheidende ist, dass die Person das Gefühl hat, dass ich als moderierende, mediierende Person ganz bei ihr bin, und meine volle Konzentration auf dieser Person ruht. Ob ich sie dabei anschaue oder ihr den Rücken zukehre, ist völlig egal. Es geht darum, dass ich in Verbindung bin und die Person spürt das, weil mein innerer Fokus vollkommen auf ihr liegt. Dafür braucht es den Augenkontakt nicht. Ich selbst schaue manchmal bewusst weg, weil ich mich dann besser konzentrieren und meine Gedanken klarer fassen kann, aber nicht in dem Sinne, dass ich komplett abschweife, sondern weil ich mich auf das konzentriere, was gerade gesagt wird. Das Wegschauen dient der Konzentration auf mein Gegenüber, und das spüren die Menschen. Deswegen finde ich diesen Gap zwischen Kamera und Monitor völlig irrelevant, solange ich diese 100 %ige Professionalität in der Fokussierung und in der Moderation habe.

AR: Das hört sich bei dir so an, als ob du online intuitiv und mit großer Selbstverständlichkeit arbeitest. Wie würdest du den Kompetenzaufbau hin zum Online-Mediator bzw. professionellen Online-Moderator für Großgruppen beschreiben? Kann man darauf vertrauen, dass ein guter Präsenzmediator auch online gut ist, ist das ein *learning-by-doing?* Gibt es Menschen, die online einfach gut „rüberkommen" und andere, für die ist das nicht so passend? Kannst du Zusatzkompetenzen identifizieren, die jemand mitbringen oder erwerben sollte, damit er oder sie online professionell arbeiten kann?

TU: Grundsätzlich würde ich sagen: jeder, der in Präsenz gut moderieren und mediieren kann, kann das auch online. Aus meiner Sicht ist die Haltung das Entscheidende. Nur eine gewisse Medienkompetenz, die muss ich mir erarbeiten, die muss ich lernen und üben. Wenn ich das Medium nicht sauber beherrsche, verliere ich den Kontakt zu meinen Leuten, weil ich zwischendrin selber mit der Technik beschäftigt bin. Natürlich kann technisch immer was passieren – Internetverbindung bricht ab, Stromausfall, Rechner stürzt ab – aber das ist dann höhere Gewalt, und das nimmt keiner krumm. Aber wenn ich permanent in der Software suche und man merkt, dass der Moderator mit der Bedienung unsicher ist, das wirkt sich negativ auf den Prozess aus. Die Technik muss als Rahmenbedingung sauber laufen, damit das eigentliche Anliegen im Vordergrund bleibt. Ich habe die Verpflichtung, den virtuellen Raum genauso gut vorzubereiten und halten zu können wie im physischen Raum. Dafür brauche ich die technische und Medienkompetenz und eine Software, die stabil läuft. In Beteiligungsprozessen sind häufig Menschen dabei, die sonst nicht so häufig online arbeiten. Denen muss ich das Gefühl geben, dass alles so ist, als würden wir in einem Raum zusammensitzen. Dafür braucht es meine Perfektion in der Technik, gekoppelt mit meiner selbstverständlichen mediativen Grundhaltung.

AR: Es ist also wichtig, dass du als Mediator in keiner Weise durch die technische Bedienung abgelenkt bist. Wenn der Mediator sich online „wie ein Fisch im Wasser" fühlt, in seinem virtuellen Element sozusagen, kann er seine Mediationskompetenz exakt genauso einbringen wie in Präsenz.

TU: Davon bin ich überzeugt. Das Wesentliche ist doch immer noch: welche Fragen stelle ich, wann und wie stelle ich sie? Wie kommt meine Stimme rüber? Jedoch ist meine Erfahrung, dass wir Moderatoren über die Kamera unterschiedlich wirken – manche blühen geradezu auf und bei anderen ist diese Kamerawirkung einfach nicht so da. Auch die Stimme kriegt online eine höhere Aufmerksamkeit, da sie so viel näher auf dem Ohr ist, und es gibt Mediatoren, die bisher ihre Stimme nicht besonders nutzen. Da gibt es nun mal Unterschiede. Ansonsten würde ich aber sagen, wer das Handwerkszeug gelernt hat und in der physischen Präsenz gut ist, hat das auch online zur Verfügung.

AR: Kann man sich dieses technische *Know-How* durch eine gute Assistenz holen oder kommt da niemand darum herum sich selbst einzuarbeiten?

TU: Bis zum gewissen Grad, muss da jeder selbst ran. Wir bieten als Büro zwar auch rein technisches Hosting an. Nichtsdestotrotz muss sich der Mediator vorher überlegen, wann er was wie dokumentieren möchte und wenn ich selbst das Whiteboard nicht bedienen kann, muss ich es delegieren und brauche dazu die Abstimmung mit dem technischen Host. Wie in der Co-Mediation, kann ich vorher festlegen, wer was macht – das geht schon, sich auf diese Weise die technische Kompetenz reinzuholen. Der Abstimmungsaufwand vorher ist höher, aber so könnte ein Kompetenzaufbau ja auch laufen. Man startet mit einer technischen Assistenz und schaut so lange zu, bis man sich selbst fit fühlt bzw. fit ist.

AR: Bis jetzt hast du gar keine negativen Aspekte an der Online-Umsetzung von Großgruppenprozessen genannt. Gibt es irgendetwas, was du online nachteilig findest?

TU: Insgesamt sehe ich da tatsächlich nichts Negatives. Als Schlusssatz würde ich sogar so weit gehen zu sagen: jeder der meint, digitale Umsetzung ist so limitierend, hat noch nicht begriffen, wie er oder sie es einsetzen muss, um die gleichen Ergebnisse zu erreichen wie in der Präsenz. Da fehlt dann die Medienkompetenz. Oder die Person hat eine innere Haltung, die vielleicht technikabwertend ist. Wir haben verschiedene Prozesse begleitet, in denen sich die Leute nie real gesehen haben. Und trotzdem online – durch die Kleingruppenarbeit und die Maßnahmen, die ich vorhin geschildert habe – miteinander warm geworden sind und zusammen sehr gut Ergebnisse erarbeitet haben. Es geht -hundert Prozent.

▶   *Ende des Interviews*

3.4   Phase 3: online Interessen und Bedürfnisse klären

In Phase 3 geht es darum, die Mediand:innen dabei zu begleiten, die hinter ihren fest-gefahrenen Positionen liegenden Interessen und Bedürfnisse zu erforschen, zu erkennen und zu verbalisieren. Da der Mediator hier auf sehr persönlicher Ebene mit jedem Einzelnen arbeitet, ist dies häufig die emotionalste Phase der gesamten Mediation. Einige Kolleg:innen bevorzugen daher für Phase 3 das Vor-Ort-Gespräch, da sie befürchten, in dieser besonderen Situation online nicht „nahe genug dran" zu sein, wesentliche nonverbale Signale nicht mitzubekommen und nicht so unmittelbar mit den Mediand:innen interagieren zu können wie in physischer Präsenz. Dies ist nachvollzieh-bar und – wie bereits erwähnt – geht es diesem Buch nicht um ein Plädoyer dafür, unbedingt online zu arbeiten.

In Phase 3 liegt der Fokus auf dem mündlichen Austausch und die Mediatorin dokumentiert üblicherweise nichts mit. Daher gibt es keine geöffneten Anwendungen und wir haben die volle Aufmerksamkeit auf den Videokacheln mit dem Ziel, herauszu-arbeiten, was die Partei braucht (Bedürfnis), wenn sie sagt, was sie will (Position). Der Weg von den Positionen zu den Bedürfnissen geht über die Emotionen. Wenn Menschen sagen oder zeigen, wie sie sich fühlen, kann das dahinterstehende Bedürfnis deut-lich werden. Wenn die Mediand:innen die eigenen Bedürfnisse benennen und sich vom Mediator verstanden fühlen, ist dies oft ein Moment großer Klarheit und Erleichterung – und ebnet den Weg zum gegenseitigen Verständnis der Konfliktparteien untereinander.

3.4.1   Emotionen im virtuellen Raum

Die Sorge vieler Mediator:innen, dass Emotionen im virtuellen Raum nur eingeschränkt oder zu spät wahrgenommen werden könnten und daraus negative Effekte für die Steuerung und den Verlauf der Mediation resultieren, ist vermutlich das am häufigsten geäußerte Bedenken gegenüber Online-Mediation überhaupt (vgl. beispielhaft [11], [19]). Der Wegweiser zu den Bedürfnissen sind die Emotionen.

▶ Was ist eine Emotion? Im allgemeinen Sprachgebrauch werden die Begriffe „Gefühl" und „Emotion" oft synonym verwendet. Dies ist jedoch nicht ganz korrekt. „Emotion" ist der weitere Begriff, der sowohl das Gefühl (z. B. Trauer, Freude, Unsicherheit,…) als auch die dadurch ausgelöste körperliche Reaktion (z. B. Weinen, Lachen erhöhter Herzschlag) und damit einhergehende Denkprozesse (z. B. interpretieren, vergleichen, …) umfasst.

Emotionen werden auch als instinktive Empfindung gegenüber einem Sachverhalt bezeichnet, losgelöst von Rationalität und Wissen. Nach Paul Ekman[25] unterscheiden

---

[25] US-amerikanischer Psychologe, *1934, der zu nonverbaler Kommunikation forschte, ent-wickelte das Facial Action Coding System, eine Klassifikation der emotionalen Gesichtsausdrücke.

wir 7 Basisemotionen: Wut, Ekel, Verachtung, Trauer, Freude, Angst und Überraschung, die von allen Menschen kulturübergreifend in gleicher Weise erkannt und ausgedrückt werden. Darüber hinaus gibt es weitere Emotionen wie Scham, Stolz, Neid, Liebe, Besorgnis, …

Emotionen dienen der Anpassung an eine bestimmte Situation und zeigen sich körperlich als Muskelaktivität (insbesondere im Gesichtsausdruck), die im limbischen System verortet und in der Ausschüttung unterschiedlicher Neurotransmitter (Serotonin, Adrenalin, Oxytocin, …) gemessen werden kann. Je nachdem, wie persönlich bedeutsam die Situation ist, können Emotionen unterschiedlich stark sein. Emotional relevante Ereignisse

- lenken die Aufmerksamkeit auf sich
- prägen sich besonders ins Gedächtnis ein
- beeinflussen die Beurteilung einer Situation (z. B. als positiv/negativ, nützlich/bedrohlich)
- beeinflussen die Problemlösefähigkeit
- wirken auf das Immunsystem und somit auf die Gesundheit (Geist-Körper-Wechselwirkung)

3.4.1.1 Emotionen online ausdrücken und wahrnehmen

Im virtuellen Raum besteht die Herausforderung darin, sich authentisch auszudrücken und den Gefühlsausdruck der anderen Beteiligten korrekt wahrzunehmen. Als Mediator:innen sollten wir

- unsere Wahrnehmung des emotionalen Ausdrucks der Mediand:innen schulen (vgl. Experteninterview zur Mimik-Resonanz®, Abschn. 3.4.4),
- den eigenen emotionalen Ausdruck der mediativen Haltung (warme Präsenz, mitfühlendes Interesse, aufrichtiges Wohlwollen, …) bewusst gestalten,
- den Rahmen dafür schaffen, dass die Mediand:innen sich so wohl fühlen, dass sie sich emotional authentisch äußern, ohne sich durch die Kamera eingeschränkt zu fühlen

Was wir nicht unmittelbar beeinflussen können, wie die Mediand:innen uns wahrnehmen und was sie voneinander wahrnehmen.

Der Emotionsausdruck der Mediand:innen kreist naturgemäß um den Konflikt. Je nach Thema, Eskalationsgrad, Involviertheit, Konflikthistorie und Persönlichkeit können die Emotionen mehr oder weniger stark sein bzw. geäußert werden. So wie wir in der Präsenzmediation manche aufgebrachte Medianden bremsen und andere, die nur schwer in Kontakt mit ihren Gefühlen kommen, ermutigen müssen, ist auch im virtuellen Raum die Bandbreite an emotionalem Ausdruck groß.

Die Sorge, dass die Mediand:innen untereinander die emotionale Betroffenheit der Gegenpartei nicht umfänglich wahrnehmen und somit ein echtes Verständnis auf der Gefühlsebene ausbleibt, ist nachvollziehbar. Es ist wichtig die Mediand:innen in Ihrem Emotionsausdruck zu unterstützen und zu bestärken. Konsequentes Spiegeln und empathische Gesprächsführung (siehe Abschn. 3.4.2) gehören ebenso dazu wie die Aufforderung und Begleitung der Konfliktparteien, zentrale Botschaften (z. B. eine Entschuldigung) mit Blick in die Kamera zu sprechen bzw. zu wiederholen. Letztendlich kann der Mediator seiner Intuition vertrauen. Was er hören und spüren konnte, kann er spiegeln, sodass es spätestens dann (hoffentlich) auch bei der Gegenpartei angekommen ist.

3.4.1.2 Verringerte oder gesteigerte Emotionalität online?

Eine häufig im Zusammenhang mit Online-Kommunikation geäußerte Sorge ist, dass die Beteiligten aufgrund des technischen Rahmens, der höheren Anonymität und der fehlenden Unmittelbarkeit ihre Emotionen nicht so authentisch äußern wie in der physischen Präsenz, sondern sich entweder emotional zurückhalten und kontrollieren, oder aber ihren (negativen) Emotionen in einer Weise unkontrolliert freien Lauf lassen, die sie mündlich von Angesicht zu Angesicht niemals an den Tag legen würden.

Letzteres mag für die schriftbasierte Online-Kommunikation (z. B. in Chats. Foren, Blog-Kommentaren oder auf Twitter) stimmen[26], jedoch gibt es meines Wissens keine Studie, die einen solchen Kontrollverlust oder erhöhte Aggressionsbereitschaft in Videokonferenzen nachweist. Im Gegenteil: meine Erfahrung aus Hunderten von Online-Sitzungen ist, dass Menschen sich im synchronen videobasierten Online-Kontakt eher „gesittet" benehmen, die Redezeiten kürzer halten und allgemeines „Platzhirsch-Gebaren" abnimmt (vgl. [17], S. 246)[27].

Ersteres – emotionale Zurückhaltung, Versachlichung oder lediglich „Kratzen an der Oberfläche" –könnte sich ungünstig auf die Konfliktklärung auswirken, wenn „des Pudels Kern", das eigentliche Bedürfnis, nicht angesprochen wird oder die Mediand:innen emotional verschlossen bleiben[28].

Meine Beobachtung ist jedoch eher, dass gerade Menschen, die im F2F-Gespräch zurückhaltend sind und Scheu haben z. B. vor einer Gruppe Ihre Meinung zu vertreten, sich *online* klarer äußern und besser positionieren als in physischer Präsenz. Dies liegt meiner Meinung nach daran, dass das Medium allein durch die Bildschirmoberfläche Machtgefälle und dominantes Auftreten ausgleicht (gleiche Videokachel für alle) und

---

[26] Studien weisen sowohl positive (gutartige) als auch (negative) toxische Enthemmungseffekte in der Online-Kommunikation nach, vgl. [12], [23].

[27] Proksch weist zu Recht darauf hin, dass sich ein Machtgefälle nun in neuer Form z. B. in einer höherwertigen technischen Ausrüstung und anderen über die Kamera sichtbaren Statussymbolen zeigen kann, [17], S. 247.

[28] Die Frage, inwiefern ein tiefes emotionales Eintauchen in alte Verletzungen für den Erfolg einer Mediation notwendig ist oder nicht, soll hier nicht diskutiert werden. Es gibt dazu unterschiedliche Meinungen und Ansätze.

der Mediator durch klare Moderation und Mikrofonsteuerung das Gespräch sehr gut strukturieren kann.

Die räumliche Distanz, das Vermeiden der physischen Konfrontation und das vertraute Gefühl im eigenen Zuhause tragen dazu bei, dass die Parteien sich online geschützt und oft auch stabiler fühlen. Zusätzlich wirken soziale Reize wie Augenverdrehen, bestimmte Gesten oder ein süffisantes Lächeln online nicht so „triggernd" wie in der physischen Präsenz. Dies alles führt dazu, dass Mediand:innen *online* nicht so stark von Emotionen überrollt werden, was sich stärkend auf die Autonomie auswirken kann.

Nach meiner Erfahrung treten extreme Emotionen, sei es emotionale Überwältigung (z. B. Weinkrampf, Verzweiflung, …) oder ein besonders hoher Aggressionslevel (z. B. Herumschreien, Beleidigungen, auf den Tisch hauen …) in Videokonferenzen praktisch nie auf. Dies mag auch daran liegen, dass den Teilnehmenden bewusst ist: jeder Kommentar, jede spitze Bemerkung wird sofort und von allen gehört. Nur mit dem Nachbarn tuscheln, funktioniert *online* nicht (es hören alle mit), und die Reaktionen der anderen Anwesenden auf die Zwischenbemerkung (z. B. irritierte Blicke, Stirnrunzeln) sind auch nicht unmittelbar spürbar. So kommt weder Unterstützung noch Ablehnung beim „Aggressor" an, der jedoch genau diese Reaktionen braucht, um sich emotional weiter hineinzusteigern.

Das Medium an sich könnte somit bereits eine besänftigende Wirkung ausüben. Dies würde dafürsprechen, Online-Mediation für hocheskalierte Konflikte – gerade in der Trennungs- und Scheidungsmediation – und Konflikte, in denen es bereits zu tätlichen Übergriffen kam – zum Beispiel im Täter-Opfer-Ausgleich (vgl. Interview Abschn. 3.5.4) – einzusetzen.

Verschiedene eigenständige Mediationsformen legen den Fokus mehr oder weniger auf die Beschäftigung mit bzw. das nochmalige Durchleben von Emotionen. In der Klärungshilfe etwa haben schwierige Gefühle und die daraus resultierenden Handlungen eine besondere Bedeutung. Sie werden auf keinen Fall unterdrückt, sondern ausdrücklich thematisiert, um sie dann durch Verstehen und Vertiefen sukzessive zu deeskalieren. Wer als Klärungshelfer arbeitet könnte mit der Online-Mediation an eine Grenze stoßen, da wie oben beschrieben, weder der Gefühlsausdruck noch die Gefühlswahrnehmung im virtuellen Raum so unmittelbar geschieht wie in der physischen Präsenz, sodass *online* zu arbeiten für diese Phase der Klärungshilfe eventuell nicht das Mittel der Wahl ist. Anders in der ergebnisorientierten Mediation oder der Kurzzeit-Mediation – beides Methoden, die eher eine „Brücke über die Schlangengrube" der Emotionen bauen möchten, ohne nochmals ganz tief einzutauchen. Hier könnte der virtuelle Raum mit seinen emotionsnivellierenden Eigenschaften den Prozess unterstützen und vereinfachen. Letztendlich sollte jede Mediatorin von Fall zu Fall entscheiden, ob für diese Mediand:innen Phase 3 online oder *offline* besser passt.

▶   **Tipps für den Umgang mit Emotionalität im virtuellen Raum**

- Seien Sie sich bewusst, dass Mediand:innen im virtuellen Raum unterschiedliche Verhaltensreaktionen in Bezug auf ihren emotionalen Ausdruck an den Tag legen (stärkere emotionale Kontrolliertheit kann die Eskalationsdynamik verstärken oder verringern). Auch die Technik und Online-Situation an sich kann (negative) Emotionen hervorrufen.
- Benennen und würdigen Sie jegliche Art von emotionalem Ausdruck bzw. fragen Sie sofort nach, wenn Sie bei sich selbst Irritationen und Unklarheit verspüren, was genau gemeint ist.
- Sollten Sie bei einer Konfliktpartei sehr wenig Emotionalität wahrnehmen, achten Sie besonders auf die Zwischentöne und die Wortwahl. Spiegeln Sie, was Sie beobachten und bleiben Sie zugewandt im Gespräch. Versuchen Sie wie in der Präsenzmediation auch durch Fragetechniken und Gesprächsführung die Bedürfnisse herauszuarbeiten.
- Bei starken emotionalen Reaktionen haben Mediator:innen die Aufgabe, einen Rahmen zu schaffen, in dem Emotionen Raum haben und diese dann auch auszuhalten. Vielleicht sprechen wir dabei auch einmal mehrere Minuten nichts, sondern sind einfach mit unserer achtsamen Präsenz bei der emotional aufgewühlten Person. Online sollten Sie aber nur mit Ankündigung längere Zeit schweigen.
- Fürsorgliche Gesten, die Sie im F2F-Setting in emotionalen Situationen anbieten würden wie z. B. ein Glas Wasser einschenken, Taschentücher reichen, das Fenster öffnen, … sollten Sie im virtuellen Raum nicht ganz bleiben lassen, sondern verbalisieren.
- Beispiel: *„Jetzt würde ich ihnen gerne ein Glas Wasser anbieten. Möchten Sie sich vielleicht etwas einschenken/einen Schluck nehmen?* oder *„Wenn ich Ihnen jetzt durch den Bildschirm ein Taschentuch reichen könnte, würde ich das tun."*
- Sollten Sie wahrnehmen, dass eine Mediandin emotional stark erschüttert ist und sich durch die laufende Webcam unangenehm beobachtet fühlt, bieten Sie an, die Kamera (vorübergehend) ausschalten; in der physischen Präsenz starren wir emotional aufgelöste Menschen auch nicht an, sondern senken intuitiv den Blick und lassen die Person „in Ruhe". Online bietet die ausgeschaltete Kamera sogar noch mehr Privatsphäre, da jegliche Beobachtung ausgeschlossen ist. Achten Sie aber darauf, dass der Audiokanal auf jeden Fall geöffnet bleibt, damit Sie den Kontakt zu der Mediandin halten können. Bitten Sie darum, die Kamera wieder einzuschalten, sobald Sie an der Stimme hören, dass sich die Person beruhigt hat.

3.4.2   Empathische Gesprächsführung

Empathiefähigkeit gehört ohne Zweifel zu den Kernkompetenzen eines Mediators. Durch aktives Zuhören und Spiegeln der bei den Mediand:innen wahrgenommenen verbalen und nonverbalen Äußerungen, legen Mediator:innen die Grundlage zur Vertrauensbildung und unterstützen in hohem Maße den Prozess der gegenseitigen Verständigung. Gleichzeitig ist ein gewisses Maß an Empathie zwischen den Parteien Voraussetzung für das gegenseitige Verständnis, das den Weg zu einvernehmlichen Lösungen ebnet. Ebner ([6], 119 ff.) unterscheidet zwischen Empathie

- als kognitiver Fähigkeit, die Perspektive zu wechseln, die Situation aus den Augen des anderen zu sehen und
- der affektiven Fähigkeit, sich in die Gefühlswelt des anderen hineinversetzen können, die Empfindungen der anderen Person herauszuhören, nachzufühlen und in Worte zu fassen.

Wie in Abschn. 2.1 erläutert, kann die eingeschränkte Wahrnehmung des Gesprächspartners im virtuellen Raum zu einem Gefühl größerer Distanz und höherer Anonymität führen. Dies wirkt sich tendenziell hemmend auf die Empathiefähigkeit aus, da wir leichter empathisch mitschwingen, wenn wir Gemeinsamkeiten wahrnehmen. Hinzu kommt, dass negative Emotionen die Bereitschaft, sich auf ein Gegenüber einzulassen, weiter senken. Im Umgang mit Konflikten fühlen sich Menschen häufig ängstlich, wütend oder ohnmächtig, was durch die Zusatzkomponente „virtueller Raum" noch gesteigert werden kann. Als Online-Mediator:innen müssen wir daher damit rechnen, dass Empathie zwischen den Mediand:innen schwieriger herzustellen ist als in der physischen Präsenz, und diesen Prozess, der sich je nach Konflikt über die Phasen 2 bis 4 erstrecken kann, geduldig begleiten.

Gleichzeitig sollten wir unsere eigene Empathiefähigkeit im virtuellen Geschehen aufmerksam beobachten und achtsam nachjustieren, wenn wir merken, dass wir den Kontakt zum Medianden auf Grund mangelnder „Greifbarkeit" zu verlieren drohen. Es reicht nicht, zu bemerken, dass ein Mediand in einer bestimmten Situation emotional reagiert, sondern wir möchten – im Sinne der affektiven Empathie – das Gefühl genau benennen können, damit sich das Gegenüber wirklich verstanden und wahrgenommen fühlt. Zur Dekodierung von Emotionen spielt jedoch eine größere Rolle, was und wie die Person spricht, als wie sie dabei aussieht (vgl. [6], S. 127; vgl. Abschn. 2.4.2). Nichtsdestotrotz hilft es für die Einschätzung des emotionalen Zustands, auch den Gesichtsausdruck und die Oberkörperhaltung der Person (über die Webcam) sehen zu können.

Dass wir überhaupt in der Lage sind, innere Zustände und Absichten unseres Gegenübers wahrzunehmen, liegt daran, dass bestimmte Nervenzellen – die in den 1990ern entdeckten sog. „Spiegelneuronen"[29] – sowohl beim eigenen Erleben als auch beim Beobachten dieses Gefühls bei anderen aktiv sind. Diese Mechanismen funktionieren auch *online*. Da wir in Videokonferenzen jedoch die Mimik und Oberkörpersprache möglicherweise nicht in allen Details oder zeitverzögert und die Unterkörpersprache gar nicht wahrnehmen, fällt das empathische körpersprachliche Spiegeln eventuell ebenso zeitversetzt oder eingeschränkt aus. Um *online* empathisch zu wirken und zu agieren, sind daher die Empfehlungen zur professionellen Webcam-Nutzung besonders relevant, vgl. Abschn. 2.4.3.

▶   **Tipps, um online empathisch zu agieren**
- empathisches Mimik-Feedback (z. B. Kopfnicken, Lächeln) bewusst über-deutlich und etwas länger aufrecht halten als in der physischen Präsenz
- empathische Mimik durch verbale Äußerungen des Verstehens z. B. „Hm", „Ja", „ich verstehe", „genau"… unterstützen
- regelmäßig einen bewusst wohlwollenden Blick in die Webcam werfen, wohl wissend, dass er alle Mediand:innen erreicht und nicht nur den aktuellen Sprecher bzw. gewünschten Adressaten
- Empathie bewusst über die Stimme transportieren, durch einen eher lang-samen Sprechduktus, warmen Stimmklang, gefühlvolle Stimmmelodie
- Bildhafte, beschreibende Sprache wählen, die das empathische Mitfühlen sprachlich unterstreicht. Sprechen Sie aus, was im F2F-Kontakt über den Gesichtsausdruck sichtbar wäre (z. B. *„Jetzt bin ich ein wenig überrascht."*) Auch scheinbare Banalitäten dürfen gesagt werden. (z. B. *„Ich höre Ihnen zu."*)
- Verbalisieren Sie, was Sie im physischen Raum jetzt tun würden, um Kontakt und Wohlbefinden herzustellen (z. B. *„Ich wünschte, ich könnte Ihnen jetzt einen Kaffee anbieten."*)
- Beachten Sie unbedingt die Grundlagen der Online-Moderation und wechseln Sie häufig auf die Meta-Ebene um anzukündigen, was Sie als nächstes tun werden (z. B. *„Ich fasse gleiche nochmal zusammen, was ich gehört habe…"*)

3.4.3   Online-Methoden zur Klärung on Interessen und Bedürfnissen

Obwohl mediatives Handeln in Phase 3 überwiegend in der Gesprächsführung, dem Spiegeln und dem Stellen der richtigen Fragen liegt, gibt es einige hilfreiche Interventionstechniken. Hier zwei Beispiele:

---

[29] vgl. Spektrum der Wissenschaft, https://www.spektrum.de/news/was-steckt-wirklich-hinter-den-spiegelneuronen/1991029 (Zugriff: 08.08.2022)

3.4.3.1 Doppeln

Die Interventionsmethode „Doppeln" stammt aus dem Psychodrama[30] und wird in Phase 3 eingesetzt, wenn der Mediator den Eindruck hat, dass es einer Konfliktpartei schwerfällt, für die eigenen Gefühle, Bedürfnisse und Gedanken die passenden Worte zu finden; und/oder wenn die Gegenpartei sich schwertut, den Perspektivwechsel zu vollziehen und Verständnis aufzubringen. Die Mediatorin versucht die Situation der Partei emotional und kognitiv nachzuempfinden und greift dabei mit neutraler Stimme in eigenen Worten auf, was sie an von der Partei gehört und verstanden hat, wobei auch negative Gefühle und die innere Not der Partei benannt werden dürfen. So kann die Mediatorin Aspekte ansprechen, die der Mediand nicht gerne ausspricht oder die ihm gar nicht bewusst sind. So vertieft und verlangsamt werden die Dinge für die Gegenpartei besser verständlich[31].

In der Präsenzmediation kniet sich der Mediator dabei neben die Partei und vergewissert sich laufend durch Beobachtung der körpersprachlichen Signale des Medianden, ob er mit seinen Äußerungen „richtig liegt" und auch wirklich das innere Erleben der Partei in Worte fasst. Obwohl diese physische Nähe – insbesondere in der besonderen Form des Kniens/Hockens – im virtuellen Raum natürlich nicht abbildbar ist, habe ich die Methode *online* bereits mit Erfolg eingesetzt. Passen Sie das Vorgehen im virtuellen Raum wie folgt an:

Doppeln im virtuellen Raum umsetzen

1. Wenn Sie um Erlaubnis bitten, ob Sie die Partei doppeln dürfen, sprechen Sie die Person mit Namen und Blickkontakt in die Kamera an: *„Frau X, darf ich mal an Ihrer Stelle etwas sagen, und Sie sagen dann, ob das stimmt oder nicht?"* Warten Sie unbedingt die Zustimmung ab, bevor Sie weitersprechen.
2. Erläutern Sie nun, wie Sie die Methode *online* umsetzen: *„Wenn wir jetzt in einem Raum zusammensitzen würden, würde ich jetzt neben Sie treten und in die Hocke gehen und dann anfangen für Sie zu sprechen. Das wird im virtuellen Raum schwierig [mit Augenzwinkern]. Daher hole ich hier zumindest mal Ihre Videokachel neben meine und Sie stellen sich bitte vor, ich würde neben Ihnen knien. Haben Sie das Bild vor Augen? Herr Y, können Sie sich die Szene auch vorstellen?"* Dieser letzte Satz richtet sich an die Gegenpartei. Warten Sie die Zustimmung ab, bevor Sie räumliche Änderungen vornehmen.
3. Bei Nutzung der Software Zoom, BBB, Webex, Teams oder ähnliche: Stehen Sie auf und setzen Sie sich auf einen zweiten Stuhl, den Sie neben Ihrem eigentlichen Arbeitsstuhl bereitgestellt haben. Machen Sie sich etwas kleiner (so als würden Sie

---

[30] Zum Hintergrund siehe https://www.psychodrama-deutschland.de/psychodrama/ (Stand: 01.08.2022).

[31] Der Vollständigkeit halber sei erwähnt, dass der Mediator im Verlauf der Sitzung bzw. der Mediation bei passender Gelegenheit auch die Gegenpartei doppeln sollte.

knien), indem Sie den Oberkörper etwas herunterbeugen. Falls kein zweiter Stuhl zur Hand ist, rücken Sie Ihren Arbeitsstuhl ein wenig zur Seite und machen Sie sich dann etwas kleiner. Fangen Sie erst dann an in der Ich-Form für die Partei zu sprechen.

4. Bei Nutzung der Software vitero: hier werden virtuelle Stühle abgebildet, auf denen die Beteiligten als Avatar (Porträtfoto) „sitzen", sodass ein virtueller Platzwechsel tatsächlich möglich ist. Wechseln Sie mit Ihrem Avatar auf einen freien Stuhl neben dem Avatar der Partei, die Sie doppeln möchten und fangen dann an zu sprechen.

5. Sobald die Partei bejaht hat, dass sie sich die Szene vorstellen kann, fangen Sie an in der Ich-Form für die Partei zu sprechen und wenden sich dabei an die Gegenpartei.

6. Vergewissern Sie sich regelmäßig verbal und durch Blick auf die Videokachel der Partei, ob Ihre Äußerungen so stimmen. Sie werden dies deutlich an kleinen verbalen oder lautlichen Äußerungen („Hm", Lufteinsaugen, lautes Ausatmen, Seufzen,…) hören und auch im Gesicht die Entspannung sehen, wenn Sie richtig lagen.

7. Wenn Sie die emotionale Situation des Medianden nicht oder nicht ganz getroffen haben, werden Sie auch dies sehen und hören. Unternehmen Sie dann einen weiteren Versuch mit neuen Formulierungen. Mitunter kann die Partei nun aber bereits selbst exakt die Worte finden, die ihren inneren Zustand und ihre Bedürfnisse am besten ausdrücken.

8. Wenn die passende Formulierung gefunden wurde, zeigt die Partei deutliche Signale der Erleichterung, denn es tut gut, verstanden und gehört worden zu sein. Beenden Sie dann die Intervention: *„Frau X, ich beende dann jetzt diese Sequenz und wechsle wieder meinen Platz. Stellen Sie sich vor, ich sitze wieder auf meinem Stuhl, in Ordnung?"* Warten Sie die Zustimmung ab und gehen Sie zurück in die Position/Situation vor dem Doppeln. ◄

Die Umsetzung der Methode entfaltet online eventuell eine geringere Wirkung, weil die körperliche Nähe fehlt und das intuitive Einfühlen des Mediators in die Partei schwieriger ist. Mit der richtigen Wortwahl wird sich die gedoppelte Partei dennoch tief verstanden fühlen. In jedem Fall erreichen Sie eine erhöhte Aufmerksamkeit beider Parteien und geben neue Energie in den Prozess.

3.4.3.2 Konflikt-/Problemdreieck

Die Interventionstechnik „Problemdreieck" ist besonders für Mediationen in größeren Gruppen geeignet. Entwickelt wurde sie, um die Ursachen einer Unrechtssituation mit Betroffenen herauszufinden[32]. Die Gruppe erarbeitet dabei, welche „Stützen", also

---

[32] entwickelt von der österreichischen Friedensaktivistin und Schriftstellerin Hildegard Goss-Mayr (*1930).

welche Verhaltensweisen, strukturelle Elemente oder Abläufe den Konflikt stärken und am Leben erhalten. Voraussetzungen sind, dass in dem Konfliktthema Sachaspekte vorkommen, die eine Ursachenanalyse erfordern. Außerdem sollte die Gruppe auch künftig zusammenarbeiten und ähnlichen Konflikten vorbeugen wollen.

Um diese Methode online durchzuführen, empfehle ich eine Vorlage mit einem „Blanko"-Problemdreieck zu erstellen. Erstellen oder zeichnen Sie dazu in einem beliebigen (Kollaborations-) Programm (z. B. Conceptboard, miro, Zoom *Whiteboard*,..) ein auf der Spitze stehendes Dreieck und ergänzen Sie auf beiden Seiten schräge Linien, die das Dreieck „abstützen".

Umsetzung der Methode „Konflikt-/Problemdreieck" online

1. Entscheiden Sie je nach Medienkompetenz und Größe der Gruppe, ob Sie als Mediatorin das Dreieck für die Parteien (auf Zuruf) ausfüllen oder ob die Beteiligten selbst schreiben sollen. Interaktivität ist online immer der Vorrang zu geben, sodass Sie die Schreibarbeit nur dann übernehmen sollten, wenn die Gruppe sehr ungeübt mit Online-Tools ist.

2. Legen Sie die noch leere Darstellung des Problemdreiecks auf und schreiben Sie das Konfliktthema in die Mitte des Dreiecks. Erläutern Sie nun die Arbeitsaufgabe: *„Wie kann das Dreieck, das hier Ihren Konflikt symbolisiert, auf der Spitze stehen? Da muss es doch Aspekte in der Gruppe, in der Organisation, in der Führung und bei jedem Einzelnen geben, die dieses Problem stützen und aufrecht erhalten... Welche sind das Ihrer Meinung nach?"*

3. In kleinen Gruppen bis ca. 5 Personen können Sie auf Zuruf die „Stützpfeiler" ausfüllen und gleich clustern. Da Sie gleichzeitig das Gespräch moderieren, die zugerufenen Aspekte notieren und Cluster erstellen möchten, lassen Sie sich ggf. von einer Co-Mediatorin unterstützen.

4. In größeren Gruppen empfiehlt sich Kleingruppenarbeit. Stellen Sie den Kleingruppen dafür eine Problemdreieck-Vorlage (als Dokument) über den Chat zur Verfügung, die sie sich im Nebenraum auflegen können. Je nach Medienkompetenz können die Kleingruppen ihre Ideen nun auf einem Blatt Papier notieren.

5. Alternativ teilen Sie den Link zu einer Kollaborationssoftware, auf die alle zeitgleich zugreifen können. Beachten Sie, dass auch medienaffine Teilnehmende mit gängigen Tools eine gewisse Einarbeitungszeit (ca. 10 min) benötigen, bis alle sich in das zweite Tool eingewählt, die Bildschirmfenster angeordnet und die passende Schriftgröße gefunden haben. Planen Sie daher ausreichend Zeit für die Kleingruppenarbeit (ca. 20–30 Min) ein, zumal Sie im Nachgang die Ergebnisse der Kleingruppen noch im Plenum zusammentragen und clustern müssen (weitere 30–40 Min). ◄

Mit Anmoderation, Einführung in die Übung, Erläuterung und Durchführung dauert die gesamte Durchführung dieser Intervention 90–120 Min. Planen Sie Pausen ein.

3.4.4   Experteninterview mit Ute Krämer: Mimik-Resonanz® in der Online-Mediation

Hintergrundinformation
Ute Krämer (UK) ist Mediatiorin BM® und Mimikresonanz®-Trainerin in Nürnberg[33].
Das Interview wurde von **Anne Rickert** (AR) im Mai 2022 online geführt.

AR: Häufig wird im Zusammenhang mit Online-Mediation als Bedenken geäußert, dass die Emotionen des Gegenübers im virtuellen Raum nicht so gut wahrnehmbar sind. In der Mediation ist das Zeigen, Wahrnehmen und Würdigen von Emotionen wesentlicher Bestandteil des Verständigungsprozesses. Wenn dies online nicht oder nur schwer gelingen kann, könnte das bedeuten, dass die Qualität einer Online-Mediation nicht an ein Gespräch in physischer Präsenz herankommt, wir also aufgrund des Mediums einfach Abstriche machen müssen. Wie ist deine Einschätzung dazu: können wir *online* die Emotionen unserer Gesprächspartner genauso wahrnehmen und könnte ein Mimikresonanz®-Training hier helfen? Was verbirgt sich genau dahinter?"

UK: Deine Fragen kann ich mit zweimal Ja beantworten. Nach meiner Erfahrung sind die Zeichen der Emotionen *online* sehr gut wahrnehmbar und das Mimikresonanz®-Training hilft mir dabei sehr. Mimikresonanz® ist ein Kompetenzmodell, das Dirk W. Eilert[34] entwickelt hat. Es geht zum einen um das Entschlüsseln und Verstehen von Körpersprache, zum Beispiel das Erkennen von Emotionen anhand der sogenannten Mikro-Expressionen im Gesicht, zum anderen um Emotionsmanagement, Menschenkenntnis und Wirkungskompetenz. Emotionen werden in unserem Gehirn im limbischen System ausgelöst und kommen dann 500 ms später beim Verstand an. Sie zeigen sich als Mikro-Expressionen in der Mimik nur sehr kurz, d. h. wir haben ≤ 500 Millisekunden bevor die Emotion beim Verstand ankommt, wir unsere Mimik kontrollieren können und diese Gefühlsregung möglicherweise nicht zeigen möchten und mit einem Lächeln maskieren.

Die Fähigkeit, diese Mikro-Expressionen zu erkennen, kann man trainieren. Darin liegt die große Chance, die tatsächliche Reaktion des Gegenübers wahrzunehmen, um zu verstehen wie es ihm, oder ihr wirklich geht. Dabei hilft zusätzlich das Wissen über die Vielfalt von Persönlichkeiten und von Bedürfnissen. Dieses Verständnis können wir für den Mediationsprozess nutzen.

---

[33] www.utekraemer.com (Zugriff: 02.08.2022).

[34] https://eilert-akademie.com/ (Zugriff: 02.08.2022).

AR: Das heißt, der geschulte Blick in das Gesicht ist das Entscheidende. Wie ist deine Erfahrung: sind diese nur Bruchteile von Sekunden dauernden Muskelbewegungen virtuell über die Webcam genauso gut sichtbar wie im physischen Beisammensein?

UK: Meine Erfahrung ist, sie sind genauso gut sichtbar, manchmal sogar besser, denn wann komme ich in Präsenz den Menschen so nahe und sehe sie nebeneinander so gut ausgeleuchtet? Voraussetzung ist, wir beachten ein paar technische Dinge und sprechen sie an, z. B. ein unruhiger Hintergrund oder blendendes Licht. Darauf kommen wir vermutlich später noch. In der Mimik zeigt sich ein großes Spektrum der Emotionen – bei anderen und auch bei uns selbst. Das Bewusstsein dafür lässt mich als Mediatorin auf meine Wirkung achten, damit ich mich auch online authentisch in meinen Emotionen zeige. Meine eigene Authentizität und Ausstrahlung sind wichtig. Oft spreche ich online Irritationen und Beobachtungen mehr an, um den Medianden das Gefühl zu geben, dass sie authentisch sein dürfen, und bemühe mich, sie in ihrem aktuellen Zustand wirklich zu sehen, dies bringt Sicherheit. Hier passt ein *Zitat aus der* Mimikresonanz®-Profibox „Körpersprache entschlüsseln und verstehen"[35]: *„Studien haben gezeigt: Das gezielte Beobachten der Körpersprache anderer Menschen aktiviert die Spiegelneuronen im Gehirn und schafft auf diese Weise neuronale Lernspuren (Gatti et al., 2013). Die Forschungsergebnisse zeigen zudem: Es ist effektiver, Personen live zu beobachten, als Videos anzusehen. Bei Ersterem ist die spiegelneuronale Aktivierung nämlich doppelt so hoch. Das bedeutet also, dass es uns live leichter fällt Emotionen zu entschlüsseln, da wir die Spiegelneuronale Aktivität nutzen."* Deshalb ist es so wichtig die kognitive Empathie mit Mimikresonanz® zu trainieren.

AR: Die Vorbild-Rolle, die wir als Mediator:innen sowieso einnehmen in Bezug auf die Sprechweise, die Wortwahl usw. beziehst du also auch auf den eigenen authentischen Ausdruck, an dem sich die Medianden orientieren können. Und deine Empfehlung ist, dies online noch bewusster auch in der eigenen Mimik und unserer Handgestik zu gestalten als in Präsenz?

UK: Ja, genau. Das geht damit los, dass ich auf den Kameraausschnitt achte, wie mein Hintergrund ist, wie ich mich kleide… und wirklich alles anspreche, das irritieren könnte: Das kann ein Haustier sein, das beim Anderen im Hintergrund durchhuscht oder ein Schatten, den ich sehe. Es kann auch mein Gedanke sein, den ich anspreche, der mir durch den Kopf schoss. Denn wenn mir gerade etwas einfällt und ich vielleicht für einen kurzen Moment besorgt bin, kann ich davon ausgehen, dass das in meinem Gesicht zu sehen war und dann spreche ich es an: *„Ach, da ist mir gerade noch etwas durch den Kopf gegangen…"* Manche Zeichen nehmen wir – und auch die Medianden – unbewusst wahr, andere nehmen wir bewusst wahr. Wir sollten uns rückversichern, ob wir die Emotionen richtig interpretieren und darauf achten, ob die Zeichen zu den Worten passen, ob sie kongruent sind. Das ist in der Präsenz-Mediation wichtig und online genauso.

---

[35] Ricciardi et al. (2009).

AR: Vieles nehmen wir unbewusst wahr; das ist eine Fähigkeit, die alle Menschen von Natur aus haben. Wir dürfen unserer Wahrnehmung, auch wenn sie nicht trainiert ist, also ein gutes Stück vertrauen, sollten uns als Mediator:innen aber im Klaren sein, dass auch unser mimischer Ausdruck von den Mediand:innen bewusst oder unbewusst dekodiert wird. Worin genau besteht denn nun das Mimikresonanz®-Training bzw. welche Tipps kannst du geben?

UK: Das Training besteht aus einer Mischung aus Wissensvermittlung, vielen Praxis-Übungen und unterstützenden Modellen. Ergänzt wird es durch ein Online-Training zum persönlichen Üben der Emotionserkennungsfähigkeit, nach dem Seminar. Gerne kann ich ein paar Tipps für den Alltag nennen: Mein erster Tipp: Mach Dir bewusst, wie Du selbst zu Emotionen stehst. Gibt es welche, die Du ablehnst? Wir haben ein großes Spektrum, erleben angenehme und unangenehme Emotionen und können von der jeweiligen Funktion, die die Emotion hat, etwas wertvolles für unser Leben lernen.

Als zweiten Tipp: Trainiere Deine Wahrnehmung mit kleinen Übungen für alle Sinne. 10 min lassen sich oft gut im Alltag einbauen, z. B. bei einem Spaziergang bewusst Farben zählen oder hinhören welche Naturgeräusche ich wahrnehme. Und als dritten Tipp: Gönne Dir digitale Auszeiten und schau den Menschen häufiger ins Gesicht. Wir haben es zwar in die Wiege gelegt bekommen, die Mimik anderer zu verstehen, doch durch das Achten auf die Worte und durch die Digitalisierung lässt die Fähigkeit nach, und wir nehmen laut Studien durchschnittlich noch gut 62 % der Signale wahr. Erfreulicherweise können wir die Erkennungsfähigkeit wieder stark verbessern, indem wir uns mit dem Thema beschäftigen, Übungen machen und wissen, worauf wir achten müssen. Für mich ist es wie lesen: wenn ich es lerne, muss ich ihm meine volle Aufmerksamkeit widmen, aber wenn ich es kann, fällt es mir leicht. Beim Erkennen von Emotionen ist es genauso.

AR: Sind denn diese mimischen Reaktionen universell, gelten sie auch kulturübergreifend?

UK: Ja, als Beispiel treten 12 Primäremotionen in allen Kulturen auf und 11 davon sind in ihrem Ausdruck gleich. Es gibt verschiedene Studien dazu. In einer Studie aus dem Jahr 2009[36] haben Matsumoto und Willingham den Emotionsausdruck bei von Geburt an Blinden bei den Olympischen und Paralympischen Spielen 2004 untersucht. Das Tolle an der Studie ist, dass sie sowohl Menschen aus unterschiedlichen Nationen untersucht hat und eben auch Blinde, die keine Chance hatten, die Emotionsausdrücke jemals lernen zu können. Sieben dieser universellen Emotionen sind rein über die Mimik zu erkennen und zu unterscheiden. Sie zeigen zusätzlich Signale in anderen Bereichen, z. B. der Stimme. Ich spreche von Freude, Trauer, Angst, Ärger, Ekel, Verachtung und Überraschung. Bei anderen kommt die Kopfhaltung als Unterscheidungsmerkmal dazu. Mimik und Kopfhaltung sind somit Bereiche, die wir online in unserem Bildschirmausschnitt sehen. Unter-

---

[36] vgl. Matsumoto, D., Willingham, B. (2009), Spontanous Facial Expressions of Emotion of Congenitally and Noncongenitally Blind Individuals. 96 (1), 1–10.

schiedlich ist, wie die Menschen in den verschiedenen Kulturräumen mit dem Zeigen von Emotionen umgehen, z. B. wird in manchen Kulturen gelächelt, um eine andere – meist unangenehme – Emotion zu maskieren.

AR: Nehmen wir an, du nimmst als Mikroexpression „Verachtung" wahr und der Mediand sagt kurz darauf auf der verbalen Ebene – nachdem der Verstand schon wieder kontrolliert – etwas ganz anderes. Wie sprichst du das in der Mediation an? Sagst du, dass du etwas anderes wahrgenommen hast, oder behältst du diese authentische Information sozusagen als Zusatzinformation erstmal für dich und lenkst dann das Gespräch eventuell etwas anders?

UK: Das ist immer situations- und kontextabhängig. Wenn die Mikroexpression ein erstes Mal auftritt, mache ich es mir bewusst und achte auf die Intensität. Tritt sie häufiger auf, oder mit starker Intensität, spreche ich das an, z. B. „*wenn ich es richtig sehe sind Sie skeptisch. Was brauchen Sie um...*". Verachtung würde ich nie direkt benennen. Emotionen wie Ärger spreche ich dagegen direkt an. Hier ist die Sprachgenauigkeit generell wichtig. Da hilft Mimikresonanz® die Emotionen in ihrer Vielfalt bewusst zu machen auch, Abstufungen zu sehen und sie passgenau zu benennen. Allein, dass wir uns mit der Suche nach der genauen Bezeichnung beschäftigen, ist sehr hilfreich. Damit wird unser aktiver Wortschatz wie beim Vokabeln-lernen größer und das trägt zudem dazu bei, unsere Emotionsflexibilität zu erhöhen. Oft sind die Medianden nicht gewohnt, über Emotionen zu sprechen oder sie zu benennen. Daher ist es wichtig, dass der Mediator Hilfestellung bei der Wortfindung gibt und der Mediand sein Wort selbst wählen kann.

AR: Ähnlich wichtig ist es ja auch, die Bedürfnisse ganz konkret zu benennen. Das ruft oft diese Erleichterung beim Medianden hervor, dieses Gefühl, wirklich verstanden worden zu sein, wenn man das passende Wort gefunden hat, oder?

UK: Genau, je stimmiger desto hilfreicher. Aber allein schon, dass wir uns darum bemühen, macht viel aus und inspiriert den Medianden, auch hier selbst sein Wort zu finden, was enorm wichtig ist. Wenn Emotionen ebenfalls benannt wurden, lässt der Stress nach. Damit verändert sich etwas und es gibt mehr Klarheit und Bewusstheit.

AR: Die Beschäftigung mit der Mimikresonanz® hat also diese zwei Aspekte: du nimmst als Mediatorin mehr wahr, weil du geschult bist, deine Achtsamkeit auf diese allerersten unkontrollierbaren Reaktionen zu lenken und gleichzeitig bietet es dir mehr Spielraum in Bezug auf deine Rückspiegelung den Medianden gegenüber an, weil du eben auch unbewusste Anteile spiegeln kannst, die nur über die Mimik rauskommen, und der Person selbst noch gar nicht klar sind.

UK: Ja richtig, und das erleichtert es den Medianden die Emotionen – angenehme und unangenehme – bewusst wahrzunehmen. Emotionen haben die Funktion, Hinweise auf erfüllte und unerfüllte Bedürfnisse zu geben und das beschleunigt den Mediations-Prozess.

AR: Um noch einmal auf die Online-Situation zu kommen: du hast gesagt, dass es für dich keinen Unterschied in Bezug auf das Erkennen von Mikro-Expressionen macht, ob du die Medianden über die Webcam siehst oder in Präsenz vor dir hast. Hier spielt die Qualität der Webcam und auch die Ausleuchtung eine Rolle für die Wahrnehmbarkeit. Ich sehe es daher in meiner Verantwortung als Online-Mediatorin meine Medianden darauf hinzuweisen und anzuleiten, dass sie ausreichend gute Licht- und Tonverhältnisse haben, weil ich sonst tatsächlich online nicht in der Qualität arbeiten kann. Gleichzeitig ist, online zu mediieren in dieser Hinsicht auch eine Schulung in Sachen eigener Authentizität, weil auch wir – die Mediator:innen – uns weniger verstecken können. Was meinst du?

UK: Ja, da stimme ich Dir zu. Mich selbst auch immer im Blick zu haben, ist dabei hilfreich. Damit ich auch online gut in Kontakt sein kann, arbeite ich mit zwei Bildschirmen; so kann ich, auch wenn ich zusätzlich ein Tool einsetze, die Reaktionen der Teilnehmenden sehen. Meine Erfahrung ist: Die Verbindung zwischen Menschen beginnt im eigenen Kopf. Das funktioniert auch über die Distanz. Gleichzeitig achte ich bewusst darauf, dass meine Gesten gut im Bildschirmausschnitt zu sehen sind. Es ist wirklich wichtig, sich als Mediatorin selbst auch mit der Kamera anzufreunden – uns dabei sicher zu fühlen, verstärkt unsere Wirkung.

Bei den Medianden beobachte ich, dass die räumliche Distanz online, auch positive Effekte auf Emotionsäußerungen hat. Zum Beispiel ist der Mut, Dinge anzusprechen, online größer, was dazu führen kann, dass die Intensität der Emotionen nicht so groß ist. Das ist fürs Arbeiten miteinander sehr hilfreich. Unser limbisches System und unser präfrontaler Kortex arbeiten normalerweise zusammen. Bei Stress – und starke Emotionen sind großer Stress – ist diese Zusammenarbeit nicht mehr möglich. Es ist also von Vorteil, wenn die Emotionen in einem Rahmen bleiben, in dem wir noch denk- und handlungsfähig sind.

AR: Ein schöner Aspekt, dass in der Online-Mediation der Stresslevel niedriger bleibt, sodass wir nicht in eine der Überlebensreaktionen – Kampf, Flucht, Erstarren – fallen und auch nicht von unseren Gefühlen überflutet werden. Menschen, die von sehr unangenehmen Emotionen überrollt werden, muss man ja da auch wieder rausholen. Ich kann ja nicht die Sitzung beenden, wenn jemand total verzweifelt ist.

UK: Da stimme ich Dir zu. Hier hilft das Wissen um Emotionsmanagement aus dem Mimikresonanz®-Training. Viele Kollegen wissen vielleicht nicht, was sie online tun sollen, wenn Medianden sehr emotional werden und sie physisch nicht in der Nähe sind. Die Bandbreite der Emotionen zu kennen und sie benennen zu können, hilft enorm mit starken Emotionen umzugehen. Die Situation willkommen zu heißen und auszusprechen, was ich wahrnehme: *„Jetzt kommt Ihre Emotion stark raus, daran erkenne ich, wie wichtig Ihnen das Thema ist. Ich sehe ihren Ärger, ihre Wut, ihre Frustration."* Je nach Stärke der Emotion. Oder *„Ja, manchmal ist es zum Verzweifeln. Das verstehe ich."* Wenn meine Worte zu dem passen, was der Mediand fühlt, leite ich damit die Emotionsregulation an. Schon allein dadurch, dass wir es angesprochen haben, können die Medianden den Stress *reduzieren."* Wer dazu mehr Informationen sucht, dem kann ich die Studie „*Putting Feelings Into Words*"[37] von Matthew Lieberman und anderen empfehlen.

AR: Ich habe manchmal das Gefühl, dass es Menschen online weniger peinlich ist, wenn sie emotional werden. Dass ich *online* mein Gesicht nicht so stark verliere, wenn ich in Tränen ausbreche, Schweißausbrüche bekomme etc., als wenn ich der anderen Partei und dem Mediator direkt gegenübersitze. Kannst du das nachempfinden?

UK: Das kann gut sein, hier kann der Raum für sich und die Distanz ebenfalls hilfreich sein. Ich finde es schade, dass uns unsere Emotionalität oft so unangenehm und mit Scham besetzt ist. Das erzeugt oft zusätzlichen Druck. Da sind wir als Mediator:innen gefragt, den Raum für die Gefühle zu geben und sie auch aufzufangen. Auszustrahlen und auszusprechen, dass das ok ist und dass es hier Raum für diese Emotionen gibt. Unsere körperlichen Reaktionen auf Stress und starke Emotionen sind so hilfreich, um mitzukriegen, wo wir betroffen sind, was uns etwas ausmacht, was uns wichtig ist. Da merken wir doch, worum es uns eigentlich geht. Das ist online genauso intensiv und deutlich wahrzunehmen wie im Präsenzgespräch.

▶   *Ende des Interviews*

3.5   Phase 4: Lösungsfindung und Kreativität online

In Phase 4 unterstützt die Mediatorin mithilfe von Kreativitätstechniken die Mediand:innen dabei, Lösungsoptionen zu erarbeiten und diese im Anschluss zu priorisieren. Wir gehen davon aus, dass die Mediand:innen Expert:innen für ihre Lösungen sind und nur sie letztendlich beurteilen könne, welche Optionen die Interessen beider Seiten befriedigen und für sie individuell machbar und realistisch sind. Auch wenn vorher schon verschiedene Lösungsideen angeklungen sind, erfolgt erst in Phase 4 die kritische Diskussion, kreative Weiterentwicklung und Machbarkeitsprüfung, sodass am Schluss nur eine bis einige wenige Optionen übrigbleiben. Den Konfliktparteien fällt es umso leichter, freie und kreative Ideen zu „spinnen", wenn in Phase 3 ein wirkliches gegenseitiges Verständnis für die jeweiligen Beweggründe und Bedürfnisse des anderen gelungen ist. Dann lässt sich in Phase 4 – auch virtuell – eine Aufbruchsstimmung und Zuversicht spüren, gemeinsam eine bestmögliche Zukunft zu gestalten.

Aufgabe des Mediators in dieser Phase ist es, durch passende Methoden und Visualisierungstechniken, die kreativen Prozesse zu unterstützen, ohne sich inhaltlich zu beteiligen. Dies gelingt in der Online-Mediation durch den Einsatz verschiedener Kollaborations-Software mitunter einfacher als im physischen Raum. Ein weiterer Vorteil ist, dass die Ergebnisse sofort digital vorliegen und unkompliziert dokumentiert und später weiterbearbeitet werden können. Häufig bleiben die Mikrofone aller Beteiligten

---

[37]Lieberman, M. et al. (2007), Putting Feelings into Words, Psychological Science 18(5), 421–428

nun dauerhaft freigeschaltet, sodass ein flüssiges Gespräch möglich ist. Die Tatsache, dass die Mediatorin nur noch leicht strukturierend – wie in der Online-Kommunikation grundsätzlich sinnvoll – eingreift, darf als Erfolg hervorgehoben werden und zeigt einmal mehr, wie der Umgang mit technischen Gegebenheiten als Intervention wirken kann.

3.5.1 Kreativität und Visualisierung im virtuellen Raum

Ist Phase 3 erfolgreich verlaufen, können die Mediand:innen nun wieder unbeschwerter miteinander reden. Der Kommunikationsweg läuft somit immer weniger über die Mediatorin, sondern verstärkt unter den Parteien direkt. Digitale Tools ermöglichen es auch technische Laien auf einfache Weise, interaktiv zusammenzuarbeiten. Das aktive Tun unterstreicht die „Aufbruchsstimmung" und das „Ins-Handeln-Kommen", was häufig am eigenen Rechner sogar leichter fällt als mit Stiften und Moderationskarten.

Kreativitätstechniken sind Methoden, mit denen die Beteiligten gezielt motiviert und angeleitet werden, neue Ideen zu generieren, Visionen zu entwickeln oder Probleme zu lösen. Dies gelingt in heiterer, entspannter Atmosphäre leichter und lässt sich im virtuellen Raum mit Musik, Farben, Bildern und ansprechenden Vorlagen unterstützen.

Sollen die Konfliktparteien beim Generieren von Lösungsoptionen selbst schreiben, benötigen Sie eine Kollaborationssoftware[38] (sog. Multi-User-Anwendung), in der mehrere Personen zeitgleich schreiben können. Möchten Sie als Mediatorin für die Medianden mitschreiben, genügt eine Single-User Anwendung; dies könnte z. B. eine Microsoft Office-Anwendung sein (Word, Powerpoint, …).

▶ **Übersicht: Arten von Kreativitätstechniken[39]**
- Bei den **intuitiven** Methoden steht das Bilden von Assoziationen im Vordergrund. Es gibt ruhige Methoden (stille Einzelarbeit) und laute Techniken (alle sprechen und interagieren miteinander). Beispiele für ruhige Techniken sind die 6-3-5 Methode, die ABC-Liste oder das *Mindmapping*. Zu den lauten Techniken gehören das Brainstorming oder die Kopfstandtechnik. Das Besondere an den intuitiven Methoden: innerhalb kurzer Zeit entwickeln die Teilnehmer viele Ideen (oft bis zu 400 innerhalb von 30 min).
- **Diskursive** Methoden gehen systematisch und analytisch vor. Ein Problem wird in seine logischen Bestandteile zerlegt, zu denen gemeinsam Teillösungen gefunden werden. Typische Techniken sind die Osborn-Methode, SCAMPER oder die Relevanzbaumanalyse. Diskursive Methoden generieren oft nur zehn bis 50 Ideen und werden in Mediationsverfahren kaum eingesetzt.

---

[38] z. B. conceptboard (deutscher Anbieter), padlet, miro, mural und viele andere.

[39] Beispielhafte Übersicht an Kreativitätstechniken siehe https://karrierebibel.de/kreativitaetstechniken/ (Zugriff: 01.08.2022).

- **Kombimethoden** enthalten intuitive wie diskursive Elemente. Kreativitäts-techniken, die beide Methoden kombinieren, sind die De Bono Hüte, die Walt-Disney-Methode oder die Raikov-Methode. Ziel ist ein Perspektivenwechsel. Die Kombimethoden eignen sich daher für größere Gruppen.

Im folgenden Abschnitt finden Sie exemplarisch die intuitive Methode „Brainwriting" und die kombinierende „Walt-Disney-Methode" für das Mediationsverfahren und die Umsetzung im virtuellen Raum adaptiert dargestellt. Selbstverständlich können Sie mit zwei Mediand:innen auch ein klassisches Brainstorming oder die Kopfstandmethode ganz einfach umsetzen.

3.5.2 Online-Methoden in der Lösungsfindungsphase

3.5.2.1 Brainwriting online

Während sich beim bekannteren *Brainstorming* vor allem extrovertierte Teilnehmer ein-bringen, bezieht das *Brainwriting* alle mit ein. Ziel ist es, zu einer Fragestellung oder einem Thema möglichst viele, gleichzeitig passende und qualitativ hochwertige Ideen zu generieren – zunächst ohne Wertung und Machbarkeitsprüfung. Im Unterschied zum *Brainstorming*, werden die Ideen nicht hereingerufen, sondern verschriftlicht und im Anschluss von anderen Beteiligten ergänzt.

Die Umsetzung im virtuellen Raum beginnt somit als Einzelarbeit. Diese kann im Plenum (Hauptraum) angeleitet werden. Für die Zeit des Nachdenkens und Auf-schreibens der eigenen Ideen (ca. 10–15 Min.) sollten die Teilnehmenden ihre Kameras ausschalten, da die Konzentration dann leichter fällt. Alternativ können Sie die Teil-nehmenden auch (einzeln) in virtuelle Nebenräume schicken. Im Anschluss geht es darum, dass alle Beteiligten die „Ursprungsideen" der anderen auf deren Dokument mit eigenen Impulsen ergänzt. Die so entstandenen Skizzen bilden danach eine Diskussions-grundlage. Die Methode funktioniert auch für größere Gruppen.

Für die Umsetzung *online* gibt es verschiedene Optionen

- **Ohne externe Tools**: Jeder Teilnehmende schreibt die eigenen Ideen in einem Word-Dokument auf, das später im Chat geteilt wird. Bitten Sie die Teilnehmenden Ihren Namen oder ein Schlagwort für die Idee oben auf das Blatt zu schreiben, damit die Teilnehmenden leichter nachvollziehen können, wessen Idee sie bereits ergänzt haben. Voraussetzung ist, dass in der Videokonferenz-Software die Funktion *„Filesharing/Dokument im Chat teilen"* verfügbar ist. Pro Runde müssen die jeweils ergänzten Dokumente hoch- und runtergeladen werden. Für die anschließende Diskussion teilen Sie als Mediatorin den Bildschirm mit den jeweils finalen Dokumenten (pro Lösungs-idee eins).
- **Mit externen Tools**: Der Mediator bereitet eine gemeinsame Arbeitsfläche in einer Kollaborationsplattform, z. B. padlet, conceptboard vor. Legen Sie so viele

„Bereiche" an wie Teilnehmende im Raum sind und beschriften Sie diese mit den Namen der Teilnehmenden, damit alle wissen, wo sie zuerst schreiben sollen. Verteilen Sie dann den Link zur Kollaborationssoftware im Chat des Videokonferenzsystems. Stellen Sie sicher, dass alle Beteiligten den Link öffnen können und sich zurechtfinden. Wenn die Teilnehmenden nur über einen Monitor verfügen, müssen sie die Kollaborationssoftware über die Videokonferenzsoftware „legen". Stellen Sie somit sicher, dass die Teilnehmenden entweder den Audiokanal offenlassen, sodass sie hören, wenn Sie die Bearbeitungszeit beenden oder geben Sie ganz feste Zeiten für den Wechsel durch. Ist die Bearbeitungszeit für die eigene Ursprungsidee um, gehen die Teilnehmenden in vereinbartem Turnus zu den „Bereichen" der anderen und ergänzen dort die bereits niedergeschriebenen Lösungsansätze. Für die anschließende gemeinsame Diskussion teilen Sie als Mediator die externe Software zur Draufsicht.

3.5.2.2 Walt-Disney-Methode

Diese Methode dient der Konkretisierung und Machbarkeitsüberprüfung einer Lösungsoption. Angeblich hat tatsächlich der amerikanische Filmproduzent Walt Disney, der Vater von Micky Maus und Donald Duck, die Methode entwickelt, um Denkblockaden zu überwinden. Dabei betrachtet eine oder mehrere Personen ein Problem aus drei Blickwinkeln: als Träumer, Realist und Kritiker. Als Kreativitätstechnik funktioniert die Methode am besten mit einer vierten Rolle, dem neutralen Berater.

- Der **Träumer** (Visionär, Ideenlieferant) denkt visionär und enthusiastisch. Er lässt sich weder durch (logische) Regeln noch Traditionen einschränken.
- Der **Realist** (Macher, Pragmatiker) konzentriert sich auf das Machbare und betrachtet – mit viel gutem Willen – notwendige Arbeitsschritte und Aktivitäten. Falls die Idee des Träumers umgesetzt würde, was wäre dazu nötig? Was würde es kosten? Wichtig ist, dass der Realist vor dem Kritiker gehört wird, damit die Vision die Chance bekommt, ihr Potenzial zu zeigen.
- Der **Kritiker** (Qualitätsmanager) stellt konstruktive (!) Fragen, fordert heraus, prüft, analysiert, identifiziert mögliche Fehlerquellen, um so das Ergebnis zu verbessern.
- Der neutrale **Beobachter** (Berater) begleitet ordnend den Prozess und steuert ggf. Faktenwissen bei.

Danach beginnt der Prozess von vorne: der Kritiker „übergibt" die (vorläufige) Lösung zurück an den Träumer, der sie weiterspinnt und so weiter. Sobald der Kritiker keine offenen Fragen mehr hat, der Realist von dem Gelingen des Projekts überzeugt und der Träumer begeistert ist, liegt ein optimales Ergebnis vor. Damit das Verfahren nicht zu lange dauert, sollte die Größe der Gruppe neun Personen nicht überschreiten.

Für die Umsetzung online ist wichtig, dass zu jedem Zeitpunkt klar ist, wer gerade in welcher Rolle spricht. Dies kann unterschiedlich visualisiert und unterstützt werden:

- Änderung der virtuellen Namensschilder in die jeweilige Rolle
- Die Beteiligten können optische Anker aus ihrem physischen Raum ins Bild holen oder am Körper tragen, z. B. (Sonnen-)Brille für den Träumer, Lineal für den Realist, schwarzer Schal oder Hut für den Kritiker. Die Farben können ggf. in Anlehnung an die mit der Disney-Methode verwandte Methode der „6 Denkhüte" nach Edward De Bono gewählt werden (grün/gelb/rot = kreatives/optimistisches/emotionales Denken = Träumer), weiß = analytisches Denken = Realist; schwarz = kritisches Denken = Kritiker; blau = ordnendes Denken = Berater)
- Im Videokonferenz-Tool vitero können verschiedene virtuelle Sitzplätze eingenommen werden, sodass den Rollen verschiedene Positionen im Raum zugewiesen werden können.

3.5.3 Lösungspriorisierung & Lösungskonkretisierung

Ist die Entwicklung von Lösungsoptionen beendet, gilt es die Lieblingsoption(en) und die eventuell machbaren Optionen herauszufinden. Dazu hilft es, sich die Interessen (aus Phase 3) nochmals zu vergegenwärtigen: Erfüllen Optionen bestimmte Interessen oder nicht? Können Optionen so kombiniert werden, dass möglichst alle, zumindest aber die wichtigsten Interessen befriedigt werden?

Um hier eine Übersicht zu erhalten, müssen alle Optionen auf einen Blick zu sehen sein. Unabhängig davon, welche Kreativitätstechnik angewendet wurde, schreibt die Mediatorin alle noch im Raum stehenden Optionen in ein Dokument oder auf ein Whiteboard. Die Mediand:innen haben nun je nach Software verschiedene Möglichkeiten ihre Favoriten zu kennzeichnen:

- Nutzung der Kommentierfunktion z. B. Stempeln (Zoom)
- Nutzung von interaktiven Symbolen z. B. Punkte, grüne Haken, Smilies (vitero)
- Freihandzeichnen (z. B. Kreuze, Haken, Nummern 1-3 etc.) in verschiedenen Whiteboards oder Kollaborationstools (nutzen Sie in jedem Fall die Software weiter, in der Sie zu Beginn von Phase 4 die Lösungsideen generiert haben)

Falls die Mediand:innen wenig technikaffin sind oder keine Freude an virtuellen Interaktionen haben, können Sie als Mediator:in auch für die Mediand:innen die Kennzeichnung der präferierten Optionen übernehmen. Wenn Sie selbst lieber ohne spezielle Kollaborationssoftware arbeiten und die Lösungsoptionen in einem Word- oder Powerpoint-Dokument mitgeschrieben haben, können Sie hinter die Idee/Option betreffende Thema „Prio1" schreiben. Setzen Sie das Symbol erst, wenn der Mediand:in klar gesagt hat, welche Option er/sie kennzeichnen möchte und bewegen Sie vorher auch nicht ihren Maus-*Cursor* über einzelne Optionen, um jegliche Beeinflussung zu vermeiden.

3.5.4   Experteninterview Ulrik Seitz:
Täter-Opfer-Ausgleich im virtuellen Raum

Hintergrundinformation
Ulrik Seitz (US) ist Abteilungsleiter der Außenstelle Heidelberg der Bewährungs- und Gerichts-hilfe Baden-Württemberg und arbeitet seit über 20 Jahren als Mediator in Strafsachen und im Täter-Opfer-Ausgleich (TOA).

Im Experteninterview schildert er folgende Fälle: einen hocheskalierter Konflikt mit dem Tat-vorwurf der üblen Nachrede in einer Kindertagesstätte; einen Fall von Körperverletzung zwischen zwei Studierenden, einen Fall sexueller Nötigung im Bekanntenkreis sowie einen Fall von häus-licher Gewalt in einer binationalen Ehe.

Das Interview wurde von **Anne Rickert** (AR) im November 2021 online geführt.

AR: Sie sind Leiter des 3-köpfigen Heidelberger TOA-Teams der Einrichtung Mann-heim der Bewährungs- und Gerichtshilfe Baden-Württemberg und bearbeiten ca. 130–140 Schlichtungsfälle im Täter-Opfer-Ausgleich pro Jahr allein in Heidelberg. Wie haben Sie im Zuge der Pandemie die Umstellung auf Online-Konfliktklärung vollzogen?

US: Vor der Pandemie haben wir alle Gespräche in Präsenz geführt. In der ersten Corona-Welle habe ich angefangen, erste Erfahrungen mit Online-Mediation zu sammeln und habe das schnell sehr gerne genutzt. Viele Klienten waren in Zeiten des *Lockdowns* und der Kontaktbeschränkungen sofort bereit, mitzuwirken. Seit wir wieder Gespräche hier im Büro führen können, mache ich allerdings die Erfahrung, dass sich die Beteiligten meistens für das Ausgleichsgespräch *(Anmerkung der Autorin: so wird die Mediation in Strafsachen innerhalb der Gerichtshilfe genannt)* persönlich treffen möchten. Gerade hatte ich ein Betrugsdelikt, in dem eine Partei weiter weg wohnt – das eignet sich gut für die Online-Durchführung – mal sehen, ob das zustande kommt, denn der Beschuldigte meldet sich nicht zurück. Hier wäre ein Online-Treffen, damit die beiden Medianden überhaupt wieder ins Gespräch kommen, extrem hilfreich.

AR: Wie haben Sie angefangen? Was war Ihr erster Online-Fall?

US: Das war im Sommer 2020. Es ging um einen Fall in einem Kindergarten mit mehreren Beteiligten. Die eigentliche Anzeige kam von einer Erzieherin. Es ging um den Verdacht übler Nachrede, der für sie dienstrechtlichen Konsequenzen gehabt hätte. Die Mutter hatte wiederum vorher die Erzieherin beschuldigt, ihre Aufsichtspflicht verletzt zu haben. Diverse Gespräche innerhalb der Einrichtung mit dem Träger und der Leitung hatten keinen Erfolg gebracht, sodass der Fall bei uns gelandet ist. Die Vorgespräche mit den beiden Parteien einzeln hatte ich noch in Präsenz mit allen pandemischen Schutz-vorrichtungen in einen riesigen Raum geführt. Geplant war das Ausgleichsgespräch in großer Runde mit dem Träger der Einrichtung mit Anwalt – als Vertreter der Erzieherin, der Beschuldigten – also die Mutter, und deren Anwältin. Letztendlich hat das persönliche Treffen wegen der Corona-Beschränkungen nicht mehr geklappt. Wir hatten eigentlich die schriftliche Vereinbarung anvisiert; die dann über beide Anwälte der beiden Haupt-kontrahenten schriftlich hin und her ging. Es war sehr emotional, weil beide Frauen angefangen haben, jede Formulierung auseinander zu nehmen. Die Vereinbarung war schon fertig, aber die emotionale Kluft war sehr groß. Daraufhin habe ich angeboten, mich mit den beiden Hauptbeteiligten nochmal *online* zusammenzusetzen, um zu schauen, was noch passieren müsste, damit sie sich auf die Vereinbarung einlassen können. Damit waren sie einverstanden. Das war komplex, weil nicht nur die Mutter mit ihrer Anwältin und auf der anderen Seite eine Erzieherin involviert war, sondern auch das restliche Team, die Leitung und der Träger der Einrichtung. Da hat jede nur noch ihre Seite gesehen, und sich ungerecht behandelt gefühlt. Ich habe das Online-Gespräch zusammen mit meiner Kollegin geführt. Gut funktioniert hat, dass beide ihre Perspektive und ihre Beweggründe noch einmal darlegen konnten; das war für beide extrem wichtig. Sie haben dann in der Tat gemeinsam eine Formulierung verändert, sodass sie für beide gut annehmbar war.

AR: Mit welcher Software haben Sie 2020 gearbeitet? Inwiefern hat die Software den Prozess unterstützt oder behindert?

US: Wir nutzten Tellie[40], weil unsere IT da keine datenschutzrechtlichen Bedenken hatte. Es funktioniert mit wenigen Beteiligten – und in dem Fall waren wir ja zu viert – stabil. Der Fall war hochstrittig. Es war eine interessante Erfahrung, dass alle Beteiligten durch dieses Medium gezwungen waren, dem anderen wirklich zuzuhören, denn ich hatte die Parteien stumm geschaltet. Wir hatten vereinbart, dass sie die Hand heben, wenn sie etwas sagen möchten. Das Gespräch war über in der Software leichter zu steuern, weil ich die Mikrofonfreigabe ja in der Hand hatte. So mussten sie ein Stück weit aushalten, was die andere sagt und waren nicht sofort dran. Beide Seiten waren sehr verletzt. Da hat diese Entschleunigung durch das Tool gutgetan und auch in der Tat dazu geführt, dass sie sich besser zuhören und ein Stück weit Verständnis füreinander entwickeln konnten. Diese 1,5 h *online* mit Höhen und Tiefen, haben für mich gezeigt, dass so auch ein sehr schwieriger Konflikt zum Abschluss gebracht und gelöst werden kann. Wir waren hier immerhin auf einer Eskalationsstufe, da ging es ein Stück weit nur noch um gegenseitige Bestrafung…

AR: Die technischen Möglichkeiten der Mikrofonsteuerung haben in dieser hochstrittigen Situation also positiv auf den Gesprächsverlauf gewirkt. Ein interessanter Fall, den ich so gar nicht im Täter-Opfer-Ausgleich bzw. bei der Gerichtshilfe vermutet hätte. Aber es kam ja zu einer Anzeige….

US: So ein Tatvorwurf der üblen Nachrede ist tatsächlich eher selten. Aber die Klärung war für die Beteiligten wirklich sehr wichtig, da sie im gleichen kleinen Ort wohnen. Da begegnet man sich ständig. Mit Blick auf die Zukunft war es daher wesentlich, dass so ein Vorwurf nicht im Raum stehen bleibt; da waren Dimensionen erreicht, die rufschädigend sind. Gerüchte machen in der Elternschaft und im Ort schnell die Runde. Daher war es sowohl für die betroffene Erzieherin persönlich als auch für die Einrichtung wichtig, dass mit der Mutter eine nachhaltige Vereinbarung getroffen werden konnte. Hier war den Beteiligten wichtig, dass beide Parteien ihr Bedauern darüber äußerten, dass der Vorfall nicht zuvor im persönlichen Gespräch geklärt werden

---

[40] www.tellie.eu (Zugriff: 01.08.2022).

konnte und es im weiteren Kommunikationsprozess zu Missverständnissen kam. Wichtig war zudem, dass der Vorwurf der Aufsichtspflichtverletzung ausgeräumt wurde und es künftig zu keinen weiteren negativen Äußerungen mehr kommt. Die beiden Frauen werden wohl nie Freundinnen werden, aber zumindest konnte die Erzieherin am Schluss nachvollziehen, warum diese Mutter so gehandelt hat. Und umgekehrt konnte die Mutter sagen, dass sie die Konsequenzen nicht überdacht hatte und nie wirklich die Aufsicht infrage stellen wollte. Das Kind hatte sie trotzdem bereits aus der Einrichtung abgemeldet, das war gar nicht mehr das Thema und da wird es in Zukunft somit keine Begegnung mehr geben.

AR: Gab es irgendwelche technischen Hürden oder Probleme bei den Mediand:innen? Arbeiten Sie rein mündlich mit den Video-Bildern oder nutzen Sie zur Visualisierung irgendwelche Dokumente? Diese Vereinbarung zum Beispiel lag den Parteien schriftlich schon vor. Haben Sie die im virtuellen Raum noch mal aufgelegt, um gemeinsam drauf zu schauen?

US: Die Frauen kannten die Software nicht, aber das war unproblematisch. Mit Verbindungsabbrüchen und auch mal verzögerter Sprache muss man immer rechnen, egal ob das jetzt Webex ist oder mit Tellie. Ich hatte auch schon Beteiligte, die über das Handy dabei waren. Das hat auch gut funktioniert. Dokumente lege ich nicht auf – wir sprechen nur miteinander bzw. steuere ich die Kommunikation. In dem Kindergarten-Fall haben die Parteien mündlich erklärt, was sie geändert haben möchten und da ging es vor allem um das gegenseitige Verständnis. In einem anderen Fall ging es um eine Körperverletzung. Da habe ich die Vereinbarung im Nachgang nach der Online-Sitzung an die Parteien geschickt. Die strittige Frage war hier die Anerkennung der Verletzung durch den Beschuldigten und vor allen Dingen auch die Frage des Schmerzensgeldes. Ich hatte die Vorgespräche online mit jeder Partei einzeln geführt und hier hatte der Beschuldigte noch gesagt, dass er nicht bereit ist Geld zu zahlen. Im gemeinsamen Ausgleichsgespräch hat sich zwischen den Parteien untereinander so eine Dynamik entwickelt, dass der Geschädigte die Tat gut als Folge der Suchterkrankung einordnen konnte und mit der Summe etwas runterging. Letztendlich haben sie sich auf 1500 € geeinigt – das war aus meiner Sicht sehr angemessen. Die Beteiligten kannten sich vom Sportverein und werden sich auch weiterhin begegnen, insofern war die rasche Klärung und Einigung wichtig. Dass einer der Beteiligten am Handy dabei war, war unproblematisch. Das Gespräch hätte auch in Präsenz nicht besser laufen können.

AR: Interessant. Mir wurde von Kolleginnen berichtet und ich habe auch erlebt, dass Parteien wie selbstverständlich davon ausgehen, dass sie am Handy an der Online-Mediation teilnehmen können – womöglich auch noch irgendwo draußen, von unterwegs. Was meinen Sie, ob es in der Gesellschaft inzwischen diese Erwartung gibt, dass Online-Sitzungen immer und überall und auch am mobilen Gerät funktionieren müssen. Ob das für emotional intensive Gespräche sinnvoll ist, sich auf einen öffentlichen Platz zu setzen, sei mal dahingestellt…

US: In diesem Fall, war der Beteiligte nicht unterwegs, sondern zu Hause, das hätte ich sonst auch nicht zugelassen. In der Tat haben wir aber häufiger eine Klientel, die nicht über umfangreiche technische Ausstattung wie ein Laptop, eine Webcam etc. verfügt. Es gibt nicht wenige Menschen, die nur noch ein Tablet oder Handy haben und gar keinen PC mehr. Und die unterschiedliche Technik war hier wie gesagt kein Problem.

AR: In Bezug auf Methodik und Gesprächsführung hatten Sie schon erwähnt, dass sie das Gespräch online noch ein bisschen besser steuern können als in im physischen Raum. Wie haben Sie das genau gemacht?

US: Die Regel war, dass die Person, die nicht spricht, das Mikrofon ausschaltet und nur, wenn sie es gar nicht mehr aushält, die Hand hebt. Im späteren Verlauf habe ich es mit offenen Mikrofonen laufen lassen, als die beiden wieder miteinander in den Dialog gekommen sind. Das kann ich über alle Ausgleichsgespräche sagen, die ich online gemacht habe. In dem Fall mit den beiden Frauen aus dem Kindergarten, war von Vorteil, dass die sich nicht physisch begegnet sind, weil sie so gereizt aufeinander waren. Das wirkte deeskalierend, dass sie sich nicht körperlich in einem Raum begegnen mussten. In dem Vorgespräch, das noch im physischen Raum stattgefunden hatte, gab es auch Tränen, das war sehr emotional. Die räumliche Distanz kann förderlich wirken, wieder in den direkten Dialog zu gehen, wenn man so verletzt ist.

In dem Fall der Körperverletzung hatte der Geschädigte das starke Bedürfnis, zu erfahren, warum er Opfer wurde. Dieses Gespräch hätte ich coronabedingt nicht in Präsenz führen können, das ging nur online; beide saßen im Studentenwohnheim. Die beiden Studenten sind sehr gut in den Dialog gekommen, ohne dass ich viel gesteuert habe. Da war die Online-Sitzung nur der Rahmen, das Gespräch haben die untereinander super hinbekommen. Der Geschädigte konnte deutlich machen, wie er das Ereignis an der Hochschule erlebt hat. Er wusste zu Beginn des Gesprächs nicht, wie er damit umgehen sollte, wenn er dem Beschuldigten wieder an der Hochschule begegnen würde. Damit hatte er ein sehr schlechtes Gefühl. Der Beschuldigte erzählte von seiner Suchtproblematik, seinem Versuch eines Neustarts mit dem Studium, und dann dem Rückfall. Diese Geschichte half dem Geschädigten, zu verstehen, dass die Tat nichts mit ihm als Person zu tun hatte und dass der Beschuldigte ihm auch nicht in Zukunft auflauern würde oder ähnliches. Diese Gewissheit in Verbindung mit der aufrichtigen Entschuldigung des Beschuldigten, führte zu einer wirklichen Befriedung, sodass sie sich am Ende der Sitzung zum Kaffee verabredet haben, um sich besser kennen zu lernen.

AR: Gab es einen Unterschied von der Qualität des Gesprächs her? Was war *online* anders?

US: Das Online-Gespräch hat sich von der Tiefe und dem Ergebnis her in nichts von einem Vor-Ort-Gespräch bei mir im Büro unterschieden. Die Hürde, sich *online* zu treffen, war bei den beiden sogar niedriger, als sich physisch in einem Raum zu begegnen. Ansonsten war das Treffen genauso intensiv, warm und authentisch. Dass der Beschuldigte offen über seine Suchterkrankung gesprochen hat, ist nicht einfach und selbstverständlich.

AR: Sie haben jetzt von einigen Fällen berichtet, in denen Sie positive Erfahrungen mit Online-Mediation gemacht haben. Was sind für Sie dennoch die größten Knackpunkte und Herausforderungen und wo sehen Sie echte Mehrwerte?

US: Also, die Technik muss wirklich klappen. Das war nicht immer reibungslos. Es funktioniert erst, dann hat man doch einen Verbindungsabbruch... es ist schwierig, dann wieder ins Gespräch hineinzufinden. Für die Vorgespräche muss man sich gut vorbereiten – das muss man sonst auch – aber online, muss man gleich ganz präsent sein, kann nicht nochmal etwas nachschauen. Außerdem sind Verhaltensregeln wichtig, so wie ich sie auch in der Präsenz-Schlichtung vereinbare. Wenn man sich physisch gegenübersitzt, hat es schon nochmal einen anderen Tiefgang, aber das Online-Gespräch ist eine super Alternative, wenn die Bereitschaft von den Beteiligten da ist. Im Fall mit den beiden hochstrittigen Frauen wäre es wahrscheinlich zu keinem persönlichen Treffen mehr gekommen – zumindest nicht ohne Rechtsanwälte. Das ist online einfacher zu lösen, wenn die emotionale Beteiligung noch so hoch ist und die Betroffenen sich gleichzeitig nicht mehr persönlich begegnen wollen. Schwierig finde ich Konflikte mit viele Personen. In einem Fall – da ging es auch um Beleidigungen und Körperverletzung zwischen zwei Familien – waren acht Personen beteiligt. Das kann ich mir online schwer vorstellen. Das Ausgleichsgespräch hat leider auch in Präsenz nicht stattgefunden, weil eine Partei überhaupt nicht zum Gespräch bereit war. Als Fazit ersetzt das Online-Meeting für mich das persönliche Gespräch nicht ganz, weil ich doch mehr Wahrnehmungen in Bezug auf die gesamte Person im physischen Raum habe und dann auch besser entgegensteuern kann, falls das Gespräch eskaliert. Aber wie gesagt, für manche Konflikte ist es super und steht dem physischen Gespräch in nichts nach.

AR: Für welche Art von Delikten könnten Sie sich vorstellen, dass Online-TOA sich wirklich etabliert und sogar gegenüber Präsenz-Ausgleichsgesprächen vorgezogen wird?

US: In einem Fall ging es um eine sexuelle Nötigung, die im Privatbereich passiert ist. Es war der geschädigten Frau wichtig, dass es keine weiteren Opfer mehr gibt, daher wollte sie das Ausgleichsgespräch. Das habe ich im Online-Format durchgeführt, und ich glaube, der Beschuldigte hätte mehr geschwitzt, wenn er der Frau hier vor Ort gegenübergesessen hätte. Er hatte Probleme, sich auszudrücken und konnte zum Beispiel, eine Entschuldigung nicht so formulieren, dass es bei der Geschädigten auch emotional ankam. Da war ein großes Kommunikationsdefizit, obwohl er beruflich im pädagogischen Bereich tätig war. Das war eine ganz schwierige Geburt, die Geschädigte wollte schon abbrechen, aber ich habe dann nochmal vermittelt und nachgehakt, und konnte so eine Form der Entschuldigung mit ihm erarbeiten, die verbal auch ankam. Letztendlich konnten wir das Gespräch für beide Seiten gut zum Abschluss bringen und auf eine Weise, dass sie sich jetzt auch im realen Leben nochmal begegnen könnten. Vielleicht war das online einfacher, weil dieser Beschuldigte sich wirklich sehr schwergetan hat, eine emotionale Ebene verbal auszudrücken und er da im virtuellen Raum nicht ganz so unmittelbar konfrontiert war. Alles, was er sagte, kam immer sehr hölzern rüber, nicht vom Herzen und das lag nicht am Medium! Wenn etwas von Herzen kommt, dann ist das auch *online* spürbar.

In einem anderen Online-Fall ging es um häusliche Gewalt bei einem nepalesischen Paar. Da sich die Frau auf Deutsch nicht so gut ausdrücken konnte, war es für sie wichtig, dass sie das Ausgleichsgespräch in ihrer Muttersprache führen konnte. Der Mann wollte die Ehe beenden und die Frau wollte trotz der häuslichen Gewalt in die Beziehung zurück, obwohl sie sich in dem Trennungsjahr mit Unterstützung vom Frauenhaus sehr zur Selbstständigkeit hin entwickelt hatte, ganz toll mit Arbeitsplatz und eigener Wohnung. Eigentlich ging es der Frau also gut in unseren europäischen Augen. Aus kulturellen Gründen wollte sie zurück zum Mann, weil sonst ihre Familie und ihre Geschwister in Nepal Konsequenzen befürchten müssten, wenn sie sich unehrenhaft aus der Ehe verabschiedet. Sie wollte daher unbedingt im Rahmen der Schlichtung mit ihrem Mann sprechen und – da hatte ich wirklich Glück mit unserer Staatsanwaltschaft – wir konnten einen Dolmetscher in Berlin auftreiben und online dazuschalten. Hier war die Online-Mediation wirklich die beste Lösung, denn es gibt nicht viele Deutsch–Nepalesisch-Übersetzer und die Fahrtkosten einer Anreise nach Heidelberg hätten wir nicht übernehmen können. So konnten meine Worte der Frau und dem Mann in ihrer Muttersprache übersetzt werden und mir auch 1:1 was die beiden gesagt haben. Der Frau wurde ganz deutlich, dass das mit ihrem Mann nichts mehr wird. Was da an Frauenbild in Nepal herrscht, war für mich schlimm mitzuerleben, z. B. als der Dolmetscher sagte, dass es in Nepal völlig normal ist, dass Frauen geschlagen werden und in der Regel gar nichts unternommen wird. Die Frau hatte also schon einen riesigen Schritt gemacht als sie das hier zur Anzeige gebracht hat und dennoch hatte sie gehofft, dass er nochmal auf sie zugeht. Er hat sich zwar für den einen Schlag entschuldigt, aber es war offensichtlich, dass er einfach das Verfahren beendet haben wollte, und so wurde ihr durch dieses Gespräch wirklich klar, dass sich nichts ändern würde und es nur noch darum ging, einen Schlusspunkt zu setzen. So ein Gespräch wäre früher nicht möglich gewesen, allein schon wegen der fehlenden Ausstattung. Erst seit der Pandemie haben wir hier ein Notebook mit guter Kamera und einen *Beamer*. Wir werden diese Möglichkeit der Online-Gesprächsführung daher in jedem Fall, auch wenn es keine Kontaktbeschränkungen mehr gibt, weiter anbieten. Denn unsere Erfahrungen sind überwiegend positiv, sowohl bei den einzeln geführten Vorgesprächen als auch bei den Ausgleichsgesprächen mit allen Beteiligten. Früher hatten wir nur das Telefon als Fall-Back-Lösung, und da ist das Online-Gespräch natürlich viel besser.

▶   *Ende des Interviews*

3.6   Phase 5: die Mediation online abschließen

Die in Phase 4 priorisierten Optionen werden nun in der Abschlussphase der Mediation fest vereinbart und (testweise) eingeführt. Hierzu formulieren die Mediand:innen mit Unterstützung der Mediatorin verbindliche, konkrete Regelungen in einer sog. Mediationsvereinbarung, die rechtsverbindlich ist. Häufig merken die Mediand:innen jedoch erst im Alltag, was sich tatsächlich bewährt und was ggf. noch angepasst werden muss. Hierzu wird meist 1–3 Monate später ein Evaluationstermin vereinbart.

3.6.1   Abschlussvereinbarung und elektronische Unterschrift

Der Mediator erstellt aus den Lösungsoptionen, die von allen Parteien mitgetragen werden, eine Abschlussvereinbarung. Dieses Dokument wird in der letzten Sitzung im virtuellen Raum aufgelegt und nochmals gemeinsam durchgegangen. Falls die Parteien noch Änderungen wünschen, könnten diese sofort unkompliziert eingepflegt werden. Auch die Rechtsanwälte der Parteien könnten zugeschaltet werden, um eventuell für letzte Fragen zur Verfügung zu stehen oder die Abschlussvereinbarung final gegenzulesen. Hierzu sollte das Dokument einige Tage vorher bereits als Entwurf verschickt worden sein. Rechtskräftig ist das Dokument erst mit der Unterschrift aller Parteien.

Im Anschluss können Sie das Dokument per E-Mail verschicken und unterzeichnen lassen. Die elektronische Unterschrift (z. B. mit DocuSign (amerikanischer Anbieter), HelloSign, inSign (deutscher Anbieter) oder anderen) hat den Vorteil, dass Sie als Mediator den Stand des Unterzeichnungsprozesses mitverfolgen können und – wenn alle unterschrieben haben – unmittelbar Zugriff auf die unterzeichneten Dokumente haben. Im europäischen Wirtschaftsraum gilt seit 2016 als einheitliche und rechtskräftig Richtlinie für digitale Fernsignatur die eIDAS Verordnung[41]. Zu den Grundlagen der elektronischen Signatur informiert das Bundesamt für Sicherheit in der Informationstechnik[42].

- Bei der **einfachen elektronischen Signatur** muss die „dargestellte" Person ihre Identität nicht nachweisen. Diese Art der digitalen Unterschrift kann sehr leicht gefälscht werden, da es keine Möglichkeit gibt, die Integrität (Unverfälschtheit) des Dokumentes zu prüfen; bereits eine eingescannte Unterschrift oder die Signatur in einer E-Mail *(Footer)* zählen. Vor Gericht unterliegen Dokumente mit einfachen Signaturen der freien Beweiswürdigung durch den Richter. Sie kommt somit für Mediationsverfahren nicht infrage.
- Die **fortgeschrittene elektronische Signatur** basiert auf einem Schlüsselpaar, welches einer Person eindeutig zugeordnet werden kann und so eine transparente Identitätsprüfung ermöglicht. Mithilfe von Chipkarte, USB-Sticks, Softwarezertifikat oder auch fern ausgelöst ist es möglich, eine fortgeschrittene Signatur elektronisch zu erstellen und auch die Integrität eines Dokumentes zu prüfen. Vor Gericht unterliegt die fortgeschrittene elektronische Signatur ebenfalls der freien richterlichen Beweiswürdigung.

---

[41] Dass ein Signaturverfahren die Anforderungen der eIDAS Verordnung erfüllt, bedeutet nicht automatisch, dass auch die Anforderung der qualifizierten elektronischen Signatur (QeS) erfüllt sind.

[42] https://www.bsi.bund.de/DE/Themen/Oeffentliche-Verwaltung/Moderner-Staat/ElektronischeSignatur/elektronischesignatur_node.html (Zugriff: 01.08.2022).

- Wenn es darum geht, eine vertragliche oder gesetzliche Schriftformerfordernis zu
  erfüllen, so kommt nur die **qualifizierte elektronische Signatur** (QES) infrage. Sie
  ist der eigenhändigen Unterschrift gemäß § 126 BGB gleichgestellt. Es gibt jedoch
  Fälle, in denen der Gesetzgeber die elektronische Form explizit ausschließt, sodass
  eine händische Unterschrift genutzt werden muss, z. B. notarielle Beglaubigungen
  oder die Kündigung von Arbeitsverhältnissen.

Streng genommen entspricht nur die QeS der handschriftlichen Unterschrift. Jedoch
habe ich es schon öfter erlebt, gerade im innerbetrieblichen Bereich, dass den Parteien
die Notizen oder „Karten" *(Posts)* aus einem *Whiteboard* als Dokumentation der Vereinbarung völlig ausreichten. Ich habe in solchen Fällen die Parteien auf dem *Whiteboard* eine Karte mit Ihrem Namen und dem Satz *„Ich stimme dieser Vereinbarung
zu."* schreiben lassen um das „Gefühl einer Unterzeichnung" zu erreichen. Auch in der
Präsenzmediation kommt es immer wieder vor, dass die Parteien direkt auf dem Flip-
chart-Blatt unterschreiben und dies als absolut verbindlich empfinden. Richten Sie sich
selbstverständlich nach den Anforderungen Ihres Auftraggebers.

Möchten die Mediand:innen gerne handschriftlich unterzeichnen, senden Sie die
Vereinbarung per Mail zu und vereinbaren Sie einen festen Termin (ca. 3–5 Werktage
später) zu dem Sie das unterschriebene Dokument entweder eingescannt per Mail oder
als Kopie auf dem Postweg zurückbekommen haben.

3.6.2   Verbindlichkeit & Feierlichkeit

Nach Unterzeichnung der Abschlussvereinbarung ist die Stimmung in der Mediation
gelöst und die Mediand:innen sind in aller Regel erleichtert und glücklich. Ein
gemeinsamer verbindlicher Abschluss gehört zu einem stimmigen Verfahrensende dazu.
Auch *online* lassen Sie als Mediatorin den Weg, den die Parteien zurückgelegt haben,
nochmals Revue passieren und würdigen den Prozess und das Engagement, die Offenheit, die Bereitschaft zur Auseinandersetzung, sich auch schmerzhaften Themen zu
stellen – oder was auch immer bei diesen Klient:innen hervorzuheben ist. Lassen
Sie nochmals Ihre gesamte Online-Präsenz strahlen (vgl. Rezenzeffekt). Richten Sie
eventuell Ihren Hintergrund im physischen Raum etwas feierlicher her, z. B. in dem
Sie einen Blumenstrauß bereitstellen oder ein ansprechendes „Abschieds-Flipchart"
gestalten. Wer möchte kann – nach Zustimmung aller – den Moment der Einigung und
die freudvolle Stimmung über die Aufzeichnungsfunktion der Konferenzsoftware als
kurzes Video festhalten.

Regen Sie zum Abschluss ein kleines Ritual an, das den Gesten von Verbundenheit
aus der physischen Präsenz nahekommt:

- Wenn die Parteien sich menschlich in der Mediation nahegekommen sind, vielleicht
  sogar ihre Beziehung gerettet oder vertieft haben, können Sie (vor der letzten Sitzung)

anregen, sich einen Sekt oder Getränk zum Anstoßen bereitzustellen. Das „Anstoßen" lässt sich simulieren, indem Sie die Gläser an der Webcam zusammenführen.

- Auch der „virtuelle Handschlag" löst ein Gefühl von Verbundenheit und Gemeinschaft aus. Bitten Sie dazu die Parteien, ihre Hände an der Webcam zusammenzuführen oder sich ein *High Five* zu geben. Da viele Menschen erst einmal spiegelverkehrt agieren, sorgt das Suchen nach der richtigen Seite der Videokachel meistens für Erheiterung.

Bevor sich alle endgültig ausloggen, sollten Sie die letzte Mediationssitzung für eine kurze Reflexion in Bezug auf die Online-Arbeitsweise nutzen, die auch im Anschluss schriftlich nachgereicht werden kann. Bitten Sie die Mediand:innen um ein offenes Feedback zur gewählten Software, zu den eingesetzten Online-Methoden und zur Ihrer Online-Moderation. So erhalten Sie wichtige Hinweise, was Sie das nächste Mal ggf. noch verbessern können und gewinnen Sicherheit.

Literatur

1. Adam, B. et al. (2021). Methoden für den digitalen Unterricht. https://bewirken.org/das-methodenbuch-fuer-digitalen-unterricht/. Zugriff: 01.06.2022
2. Benz, A. (2022). Mythos Spiegelneurone. In Spektrum der Wissenschaft. https://www.spektrum.de/news/was-steckt-wirklich-hinter-den-spiegelneuronen/1991029.vom4.3.2022. Zugriff: 08.04.2022
3. Bos, N., Olson, J., Gergle, D., Olson, G., & Wright, Z. (2002). Effects of four computer-mediated communications channels on trust development. In L. Terveen, D. Wixon, E. Comstock, & A. Sasse (Eds.), *Conference on Human Factors in Computing Systems - Proceedings*. ACM Press. S. 135–140
4. Daft R. L., & Lengel R. H. (1986). Organizational information requirements, media richness and structural design. Management Science, 32/5, 554–571.
5. Ebner, N. (2012). ODR and Interpersonal Trust. In M. S. Abdel Wahab, E. Katsh & D. Rainey (Hrsg.), *ODR: Theory and Practice*. Eleven International Publishing (S. 203–236).
6. Ebner, N. (2021). The human touch in ODR: Trust, empathy and social intuition in online negotiation and mediation. In D. Rainey, E. Katsh & M. Abdel Wahab (Hrsg.), *Online dispute resolution: Theory and Practice*. Eleven International Publishing, (2. Aufl., S. 73–136).
7. Ehrnsperger, A. (2021). Vertraulichkeit und Datenschutz bei der Online-Mediation über Videokonferenzen. *Viadrina Schriftenreihe zur Mediation*, Bd. 29. Wolfgang Metzner Verlag
8. Eilert, D. (2013). *Mimik-Resonanz. Gefühle sehen, Menschen Verstehen.* Jungfermann Verlag
9. Hesse, H.-P. (2003). *Musik und Emotion. Wissenschaftliche Grundlagen des Musik-Erlebens.* Springer Verlag
10. von Knop, K. (2017). Die zwölf Kernelemente des digitalen Vertrauens. *IT-Sicherheit, 6,* 41–45.
11. Kübler, A. (2009). *Mediation und Online-Mediation in Deutschland.* Studienarbeit GRIN
12. Lapidot-Lefler, N. et al. (2015). The benign online disinhibition effect: Could situational factors induce self-disclosure and prosocial behaviors?. *Cyberpsychology: Journal of Psychosocial Research on Cyberspace. 9*(2). Art.3.https://doi.org/10.5817/CP2015-2-3 (Zugriff: 01.08.2022)

13. Lederer, S. (2021). Meine Reise in eine neue Welt… von der klassischen zur Online-Mediation. *Perspektive mediation 4*, 233–238.
14. Luhmann, N. (2000). *Vertrauen. Ein Mechanismus der Reduktion sozialer Komplexität*. UTB (4. Aufl.,Erstveröffentlichung 1968).
15. Nauss Exon, S., & Lee, S. (2019). Building trust online: The realities of telepresence for mediators engaged in online dispute resolution. *Stetson Law Review, 49*, 110–147.
16. Nguyen, D., & Canny, J. (2007). MultiView: Improving trust in group video conferencing through spatial faithfulness, ACM Press
17. Proksch, S. (2021). Ein Praxisleitfaden für Online-Mediation. *Perspective mediation, 4*, 244–248.
18. Rickert, A. (2013). Der Faktor Vertrauen als Erfolgskriterium in der audio-video-basierten Online Mediation. In G. Barth, & B. Böhm (Hrsg.), *Die Wirtschaftsmediation, 01*, 35–39.
19. Rickert, A. (2019). Online-Mediation – ein Zukunftstrend?. *Konfliktdynamik, 8*(Heft 1), 64–71.
20. Reichwald, R., Möslein, K., Sachenbacher, H., & Englberger, H. (1998). Telekooperation – verteilte Arbeits- und Organisationsformen. Springer
21. Schubert-Panecka, K., Weigel S., & Winhart, F. (2021). Mediation Training Online. *Perspektive, 4*,. 256 ff. https://www.verlagoesterreich.at/mediation-training-online/99.105005-pm202104025601. Zugriff: 01.10. 2022.
22. Schelske, A. (2003). Wo entwickelt sich die Seriosität der Netizens? Zur Medienethik des Vertrauens in multimedialen und interaktiven Systemen. In L. Beyer, D. Grick, A. Gadatsch, I. Maucher, & H. Paul. (Hrsg.), *Vom E-Business zur E-Society. New Economy im Wandel*. Edition Rainer Hampp (S. 175–194).
23. Suler: J. (2004). The online disinhibition effect. *Cyberpsychology & behavior: The impact of the Internet, multimedia and virtual reality on behavior and society, 7/3*, 321–326.

Technische Aspekte & Datenschutz

4

Was ist bei der Hard- und Software-Auswahl zu berücksichtigen

Zusammenfassung

Im Zusammenhang mit der Digitalisierung und der Nutzung verschiedener Online-Dienste ist der Schutz personenbezogener Daten ein wichtiger Aspekt. Der Serverstandort eines IT-Anbieters bestimmt, welches Datenschutzgesetz gilt. In Europa ist dies seit Mai 2018 die EU-Datenschutzgrundverordnung (DSGVO); in Deutschland ergänzt durch das – im weltweiten Vergleich – strenge Bundesdatenschutzgesetz. Inzwischen betreiben auch viele amerikanische Anbieter europäische Serverstandorte oder richten sich freiwillig nach den DSGVO-Bestimmungen, um die Akzeptanz ihrer Dienstleistungen zu erhöhen. Das Kapitel erläutert den Umgang mit der DSGVO für den einzelnen Mediator, gibt Hilfestellungen zu Fragen der Software-Auswahl und zeigt soziale und ökologische Mehrwerte von Videokonferenz-Systemen auf.

4.1 Hardware & Internetverbindung

In Kap. 3 ging es darum, wie Mediation als komplexe Kommunikationsdienstleistung online so durchgeführt werden kann, dass das Verfahren in Bezug auf Ablauf und Methodik der Präsenzmediation sehr nahekommt. Als personenbezogene Dienstleistung hängt die individuelle Ausgestaltung des Verfahrens stark von der einzelnen Mediatorin ab. Für alle Kolleg:innen gilt jedoch: ohne Berücksichtigung des technischen Rahmens nutzt die beste Mediations- und Moderationskompetenz nichts. Relevante technische Faktoren sind die Internetbandbreite und Verbindungsstabilität sowie die Hard- und Software-Ausstattung.

Als während des Lockdowns durch *Home-Office* und *Home-Schooling* häufig mehrere Personen pro Haushalt zeitgleich auf einen Internetanschluss zugreifen mussten, gerieten viele Haushalte in Bezug auf die Internetbandbreite an ihre Grenzen. Der Anteil der Beschäftigten, die im *Homeoffice* arbeiteten, lag im April 2020 (erster *Lockdown*) bei über 27 % (im Vergleich zu 4 % vor der Pandemie)[1]. Es wird prognostiziert, dass der Anteil an Menschen, die (zeitweise) von zu Hause arbeiten, aber auch andere Online-Dienstleistungen in Anspruch nehmen werden, zukünftig höher bleiben wird als vor der Pandemie. So ist z. B. die Zahl der Videosprechstunden bei Ärzten und Psychotherapeuten von bundesweit 2019 knapp 3000 auf 1,4 Mio. im ersten Halbjahr 2021 gestiegen[2]. Der EDUCAUSE Horizon Report 2021[3] geht davon aus, dass sich das Bildungssystem durch die Pandemie nachhaltig geändert hat und benennt *„Remote Work/ Learning"*, „steigende Nutzung von *Learning Technologies*" und „Bedarf an neuen *Work Skills*" als bleibenden Trend, ebenso wie „Verringerung von arbeitsbezogenem Reisen". Als eine wesentliche Praxis der Zukunft wurde *„Quality Online Learning"* herausgearbeitet; die intensive Beschäftigung mit qualitativ hochwertiger Online-Wissensvermittlung und Online-Gesprächskultur wird uns somit sowohl im Schul- und Hochschulalltag, als auch im beruflichen Lernen weiter beschäftigen. Ich gehe davon aus, dass in einigen Jahren für Menschen, die auf diese Weise ihre Schulzeit durchlaufen bzw. berufliche Bildung genossen haben, zwischenmenschlich intensive Online-Kommunikation eine Selbstverständlichkeit sein wird.

Während der (technische) Erfolg einer Online-Sitzung noch vor wenigen Jahren an diversen technischen Faktoren (Betriebssystem, Rechnerauslastung, fehlendes Headset, geschlossene Ports, …) scheitern konnte, ist der Zugang in den virtuellen Raum durch Klick auf einen Browserlink heute denkbar einfach und auch für technische Laien zur Selbstverständlichkeit geworden. Die notwendige Hardware gehört in den meisten Haushalten bereits zur Standard-Ausstattung oder ist – in einfacher Ausführung[4] – erschwinglich.

4.1.1   Internetverbindung & Bandbreite

Im internationalen Vergleich[5] liegt Deutschland in Bezug auf Breitbandgeschwindigkeiten aktuell auf Rang 36, hinter Ländern wie Ungarn, Estland und Island. Im Jahr

---

[1] https://de.statista.com/statistik/daten/studie/1204173/umfrage/befragung-zur-homeoffice-nutzung-in-der-corona-pandemie/ (Zugriff: 02.08.2022).

[2] https://www.kbv.de/html/1150_50419.php (Stand: 02.08.2022).

[3] EDUCAUSE Horizon Report 2021, https://library.educause.edu/-/media/files/library/2021/4/2021hrteachinglearning.pdf?Ia=en&hash=C9DEC12398593F297CC634409DFF4B8C5A60B36E (Zugriff: 02.08.2022).

[4] z. B. von Marken wie Logitech, Sennheiser, Jabra, HyperX oder anderen.

[5] vgl. interaktive Karte 200 Länder-Vergleich https://www.cable.co.uk/broadband/speed/worldwide-speed-league/#highlights (Stand: 01.08.2022).

2019 landete Deutschland noch auf Platz 25[6]. Schnelleres Internet für alle wurde von der Bundesregierung seit 2014 bereits mehrmals angekündigt. Seit Ende 2018 haben immerhin rund 88 % der Haushalte in Deutschland Zugang zu Internetgeschwindigkeit von mindestens 50 MBit/Sekunde. Von wirklich schnellem Internet, das autonomes Fahren und digitale Gesundheitsleistungen ermöglicht, sind wir damit nach wie vor weit entfernt. Auch gibt es innerhalb des Landes große Unterschiede zwischen verschiedenen Städten und zwischen städtischen und ländlichen Regionen.

Laut dem Verivox-Verbraucher-Atlas[7] ist die Internet-Geschwindigkeit in Mannheim (144 Mbit/s) und Stuttgart (140 Mbit/s) am größten. Auch Karlsruhe (136 Mbit/s), Düsseldorf (132 Mbit/s), Wiesbaden (130 Mbit/s) und Frankfurt a. M. (130 Mbit/s) stehen gut da, im Vergleich zu ostdeutschen Großstädten, deren Internetgeschwindigkeit im Durchschnitt 40 % langsamer ist als die der Spitzenstädte im Südwesten. Schlusslicht bilden Potsdam (84 Mbit/s), Erfurt (84 Mbit/s) und Magdeburg (85 Mbit/s). Auch zwischen Stadt und Land gibt es ein erhebliches Gefälle. Allgemein nimmt die Durchschnittsgeschwindigkeit außerhalb der Großstädte ab, besonders ländliche Regionen (im Osten) sind betroffen.

Gründe für langsame Internetverbindungen liegen zumeist in der „letzten Meile": hier spielen die Entfernung vom Verteilerkasten im Haus zur Vermittlungsstelle und die Beschaffenheit der Leitungen eine entscheidende Rolle. In Deutschland sind alte Kupferleitungen noch weit verbreitet, über die lediglich 50–100 Mbit/s erreichen werden können, während die grauen Telefonkabelkästen an der Straße zumeist auf dem neusten Stand sind, nämlich Glasfaserkabel, die 1000 MBit/s ermöglichen.

Die bisherigen Versäumnisse des Breitbandausbaus wurden zu Beginn der Corona-Krise im Frühjahr 2020 besonders spürbar, als weite Teile des schulischen und beruflichen Lebens nur noch *online* stattfanden. Das Bundesjustizministerium nannte schon vor Jahren einen hochbit-ratigen Internetzugang ein Grundbedürfnis des digitalen Zeitalters, und die Bundesregierung hat inzwischen Genehmigungsverfahren im Ausbau von Glasfaserinfrastrukturen deutlich erleichtert. In der 4. Gigabit-Studie vom Mai 2022 stellt der Verband der Anbieter von Telekommunikations- und Mehrwertdiensten (VATM e. V.)[8] in Aussicht, dass für rund drei Viertel der Haushalte bis Juli 2022 gigabittaugliche Anschlüsse verfügbar sein werden. Obwohl Deutschland in Sachen Breitbandausbau noch aufzuholen hat, ist bereits heute an den allermeisten Standorten die Internetgeschwindigkeit mit einer Bandbreite von 50 Mbit/s für die Nutzung von Videokonferenz-Tools vollkommen ausreichend. Für intensive Gespräche ist besonders relevant, dass es keine Zeitverzögerung zwischen Audio- und Videoübertragung gibt, sodass verbaler und nonverbaler Ausdruck synchron laufen.

---

[6] vgl. ausführlichen Bericht https://www.fonial.de/blog/artikel/lesen/breitbandausbau-in-deutschland-aktueller-status-611/ (Stand: 01.08.2022).

[7] https://www.verivox.de/internet/verbraucheratlas/internet-deutschland/ (Stand: 01.08.2022).

[8] https://www.vatm.de/dialog-consult-und-vatm-stellen-4-gigabit-studie-vor/ (Stand: 20.08.2022).

Unabhängig von der Bandbreite ist es wichtig, für eine stabile Internetverbindung zu sorgen. Mit einer kabelgebundenen, sog. LAN-Verbindung, zwischen Router und Rechner sind Sie vor Verbindungsabbrüchen sicher und außerdem ist die Verbindung auch schneller. Tatsächlich gehen viele Menschen heute davon aus, dass an nahezu jedem Standort ein stabiles WLAN (*wireless* LAN) zur Verfügung steht. Dies mag für einfache Handy-Telefonie auch stimmen, denn hier können viele mit schlechter Audioqualität für einige Minuten gut umgehen. Für einen konzentrierten Online-Austausch sind jedoch ruhigere, geschütztere und technisch stabilere Rahmenbedingungen notwendig, sodass Sie die Erwartungen ihrer Klient:innen in Sachen (räumlicher) Flexibilität ggf. etwas herunterschrauben müssen.

▶   **So sorgen Sie für eine stabile Internetverbindung aller Beteiligten**

- Überprüfen Sie die Internetgeschwindigkeit am eigenen Standort[9]. Beachten Sie, dass für Videokonferenz auch die *Upload*-Geschwindigkeit relevant ist und dass es Unterschiede zwischen Ihrem Büro und im *Homeoffice* sowie Schwankungen zu verschiedenen Tageszeiten geben kann. Wie hoch Ihre Latenz (Ping) ist hängt von Ihrer Datenleitung ab[10].
- Sollten Sie immer am gleichen Arbeitsplatz sitzen und den *Router* (oder eine entsprechende Telefonanschluss-Buchse) in der Nähe haben, besorgen Sie sich auf jeden Fall ein LAN-Kabel. Falls Ihr Rechner – wie viele moderne Geräte – gar keinen LAN-Anschluss mehr hat, können Sie einen Adapter (USB-LAN) kaufen.
- Falls keine LAN-Verbindung möglich ist und Sie WLAN nutzen, bedenken Sie bei der Wahl Ihres Arbeitsplatzes, dass die Funkverbindung umso stabiler ist, je näher Sie am *Router* sitzen. Ergreifen Sie ggf. Maßnahmen, um die Reichweite des Routers zu erhöhen.[11]
- Falls Sie in der Regel per WLAN arbeiten und nur für die Mediationssitzungen eine LAN-Verbindung herstellen möchten, beachten Sie, dass Sie an Ihrem Rechner eventuell manuell das WLAN ausschalten müssen, um auf die LAN-Verbindung zu wechseln.
- Zu geringer Durchlass kann auch durch den *Router* entstehen. Führen Sie daher regelmäßige *Router*-Updates durch, indem Sie die Firmware im *Router*-Administrationsmenü aktualisieren.

---

[9]Messung der eigenen Internetgeschwindigkeit z. B. mit www.breitbandmessung.de, www.speedtest.chip.de oder www.fast.com.

[10]Tipps zur Verbesserung der Latenz siehe https://praxistipps.chip.de/was-ist-ein-guter-ping-alle-infos_51274 (Zugriff: 30.08.2022).

[11]vgl. Beispielhaft https://www.techbook.de/connectivity/so-steigern-sie-ihre-wlan-reichweite (Zugriff: 02.08.2022).

- Prüfen Sie, ob Ihre Mediand:innen in einem Gebiet mit extrem schwacher Bandbreite wohnen, z. B. mit der Funkloch-App[12]. Sensibilisieren Sie Ihre Mediand:innen für die Thematik und bitten Sie sie, ggf. ihre Bandbreite selbst zu messen. Ist die Internetgeschwindigkeit schwach, führen Sie unbedingt einen Technik-Check Termin durch und beachten Sie die Hinweise zum *Trouble-Shooting*, siehe Abschn. 4.1.5.
- Um Bandbreite während der Online-Mediation zu sparen, schließen Sie alle nicht benötigten Programme, insbesondere das E-Mail-Programm sowie offene Browserfenster, die sich laufend selbst aktualisieren. Beenden Sie selbstverständlich umfangreiche *Up-* oder *Downloads* (z. B. Videostreams) und bitten Sie auch Familienmitglieder bzw. Büro-Genoss:innen dies während der Zeit Ihrer Online-Mediation zu unterlassen. Geben Sie diese Hinweise auch an Ihre Mediand:innen weiter.

4.1.2 Laptop/Rechner & Browser

Ob ein Rechner oder Laptop für Videokonferenzen geeignet ist, ist heutzutage eigentlich keine Frage mehr. Auch Geräte, die einige Jahren alt sind, erfüllen in aller Regel die Voraussetzungen für ein flüssiges Arbeiten ohne Systemabstürze und lange Ladezeiten.

4.1.2.1 Grundelemente des Computers

Ein Betriebssystem ist die *Software,* die die Benutzung des Rechners überhaupt erst möglich macht. Je neuer der Rechner umso aktueller auch das mit ausgelieferte Betriebssystem. Am weitesten verbreitet sind das Microsoft System Windows für PCs und MacOS für Apple Computer sowie – in deutlich geringerem Umfang – das freie Betriebssystem Linux. Videokonferenzsysteme laufen in aller Regel unter den gängigen Betriebssystemen auch etwas älterer Rechner, empfohlen wird jedoch mindestens Windows 10 bzw. macOS Monterey 12. Sichern Sie unbedingt Ihre Daten und fragen Sie einen IT-Berater, bevor Sie ein *Update* auf das nächsthöhere Betriebssystem durchführen. Ein *Update* auf Windows 11 erhöht z. B. die Hardware-Anforderungen merklich und Sie sollten prüfen, ob Ihr Rechner wirklich fit dafür ist. Beachten Sie auch, dass sich der Funktionsumfang einzelner Videokonferenz-Systeme und die Zugriffsmöglichkeiten auf das integrierte Mikrofon unterscheiden können, je nachdem, ob Sie einen Windows- oder Mac-Rechner verwenden.

Der Arbeitsspeicher ist der „flüchtige" Speicher des Rechners, der die gerade auszuführenden Programme und die dabei benötigten Daten enthält, ohne sie dauerhaft zu speichern. Ein Arbeitsspeicher von 8 GB RAM ist heute Standard und für Videokonferenzen absolut ausreichend. Da RAM-Bausteine jedoch nicht teuer sind, könnte

---

[12] z. B. https://www.breitbandmessung.de/kartenansicht-funkloch (Zugriff: 20.08.2022).

eine Aufstockung auf 16 RAM eine lohnenswerte Investition sein – und Sie wären damit auch für Videospiele oder Videoschnitt gerüstet.

Der Prozessor oder auch CPU *(Central Processing Unit)* ist das Herzstück eines Rechners und verarbeitet Schritt für Schritt die ihm zugewiesenen Aufgaben. Je höher die Taktfrequenz, desto schneller kann der Prozessor Befehle verarbeiten. Da die Leistungsfähigkeit eines Prozessorkerns physikalisch begrenzt ist, werden mehrere Prozessorkerne zusammengeschaltet, um die Leistungsfähigkeit zu erhöhen. Die CPU-Leistung sollte nicht unter 8 Kerne (8 Core Prozessor) liegen; ob Intel oder AMD spielt keine Rolle. Die CPU-Auslastung[13] zeigt an, wie viel Rechenzeit für die Bewältigung der laufenden Prozesse benötigt wird. Wenn der Rechner träge läuft und Programme sich nur noch langsam bedienen lassen, ist meist die CPU-Last sehr hoch; dann sollten einige laufende Programme bzw. Prozesse geschlossen werden.

Sofern auf mobilen Endgeräten – Tablets, iPads und Smartphones – ein Betriebssystem installiert ist, laufen die Videokonferenz-Systeme auch hier in vollem Funktionsumfang. Andernfalls stehen etliche Systeme auch als *App* zur Verfügung, dann i. d. R. nicht mit sämtlichen Funktionalitäten. Viele Mediand:innen sind so an ihr mobiles Endgerät gewöhnt, dass es ihnen gar nicht in den Sinn kommt, wieder an einen Rechner zu wechseln. Aufgrund der geringen Bildschirmgröße sollten Sie ihren Klient:innen dies für die Mediation dennoch dringend empfehlen. Die Darstellung der Videokacheln ist zu klein, um die Mimik wirklich gut zu erkennen und einige Funktionalitäten wie die Benutzung des *Whiteboards* sind am Handy einfach unkomfortabel.

4.1.2.2 Browser-Version vs. Client-Version

Browser sind Computerprogramme zur Darstellung von Webseiten oder allgemein Daten. Sie stellen die Benutzeroberfläche für Webanwendungen dar und sind in der Computersprache HTML programmiert. Weit verbreitet sind die Browser Chrome (des Anbieters Google), Firefox (von Mozilla), Edge (von Microsoft) oder der Safari-Browser (von Apple). Seit der Etablierung von HTML5 als Internet-Standard Ende 2014, haben sukzessive alle Videokonferenz-Anbieter Versionen Ihrer Systeme entwickelt, die sich direkt über den Webbrowser öffnen lassen. Das bedeutet, dass die *Software* nicht als Anwendungsdatei *(Client)* heruntergeladen werden muss. Nutzer:innen benötigen daher keine Administratorenrechte auf ihren Geräten – dies ist für viele Teilnehmende ein Vorteil und erlaubt den schnellen Zugang mit einem Klick auf den Einladungslink.

Grundsätzlich laufen Videokonferenz-Systeme in vielen unterschiedlichen Web-Browsern. Die Browser-Anbieter haben jedoch unterschiedlich lange gebraucht, um die HTML5 Spezifikation auch umzusetzen. Dies führte besonders in den Jahren 2019/2020 und teilweise bis heute dazu, dass einzelne Funktionalitäten von Videokonferenz-Software in einem Browser laufen und in einem anderen (noch) nicht unterstützt werden.

---

[13] aktuelle CPU-Last des Rechners prüfen: siehe Task Manager (STRG + ALT + Enf-Taste) 2. Reiter „Leistung".

Der Chrome-Browser hatte lange die Nase vorne und ist bis heute eine verlässliche Wahl. Zudem merkt sich Google Chrome die gesetzte Einstellung, d. h. wenn Sie Ihr Mikrofon einmal zugelassen haben, müssen Sie den Zugriffsdialog bei der nächsten Online-Sitzung nicht nochmals bestätigen.

Da in der Browser-Version mitunter nicht alle Funktionen der Videokonferenzsoftware zur Verfügung stehen, empfiehlt es sich als Gastgeber der Online-Sitzung (Mediator:in) – wenn möglich – doch die Anwendungsdatei (exe) herunterzuladen und das Programm direkt auf dem Rechner zu starten.

4.1.2.3 Umgang mit Mitarbeiter-Rechnern

Bei innerbetrieblichen Online-Mediationen müssen Sie damit rechnen, dass die Mitarbeitenden auf den firmeninternen Rechnern keine Administrationsrechte haben und der Zugriff auf externe Programme bzw. Server nicht immer möglich ist. In Großunternehmen und Konzernen wird die eingekaufte und von der IT-Abteilung unterstützte *Software* zentral auf alle Mitarbeiter-Rechner ausgerollt. Wenn möglich, sollten Sie daher die Programme nutzen, die von der internen IT bereits eingerichtet wurden. Erkundigen Sie sich rechtzeitig, welches Videokonferenz-System und welche Kollaborationstools im Unternehmen von der IT unterstützt werden. Klären Sie mit Ihrem innerbetrieblichen Auftraggeber auch, wie Sie als externer Mediator Zugang erhalten, wer für Sie einen Account anlegt und als *Support*-Ansprechpartner zur Verfügung steht.

Falls Sie dennoch einen anderen virtuellen Raum oder eine bestimmte Kollaborationssoftware nutzen möchten als im Unternehmen freigegeben, sollten Sie Ihren Auftraggeber im Unternehmen frühzeitig informieren und Sie bitten, diese *Software* von der IT freischalten zu lassen. Damit der Rechner mit den Servern des Videokonferenz-Anbieters kommunizieren kann, müssen die entsprechenden Internetadressen (inklusive *Ports*) freigeschaltet sein. Je nach Auslastung der IT-Abteilung kann die Bearbeitung eines solchen *Tickets* sich über einige Wochen hinziehen. Zudem können Unternehmensrichtlinien den Zugriff auf die Laptop-Mikrofone sperren. Die einzige Alternativ wäre dann, dass die Mitarbeitenden – Ihre Mediand:innen – im *Home-Office* von ihren privaten Rechnern aus an der Online-Mediation teilnehmen.

4.1.3   Webcam, Monitore & Teleprompter

Das Videobild trägt maßgeblich dazu beiträgt, dass die Beteiligten sich gegenseitig gut wahrnehmen können, vgl. Abschn. 2.4.3. Da in der Online-Mediation (in aller Regel) jede Person einzeln vor dem Bildschirm sitzt, benötigen wir keine Videokonferenz-Kameras mit Weitwinkel und Sprecher-Verfolgung. Hier stellt sich lediglich die Frage, ob die integrierte Webcam des Laptops oder eine externe Kamera verwendet wird.

Aktuellere Laptops sind mit integrierten Kameras ausgestattet, die oft hervorragende Bildqualität liefern. Diese können selbstverständlich für die Online-Mediation verwendet werden. Die Herausforderung liegt darin, gute Lichtverhältnisse zu schaffen und einen geeigneten Kamerawinkel herzustellen (siehe Abschn. 2.4.3.4). Als Gastgeberin und Online-Mediator:in sollten Sie jedoch wie erwähnt mit einem externen Monitor arbeiten und entsprechend eine externe Webcam nutzen, die Sie auf dem Monitor platzieren. Die heute gängigen *Full HD*-Modelle, sind für die Zwecke der Online-Mediation vollkommen ausreichend; wesentlich sind die Ausleuchtung, der Kamerawinkel und der Hintergrund.

Entscheidend für die Qualität der Darstellung ist die Bildschirmauflösung des Monitors. Diese hängt u. a. von der Größe ab. In vielen kleineren Laptops (unter 16 Zoll Monitor) finden sich noch Bildschirmauflösungen, die kein *Full HD* darstellen können. Ich persönlich arbeite mit einem (externen) Hauptmonitor (26 Zoll), auf dem die externe Webcam steckt und auf dem ich neben den Videokacheln das Programm geöffnet habe, in dem ich gerade mitschreibe. Auf meinem zusätzlichen, seitlich stehenden Laptop-Monitor (21 Zoll), halte ich Hintergrundinformationen zu dem Unternehmen, Organigramme oder Programme offen, die ich nur eventuell brauche. Um die Auflösung Ihres Bildschirms zu prüfen, klicken Sie auf eine leere Stelle am Desktop und wählen Sie im erscheinenden Menü → Anzeigeeinstellungen → Auflösung → Bildschirmauflösung.

Je besser die Bildqualität, umso mehr Daten müssen übertragen werden. Der Datenverbrauch in Videokonferenzen hängt somit von der Qualität der Kameras und der Anzahl der Teilnehmenden, aber auch vom Anbieter[14] ab. Eine *Full HD*-Videokonferenz in Zoom benötigt etwa 3,8 Mbits/s im *Upload* (senden) und 2,6 Mbits/s im *Downstream* (empfangen). Ein 720p HD-Video-Konferenz benötigt z. B. nur 1,2 Mbits/s im *Up*- und *Download*. Bei schwachen Bandbreiten kann daher die Reduzierung der Videoqualität eine Maßnahme sein, um Bandbreite zu sparen.

▶ **Übersicht und Definitionen zur Bildschirmauflösung** Die Bildauflösung (umgangssprachlich: **Auflösung**) ist das Maß für die Bildgröße einer Rastergrafik. Je mehr Bildpunkte (Pixel/p) ein Bildschirm anzeigt, desto höher ist die Auflösung und umso schärfer wird das Bild dargestellt.

Die **Bildrate** (Bildfrequenz) bezeichnet die Anzahl der Einzelbilder, die pro Zeitspanne aufgenommen oder wiedergegeben werden. Sie wird in der Einheit *„frames per second"* (fps) angegeben. Standard sind 60fps.

Full High Definition (**Full HD**) entspricht einer Auflösung von 1920 × 1080 Pixel. Das bedeutet eine Displayauflösung von etwas mehr als 2 Megapixeln bei dem Seitenverhältnis von 16:9, dem gängigen Seitenverhältnis heutiger Bildschirme. Die meisten gängige-Webcams liefert heute *Full HD* (1080p).

---

[14] Bsp.haft Bandbreitenbedarf Zoom https://support.Zoom.us/hc/de/articles/201362023-Zoom-Systemanforderungen-Windows-macOS-Linux#h_d278c327-e03d-4896-b19a-96a8f3c0c69c (Zugriff: 01.08.2022), Bandbreitenbedarf vitero http://www.vitero.de/docs/vitero_datenvolumen.pdf (Zugriff: 01.08.2022).

Weitere bekannte (veraltete) Auflösungen sind: Standard Definition **(SD)** mit einer Auflösung von 720×576 Pixeln; die Bildschirmauflösung, mit der Fernseher DVDs wiedergeben. Die nächsthöhere Displayauflösung ist **HD Ready** ($1280 \times 720p$).

Im Fernsehbereich sind auf LED-Displays noch höhere Auflösungen möglich, ohne dass der Monitor insgesamt zu groß wird. **Ultra HD** (UHD), auch als **4K** bezeichnet, zeigt 4000 Pixel pro Zeile an ($3840 \times 2160p$).

Nur in seltenen Fällen kommt es vor, dass Mediand:innen an Rechnern ohne Kamera sitzen. Falls noch Vorbereitungszeit bleibt, können Sie den Medianden bitten, sich eine externe Kamera zu besorgen. Häufig ist in der Familie, im Kollegen- oder Freundeskreis eine Kamera vorhanden, die geliehen werden kann. Falls Sie sofort eine Lösung brauchen, kann sich der Mediand zusätzlich über das Handy einwählen (dazu muss der Browserlink auf dem Handy geöffnet werden) und dann die Handy-Kamera einschalten. Die Person erscheint nun im virtuellen Raum mit zwei Videokacheln (einmal als Laptop-Nutzer mit schwarzer Kachel, einmal als Handy-Nutzer mit Videobild), was etwas Ungleichgewicht in das Setting bringt. Dennoch ist es vorzuziehen, dass der Mediand am Laptop eingeloggt bleibt, da die Darstellung allein auf dem Handy-Monitor sehr klein ist und häufig die Videokacheln nicht nebeneinander angezeigt werden, sondern jeweils nur der Sprecher. Für den Mediator macht das Einloggen einer zweiten Kamera dann Sinn, wenn er Methoden umsetzen möchte, die einen räumlichen Bezug erfordern (z. B. einen freien Stuhl darstellen) oder auf bestimmte Objekte verweisen möchte (z. B. Blumenstrauß, Flipchart, ein besonderes Bild als Pausenzeichen, …).

Umsetzung der Methode „Fish Bowl" mit einer zweiten Kamera

In einer Online-Großgruppenmediation mit über 40 Personen[15], habe ich mit einer Kollegin zur Interessensklärung die Methode Fish Bowl angewendet. Hierzu wurden von den drei Konfliktparteien je zwei Stellvertreter:innen bestimmt, um die jeweilige Partei im „Innenkreis" zu vertreten. Diese sechs Personen ließen ihre Webcams angeschaltet, während alle anderen („Außenkreis"), die Webcams ausschalteten. Wir empfahlen allen ihre Ansicht so einzustellen, dass ausgeschaltete Kameras nicht als Videokachel dargestellt werden (vgl. Zoom Einstellungen), sodass die Personen im Außenkreis lediglich die 6 Videobilder der Stellvertreter:innen sowie von uns beiden Mediatorinnen sahen.

Zusätzlich loggte ich mein Handy als weiteren „Teilnehmer" ein und richtete die Handy-Kamera auf einen leeren Stuhl, der in meinem Arbeitszimmer vor einer weißen Wand stand. Diese Videokachel repräsentierte den „leeren Stuhl", auf den sich jederzeit eine Person aus dem Außenkreis setzen kann, um ihre Sicht der Dinge

---

[15] online in Zoom durchgeführt mit meiner Kollegin Anja Kirchner, www.kopkon.de (Zugriff: 01.10.2022).

zu ergänzen. Sobald sich jemand hierfür meldete und seine Kamera einschaltete, deaktivierte ich die Handy-Kamera, sodass auch optisch ersichtlich war, dass der „leere Stuhl" jetzt besetzt war. Sobald die Person aus dem Außenkreis ihren Beitrag beendet hatte und ihre Kamera wieder ausschaltete, aktivierte ich den „leeren Stuhl" wieder. ◄

In Fernsehstudios arbeiten Fernsehsprecher mit Teleprompter. Dabei wird der vorzulesende Text auf Augenhöhe eingeblendet, sodass der Moderator:in beim Sprechen durchgehend Augenkontakt halten kann. Insbesondere durch den youtube-, Instagram- und *Influencer*-Boom sind tragbare Tablet/iPad Teleprompter-*Kits* in vielfacher Ausführung erhältlich, die äußerlich an die Ursprünge der Fotographie erinnern. Auch wenn in der Mediation keine längeren Texte vorgelesen werden, könnte man das Videobild der Gesprächspartner über den Teleprompter so einblenden, dass durchgehender Blickkontakt möglich ist. Wie bereits diskutiert, wird permanenter Blickkontakt jedoch auch im F2F- Gespräch nicht praktiziert, im Gegenteil: wir wären äußerst irritierend, wenn unser Gegenüber uns durchgehend in die Augen schauen würde. Daher ist meines Erachtens die Arbeit mit Teleprompter für das Gelingen einer Online-Mediation nicht erforderlich. Eventuell gibt es jedoch im 1:1 Coaching oder im Beratungs- und Therapiekontext sinnvolle Einsatzfelder.

4.1.4 Audiogeräte/Audioqualität

Wie wichtig die Audioqualität in der professionellen Online-Kommunikation ist, wurde in Abschn. 2.4 erläutert. Da Störungen in der Audioübertragung die Online-Sitzung für alle Beteiligten sehr anstrengend machen, ist die technische Vorbereitung besonders wichtig. Die Zeiten, als alle Beteiligten froh waren, wenn sie sich überhaupt gehört haben, sind lange vorbei. Dennoch neigen immer noch viele Teilnehmende dazu, eine schlechte bis mittelmäßige Audioqualität hinzunehmen. Hier ist es Ihre Pflicht als Gastgeber/Online-Mediator so lange nach Verbesserungen zu suchen, bis die Audioqualität auf einem wirklich angenehmen Niveau ist. Manchmal ist der Teilnehmer nur zu weit vom (integrierten) Mikrofon des Laptops entfernt. Manchmal liegen andere Ursachen vor, siehe Abschn. 4.1.5. Bedenken Sie, dass der Teilnehmende, der Störgeräusche verursacht, dies selbst nicht hört und daher auf Ihre Rückmeldung angewiesen ist. Investieren Sie die nötige Zeit zur Optimierung der Audioqualität und lassen Sie sich auch in jeder Sitzung bestätigen, dass Sie selbst hervorragend zu hören sind.

Für die Echtzeitkommunikation im Internet wird der Web Real-Time Communication (WebRTC)-Standard verwendet. Zum Aufbau dieser WebRTC-Verbindung fragt der Browser automatisch ab, ob Sie den Zugriff auf das Mikrofon (und die Kamera) erlauben.

Die integrierten Laptop-Mikrofone sind von der Qualität her für Team-Meetings und kurze Absprachen in Ordnung, für längere intensive Gespräche lohnt es sich jedoch ein höherwertiges Mikrofon zu wählen. Je nachdem, wie das Laptop steht, ist das darin integrierte Mikrofon zudem weit vom Mund entfernt, sodass neben der Stimme auch andere Geräusche aus dem Raum übertragen werden und die Lautstärke jedes Mal schwankt, wenn die Person sich bewegt. Ein externes Mikrofon ist daher empfehlenswert, auch wenn Sie von Ihren Mediand:innen nicht den gleichen professionellen Standard erwarten können, den Sie als Gastgeber:in mitbringen. Achten Sie grundsätzlich darauf, dass der Mikrofon-Pegel (Lautstärke) in der Systemsteuerung *(Sound)* ausreichend hoch eingestellt ist.

Viele Nutzer:innen haben sich im privaten Bereich (Filme/Videos schauen, Video-Telefonie, Musikhören, ...) angewöhnt die externen Lautsprecher des Rechners zu verwenden. Dies kann zu Rückkopplungseffekten im virtuellen Raum führen, sodass die Audioqualität für alle anderen deutlich leidet. Auch wenn Kopfhörer (PC-Headset oder Smartphone-Hörer) nicht so schick aussehen und bei längerem Tragen unangenehm sein können, sind sie doch ein verlässlicher Schutz vor ungewolltem Mithören durch weitere Personen im Raum oder in angrenzenden Zimmern. Auch fällt das konzentrierte Zuhören über Kopfhörer leichter. Falls es keine Alternative zu externen Lautsprechern gibt, stellen Sie diese so auf, dass keine Einstreuung mit dem Mikrofon entsteht; dafür sollten die Boxen nicht zu dicht vor dem Mikrofon stehen.

Beachten Sie generell, äußere Lärmquellen (Verkehr, Klimaanlagen, Maschinen, ...) abzuschirmen und setzen Sie sich lieber in Räume mit geräusch-absorbierenden Materialien (Vorhänge, Teppiche) anstatt in Räume mit glatten Wänden oder gekachelten Böden, die den Schall stark reflektieren.

Als Audiogeräte stehen zur Auswahl:

- **PC-Headset mit Bügelmikrofon:**
  Beschallung beider Ohren, hervorragende Audioqualität dank Geräuschunterdrückung und *Noise Cancelling*, USB-Anschluss, Bewegungsfreiheit durch angemessene Kabellänge
- **PC-Headset mit Bügelmikrofon**
  Beschallung beider Ohren, Mikrofon nahe genug am Mund, sollte kabelgebunden sein, da *Bluetooth*-Kopfhörer anfällig für Aussetzer sind. Achten Sie darauf, dass das Mikrofon nicht am Kragen, an der Bluse, Kette oder Knöpfen raschelt.
- **PC-Headset mit Bügelmikrofon** plus Kopfhörer:
  bietet hervorragende Akustik, kein Mikrofon vor dem Mund, mit *Smartphone*-Kopfhörern kombinierbar
- **Ansteckmikrofon** plus Kopfhörer:
  für Personen, die gerne im Stehen arbeiten und sich viel bewegen möchten; auf ausreichende Kabellänge achten; für Bewegungsfreiheit Kombination mit *Bluetooth*-Kopfhörern oder externen Lautsprechern (Risiko der Verbindungsaussetzer und Rückkopplung prüfen)
- **Mikrofon der Webcam** plus Kopfhörer:
  bei hochwertigen Kameras kann das rechts und links der Linse verbaute Mikrofon sehr gute Audioqualität liefern, sofern der Abstand zum Mund nicht zu groß ist

- **Freisprecheinrichtung:**
  frei auf dem Tisch stehendes Gerät, das Mikrofon und Lautsprecher integriert; ideal für Gruppen von 2–6 Personen, die um den Tisch sitzen (hybrids Setting)

4.1.5 Trouble-Shooting: Erste Hilfe bei Audio- & Videoproblemen

Auch wenn Sie einen Technik-Check durchgeführt haben, um sich abzusichern, kann es zu Beginn oder während der Sitzung zu plötzlichen Veränderungen in der Audio-, Video- oder Verbindungsqualität kommen. Idealerweise haben Sie für grobe Störungen einen IT-*Supporter* zur Hand, den Sie anrufen können. Dies kann der interne IT-Ansprech-partner Ihres Kunden sein (bei innerbetrieblichen Aufträgen) oder Ihr persönlicher IT-Dienstleister. Für kleinere Störungen sollten Sie selbst jedoch geeignete Fragen und Maßnahmen kennen, die oft schon weiterhelfen (s. Tab. 4.1).

4.2 Software-Auswahl

Videokonferenz- und Virtual Classroom-Systeme gibt es seit gut zwei Jahrzehnten auf dem Markt, jedoch waren sie vor der Pandemie überwiegend nur in Großunternehmen und in der E-Learning-Branche verbreitet. Erst seit 2020 hat sich die Etablierung solcher Systeme im beruflichen und vor allem im privaten Bereich stark beschleunigt. Im Jahr 2019 betrug der weltweite Markt für Videokonferenz-Systeme 5,32 Mrd. US\$. Bis zum Jahr 2027 wird dem Markt ein Anstieg auf rund 11 Mrd. US\$ prognostiziert[16]. Durch die Pandemie wurden ganze Bevölkerungsgruppen „zwangs"-digitalisiert und haben die Vorzüge synchroner Online-Kommunikation inzwischen schätzen gelernt. Video-konferenzen werden nun auch ohne Pandemie-Druck Bestandteil unseres Alltags bleiben und vermutlich in den kommenden fünf Jahren noch selbstverständlicher werden. Dass virtuelle Kommunikation aus der Arbeitswelt der Zukunft nicht mehr wegzudenken ist, zeigt unter anderem die im Frühsommer 2022 ins Leben gerufene Kooperation der LEARNTEC – größte E-Learning Messe im deutschsprachigen Raum – mit dem NEW WORK EVOLUTION, Süddeutschlands Leitkongress zu modernen Arbeitskonzepten und Unternehmenskultur[17].

Welche Videokonferenz-Systeme aktuell den internationalen Markt dominieren zeigt der Gartner® Magic Quadrant™. Das IT-Beratungsunternehmen Gartner bringt einen jährlichen Report zu Markttrends im IT-Bereich heraus, unter anderem auch zu Videokonferenz-Systemen, der als Fixstern für die E-Learning Branche gilt. Ob ein

---

[16] siehe   https://de.statista.com/statistik/daten/studie/1225334/umfrage/videokonferenz-markt-volumen-weltweit/ (Zugriff: 20.08.2022).

[17] https://www.learntec.de/de/ (Zugriff: 01.08.2022).

Tab. 4.1 Typische Audio-/Video-Problematiken in Videokonferenzen und Lösungsansätze

PROBLEM	FRAGE an Teilnehmer	MASSNAHME / LÖSUNG
Teilnehmer hört nichts	Ist die Hörlautstärke laut genug eingestellt und nicht aus Versehen sehr leise oder auf Null? Oder ist vielleicht der Lautsprecher im virtuellen Raum stumm geschaltet?	Die eigene Hörlautstärke lässt sich in manchen Systemen im virtuellen Raum selbst nach-justieren (→ Untermenu Audio) oder kann am PC in den Soundeinstellungen (z. B. unter Windows: Lautsprecher-Symbol in der Windows-Leiste, links neben Datum und Uhr-zeit) eingestellt werden
	Hat der Teilnehmer den Zugriff auf sein Audiogerät überhaupt erlaubt oder aus Versehen beim Login-Prozess die Bestätigung weggeklickt?	Wenn ein Teilnehmer tatsächlich ohne Audio-verbindung im virtuellen Raum gelandet ist, kann der Zugriffsdialog auf das Headset (Kopf-hörer) manuell geöffnet werden, indem auf das Schloss-Symbol vorne links in der Adresszeile des Browsers geklickt wird. Falls der Teil-nehmer dieses nicht findet, am besten nochmal aus- und wieder neu einloggen und dann den Zugriff auf das Headset zulassen
	Wurde Ihr Audiogerät überhaupt von der Software erkannt? Ist überhaupt das richtige Wiedergabegerät (Laut-sprecher) ausgewählt?	Mitunter wird ein externes Gerät nicht erkannt, wenn es erst nach dem Start der Video-konferenz-Software in den Rechner eingesteckt wird, oder aber wenn der Teilnehmer kurz vor-her noch in einem anderen Konferenzsoftware eingeloggt war und sich dort nicht ausgeloggt hat (ggf. greift dann die andere Software noch auf das Mikrofon zu). Falls das Gerät nach-träglich eingesteckt wurde, hilft nur ausloggen, Geräte einstecken und neu einloggen. Falls das Audiogerät noch in einer anderen Soft-ware aktiviert ist, andere Software schließen und neu im jetzt gewünschten virtuellen Raum einloggen. Häufig stehen mehrere Audiogeräte zur Ver-fügung (z. B. Headset, integrierte Lautsprecher, Webcam, …). Teilnehmer bitten, in der Soft-ware zu überprüfen, ob das gewünschte Gerät (Kopfhörer oder Lautsprecher) überhaupt zur Auswahl steht (oder eventuell ausgegraut ist oder überhaupt nicht angezeigt wird).
Teilnehmer ist doppelt zu hören	Haben Sie versehentlich zweimal den virtuellen Raum zweimal (in ver-schiedenen Browserfenstern oder an verschiedenen Geräten) geöffnet?	Ist der Teilnehmer doppelt eingeloggt und nutzt einen externen Lautsprecher, kann das Mikrofon des Teilnehmers den Ton der Online-Sitzung aufnehmen, und in den virtuellen Raum zurück übertragen. Bitten Sie den Teil-nehmer sich nur einmal einzuloggen und/oder möglichst ein Headset zu benutzen.

(Fortsetzung)

Tab. 4.1 (Fortsetzung)

PROBLEM	FRAGE an Teilnehmer	MASSNAHME / LÖSUNG
Teilnehmer verursacht Störgeräusche	Kann es sein, dass es bei Ihnen im Hintergrund gerade etwas laut geworden ist? Wir können das mithören. Nutzen Sie das eingebaute Mikrofon von Laptop oder Webcam anstatt eines Headsets?	Sprechen Sie den Teilnehmer, der vermutlich die Störgeräusche verursacht, direkt an. Oft ist der Person nicht bewusst, dass alle das Geräusch mithören können. Es hilft dann nur, das Mikrofon so lange ausgeschaltet zu lassen bis es wieder ruhiger geworden ist. Interne Mikrofone können meistens die Umgebungsgeräusche nicht so gut herausfiltern.
Teilnehmer verursacht Rückkopplung/Echo	Kann es sein, dass Sie gerade über die Lautsprecher Ihres Laptops zuhören und dass Ihre Hörlautstärke recht hoch eingestellt ist? Das könnte hier ein Echo verursachen	Wenn JA, Teilnehmer bitten, seine Hörlautstärke etwas leiser zu pegeln oder Kopfhörer/Headset einzustecken
Teilnehmer ist nicht zu hören/kann nicht sprechen	Wurde das Mikrofon überhaupt erkannt? Ist das richtige Mikrofon ausgewählt?	Sofern der Teilnehmer den Zugriff auf sein Mikrofon grundsätzlich erlaubt hat (s. o.), bitte überprüfen, auf welches Mikrofon tatsächlich zugegriffen wird und dann das gewünschte auswählen
Teilnehmer ist abgehackt zu hören bzw. schildert, dass er die anderen Teilnehmenden nur abgehackt oder verzögert hört	Kann es sein, dass die Bandbreite an Ihrem Standort schwach ist oder schwankt?	Teilnehmer bitten alles zu tun, um das Datenvolumen so gering wie möglich zu halten, d. h. alle nicht benötigten Programme, insbesondere E-Mail-Programm, andere Browserfenster, Hintergrundprozesse zu schließen und Up- und Downloads zu beenden. Falls der Teilnehmer WLAN nutzt: sich näher an den Router setzen Falls dies nicht ausreicht: den Teilnehmer bitten, seine Webcam (vorübergehend) zu schließen. Als Mediator: in: *Screen-Sharing* beenden und auf andere Visualisierungsmöglichkeiten ausweichen oder ganz ohne Visualisierung weiterarbeiten.

Videokonferenz-System (auch) für Online-Mediation geeignet ist, hängt jedoch von anderen Kriterien ab als rein pädagogisch-didaktischen Überlegungen. Hier spielen unter anderem Kriterien wie der unkomplizierte Login-Prozess, stabile Lauffähigkeit und die Flexibilität in der Anordnung und Größe der Videokacheln, Integrierbarkeit von Moderationstechniken, Möglichkeiten der Mikrofonsteuerung, einfache Dokumentation/Schnappschussfunktion und *Whiteboard* mit Freihandzeichen-Funktion eine Rolle und Erfüllen eine andere Funktion als in Lehr-Lern-Szenarien.

4.2.1 Überblick Videokonferenz-Anbieter

Da der Videokonferenz-Markt sehr dynamisch ist und Anbieter regelmäßig den Funktionsumfang ihrer Software überarbeiten, ist es unmöglich, einen wirklich aktuellen Überblick über Videokonferenz-Tools und ihre Funktionen zu finden bzw. zu erstellen. Wer die Anschaffung einer Software-Lizenz plant, muss sich daher zum gegebenen Zeitpunkt selbst ein Bild über das Angebot machen und den genauen Funktionsumfang, Preis, technische Besonderheiten und Datenschutzrichtlinien beim jeweiligen Hersteller recherchieren. Nehmen Sie auf jeden Fall an einer Demo oder Testsitzung teil, um die Software aus Teilnehmersicht kennen zu lernen. Viele Hersteller bieten auch eine kostenlose Teststellung an.

Grundsätzlich haben Sie drei Möglichkeiten, ein Videokonferenzsystem zu nutzen:

- Sie hosten einen **eigenen Server** und betreiben das System auf eigener Infrastruktur, was sicherlich einer ausgeprägten IT-Affinität bedarf. Sie benötigen von der Videokonferenz-Software eine Kauflizenz (sog. *On-Premises* Lizenz) oder nutzen eine Open-Source-Software. Es entstehen zusätzliche Kosten und Aufwand für das Serverhosting, aber Sie haben die vollständige Kontrolle über die verarbeiteten Daten. Wenn Sie als (IT-affiner) Mediator in Branchen mit hohen Anforderungen in Bezug auf die Verarbeitung personenbezogener Daten arbeiten (z. B. Banken-/ Versicherungssektor, Behörden, öffentlicher Dienst), sollten Sie diesen Weg in Betracht ziehen, zumal wenn Sie so einen Server auch im Rahmen anderer Tätigkeiten brauchen können.
- Sie greifen auf einen **externen IT-Dienstleister** (mit Firmen – und Serverstandort in Europa) zurück, der das Videokonferenzsystem mitsamt Hard- und Software anbietet. Hier müssen Sie sich um nichts mehr kümmern, zahlen jedoch für die Bereitstellung und Serverpflege. Diesen IT-Dienstleister sollten Sie für die langfristige Zusammenarbeit sorgsam auswählen. Dieser Weg kommt infrage, wenn Sie als Mediatorin in Branchen mit hohen Anforderungen in Bezug auf die Verarbeitung personenbezogener Daten arbeiten, selbst jedoch nicht technik-affin sind und sich auch nicht weiter mit der Software-Bereitstellung befassen möchten.
- Sie nutzen das Videokonferenz-Tool als Online-Dienst (sog. **Software-as-a-Service,** SaaS), müssen sich in Bezug auf die Software-Bereitstellung um nichts kümmern, sind jedoch auf die Rahmenbedingungen des Anbieters, was den Umgang mit personenbezogenen Daten anbelangt, angewiesen. Dies wird für die allermeistern Mediator:innen der passende Weg sein.

Eine Übersicht weit verbreiteter Videokonferenz-Anbieter bieten die Liste des Landesbeauftragten für Datenschutz und Informationsfreiheit Baden-Württemberg (LfDI)[18], eine

---

[18] siehe Tabelle vom August 2021 https://www.baden-wuerttemberg.datenschutz.de/vks/ (Stand: 20.8.2022).

Übersicht der Zeitschrift Computerwoche [3], der Leitfaden Online-Konferenz-Tools der Bundesarbeitsgemeinschaft Selbsthilfe[19] oder die Übersicht der Gesellschaft für Datenschutz und Datensicherheit (GDD)[20]. Bei Abschluss dieser Publikation waren lediglich diese zwei Übersichten aus dem Jahr 2021 abrufbar und dienen daher nur zur Orientierung, da sie im Grunde bereits veraltet sind. Eine grundsätzliche Frage ist sicherlich, ob Sie sich für ein deutsches bzw. europäisches oder für ein amerikanisches Produkt entscheiden. Je nachdem in welcher Branche Sie als Mediator:in aktiv sind, mag das Thema DSGVO-Konformität mehr oder weniger Gewicht haben, vgl. zum Thema Datenschutz Abschn. 4.3.3.

Folgende deutsche bzw. Open Source Software-Produkte (in alphabetischer Reihenfolge) kommen für Online-Mediation infrage (ohne Anspruch auf Vollständigkeit):

- **alfaview** (alfaview GmbH, Karlsruhe), www.alfaview.com
- **BigBlueButton** (BigBlueButton Inc., Open Scource Software), über verschiedene Anbieter kostenlos nutzbar, z. B.: www.bbbserver.de (BBB Deutschland-Vertrieb, Remscheid); https://senfcall.de (datensparsame BBB-Variante der TU Darmstadt); https://fairkom.eu (österreichische BBB-Variante auf Spendenbasis)
- **edudip** (edudip GmbH, Aachen), www.edudip.com
- **jitsi** (8×8 Inc., Open Source Software), über verschiedene Anbieter kostenlos nutzbar z. B. https://jitsi.org/downloads/; Technischen Universität Ilmenau: https://jitsi.fem.tu-ilmenau.de/; Freifunk-Initiative München: https://meet.ffmuc.net/
- **mikogo** (snapview GmbH, München), https://www.mikogo.de
- **vitero** (vitero GmbH, Stuttgart), https://vitero.com
- …

Aktuell wird der Videokonferenz-Markt von einer Handvoll amerikanischer Anbieter – darunter Zoom, Microsoft (mit dem Produkt Teams), Cisco (mit dem Produkt Webex und Google) (mit dem Produkt Google Meet) – dominiert, die zusammen ca. 83 % Marktanteile halten. Für kleinere und unbekanntere Anbieter ist es herausfordernd, sich auf diesem Markt zu platzieren und zu behaupten. Das Stuttgarter Software-Unternehmen Nextcloud beantragte im November 2021 beim Bundeskartellamt zu überprüfen, ob Microsoft seine Windows-Monopolstellung dafür missbrauche, die eigene Videokonferenzlösung Teams zu etablieren[21]. Der Verdacht ist nicht unbegründet, hat doch der Windows-Konzern Anfang 2022 proklamiert, Teams solle zur Schaltzentrale für

---

[19] Leitfaden „Online-Konferenz-Tools" (pdf) vom 30.11.2021 zum Download: https://www.bag-selbsthilfe.de/informationen-fuer-selbsthilfe-aktive/selbsthilfearbeit-in-der-corona-krise/internet-basierte-kommunikation-in-der-corona-krise (Stand: 20.5.2022).

[20] https://www.gdd.de/downloads/praxishilfen/ph_videokonferenzsysteme_aktuelle-tabelle/view (Zugriff: 30.08.2022).

[21] https://www.spiegel.de/wirtschaft/unternehmen/deutsche-softwarefirma-beschwert-sich-beim-bundeskartellamt-ueber-microsoft-a-45932126-240e-4756-9058-b5a0e85c2a79 (Stand: 01.08.2022).

Wissensarbeiter werden, über die künftig sämtliche Kommunikation, Zusammenarbeit und Geschäftsprozesse laufen. Das größte Wachstum im Zuge der Pandemie hat jedoch 2020 der Anbieter Zoom vorgelegt – mit einem explosionsartigen Anstieg der Nutzer- zahlen um mehr als 300 %. In 2021 war der Zuwachs bei Zoom bereits deutlich rück- gängig, was auf eine gewisse Marktsättigung hindeutet[22].

In Großunternehmen und international agierenden Konzernen sind die amerikanischen Videokonferenz-Anbieter weit verbreitet. Sie alle haben sich inzwischen mit den Bestimmungen der DSGVO befasst, teilweise erhebliche Anpassungen in ihren Daten- schutzrichtlinien vorgenommen und bieten Serverstandorte in Europa an, vgl. [8]. Dies ändert nichts daran, dass sie als amerikanische Anbieter den dortigen politischen Regelungen unterliegen, vgl. Abschn. 4.4.1. EU-Bürger:innen können gegen Datenschutzverstöße amerikanischer Unternehmen, die nach wie vor zahlreich vorkommen, vor ihrer nationalen Datenschutzbehörde vorgehen. Wenn es um europaweite Fragen geht, ist jedoch die Behörde des Landes zuständig, in dem der (amerikanische) Anbieter seinen Europasitz hat. Häufig ist dies Irland oder Luxemburg, weil in diesen Ländern – im Vergleich zu Deutschland – die Umsetzung der DSGVO eher lax gehandhabt wird.

Falls Ihr Tätigkeitsschwerpunkt in der (internationalen) Wirtschaftsmediation liegt, werden Sie häufig damit konfrontiert sein, dass Ihr Kunde eines der folgenden Tools für eine Online-Mediation vorschlägt oder vorgibt: Adobe Connect, Gotomeeting, Teams, Webex oder Zoom. Detailinformationen zu diesen Tools finden Sie auf den Websites der Anbieter oder in o. g. LfDI-Leitfaden.

4.2.2 Auswahlkriterien für Videokonferenz-Software

4.2.2.1 Funktionsumfang & technische Features

Der Funktionsumfang der Videokonferenz-Systeme hat sich in den letzten zwei Jahren stark angeglichen. Oft wurden die Systeme ursprünglich entweder mit dem Fokus Online-Meetings *(Webconferencing)* oder mit dem Fokus Online-Trainings *(Virtual Classroom)* entwickelt. Eine ausdrücklich für Online-Mediation entwickelte Software gibt es meiner Kenntnis nach nicht.

Die Systeme verfügen in aller Regel über folgende Grundfunktionalitäten:

- browserbasiert Audiokommunikation in Echtzeit
- alternative Telefoneinwahl
- *Streaming* mehrerer Webcam-Bilder
- *Screen-Sharing*/Bildschirm-Teilen
- *File-Sharing*/Datenaustausch

---

[22] Vgl. https://www.funkschau.de/office-kommunikation/nach-corona-boom-waechst-videodienst-Zoom-langsamer.191668.html (Stand: 01.08.2022).

- *Chat*-Funktion/schriftlicher Austausch
- Teilnehmerliste
- Nonverbale Signale/Gesten
- eine Art Whiteboard zur Kollaboration
- *Breakout*-Sessions/Nebenräume
- Synchrones Abspielen von Audio- und Videodateien
- Virtueller Warteraum
- Abfragen & Umfragen
- Verschlüsselte Datenübertragung (mind. Transportverschlüsselung; ggf. Ende-zu-Ende)
- Aufzeichnungsfunktion

Da unser Hauptaugenmerk bei der Durchführung einer Online-Mediation auf dem mündlichen Austausch und den Videobildern liegt, sind etliche dieser Funktionen hier nicht relevant. Der Funktionsumfang ist somit in aller Regel nicht das Problem. Wenn Sie Wert darauf legen, dass Ihre Mediand:innen für die Teilnahme an Kreativitätstechniken keinen Medienbruch erleben, sollten Sie ein Tool wählen, das die Umsetzung von Moderationstechniken bereits integriert hat[23].

Folgende technische *Features* sind für Online-Mediation interessant:

- Kann die Videoqualität an die Bandbreite der Nutzer anpasst werden?
- Sind die Videokacheln frei skalierbar? Auch wenn eine Präsentation geteilt wird?
- Lässt sich das Namensschild umbenennen?
- Lassen sich alle Teilnehmenden einzeln und als Gruppe stumm schalten?
- Folgt die Software dem *What-you-See-is-what-I-See*-Prinzip, d. h. ist die Ansicht ist für alle Benutzer in allen Browsern und an allen Endgeräten identisch (bzw. vom Moderator steuerbar)
- Können *Co-Host*/Co-Moderatorenrechte übergeben werden?
- Gibt es ein eindeutiges „Pausenzeichen", das auch die Audiokanäle schließt?
- Sind Moderationstechniken im virtuellen Raum direkt umsetzbar (über ein Whiteboard)?
- Können Kollaborationstechniken sowohl personalisiert als auch anonym durchgeführt werden?
- Wie können gemeinsam erarbeitete Ergebnisse dokumentiert werden? Gibt es eine Schnappschussfunktion?
- Können Schreibrechte an einen Co-Moderator übergeben werden? (virtuelle Maus)
- Gibt es File-Sharing Funktion, um Ergebnisse direkt in der Sitzung zu teilen?

---

[23] z. B. hat die Software vitero Symbole integriert, sodass kollaborative Methoden direkt in der Software umgesetzt werden können; in Zoom sind zahlreiche Apps integrierbar z. B. miro, conceptboard etc.

4.2.2.2 Benutzeroberfläche *(Graphic User Interface)*

Das *Graphic User Interface* (GUI), die Benutzeroberfläche, macht das virtuelle Raum-erleben aus. Tatsächlich achten die meisten Nutzer nicht bewusst auf das *Look & Feel*, sondern nehmen die Art und Weise der Gestaltung eher unbewusst auf. Wo sich welche Fenster und die Hauptbedienelemente befinden, beeinflusst jedoch nachhaltig, ob eine Software als intuitiv bedienbar wahrgenommen wird oder nicht. Tendenziell sind *Open Source* Anbieter in Sachen grafischer Gestaltung häufig nicht so innovativ wie die kostenpflichtigen Systeme.

In den meisten *Tools* gibt es einzeln auf/zu klappbare Fenster für die Teilnehmerliste und den Chat sowie einen Bereich (unten oder seitlich) mit den Grund-Bedienelementen. Im Hauptbereich werden die Videokacheln und/oder die Präsentation oder das externe Kollaborationstool angezeigt. Lediglich die Software vitero unterscheidet sich im GUI deutlich. Hier wurde eine 2D-Raumansicht gewählt, die sich an der realen Welt orientiert und räumliche Nähe im Virtuellen erlebbar macht.

Ob Ihnen die Benutzeroberfläche einer Videokonferenz-Software zusagt, probieren Sie am besten selbst aus. Nutzen Sie die Gelegenheit, an einer Live-Demo oder Testsitzung des Herstellers teilzunehmen und den virtuellen Raum aus Teilnehmersicht zu erleben. Das bloße Anschauen eines youtube-Tutorials kann diesen unmittelbaren Eindruck als eingeloggter Teilnehmer und den Austausch mit anderen nicht ersetzen. Angebote zu unverbindlichen Demos und Testsitzungen finden Sie auf den Websites der Hersteller.

4.2.2.3 Preis/Lizenzgebühr

Die Preise für Videokonferenz-Systeme klaffen weit auseinander: von der kostenlosen *Open Source* Software bis zum Premium-Anbieter mit 3-stelligen Euro-Beträgen an Lizenzkosten pro Monat, ist alles dabei. Wenn Sie Lizenzgebühren betrachten, achten Sie darauf, dass Sie nicht Äpfel mit Birnen vergleichen. Die meisten Anbieter unterscheiden zwischen

- **Lizenzmodell:** Einzellizenz (nur 1 Person kann Gastgeber sein) oder Unternehmens-lizenzen (mehrere Personen aus einer Organisation können sich die Nutzung des virtuellen Raums teilen). Für Mediator:innen, die in einer Praxis- oder Bürogemeinschaft tätig sind oder innerbetrieblich angestellte Mediator:innen kommt ggf. eine Unternehmenslizenz infrage.
- **Raumgröße:** Anzahl der möglichen Teilnehmenden pro Sitzung. Manche Hersteller bieten 5er-Schritte, andere 10er, 50er oder 100ter-Schritte. Sehr kleine Gruppengrößen (in der Regel 3 Personen bzw. 4 mit Co-Mediator:in) wie in der klassischen Mediation üblich werden i. d. R. nicht berücksichtigt bzw. rabattiert.
- **Sitzungsdauer:** bei manchen Anbietern sind bis zu xx Minuten Sitzungsdauer kostenlos. Für eine Mediation sind diese Zeitspannen i. d. R. zu kurz und eine Unterbrechung und Neubuchung kommt im Rahmen einer Konfliktklärung nicht infrage.

Falls Sie sich eine Lizenz mit Kolleg:innen teilen möchten, stellen Sie klare Regeln in Bezug auf die die organisatorische und technische Nutzung der Software auf. Bedenken

Sie, dass Sie bei der Nutzung von vermeintlich kostenfreien Angeboten häufig mit der Weitergabe Ihrer Daten bezahlen (vgl. Abschn. 4.3.3).

4.3   Mehrwerte der synchronen Online-Kommunikation

4.3.1   Interkulturalität & Übersetzungshilfen

Online-Kommunikation ist prädestiniert dafür, Menschen über Landesgrenzen hinweg, aus unterschiedlichen Kulturen, mit unterschiedlichen Muttersprachen ins Gespräch zu bringen. Gerade im Bereich interkultureller (bilateraler) Konflikte und im Bereich von Konflikten zwischen ethnischen Gruppen kann Online-Mediation einen wertvollen Beitrag zur Friedensarbeit leisten, wenn F2F-Treffen zu teuer, zeitaufwändig oder nicht möglich wären.

Abgesehen von den Herausforderungen und Besonderheiten der interkulturellen Mediation an sich (die nicht Thema dieser Publikation ist), stellt die Sprachbarriere eine besondere Problematik dar. Häufig einigt man sich auch dann auf die Universalsprache Englisch, wenn diese für alle eine Fremdsprache darstellt.

Gerade in der Mediation kommt es aber auf die genaue Wortwahl an. Nicht nur für Menschen im Konflikt ist es leichter, sich auszudrücken, wenn sie in ihrer Muttersprache sprechen können. Auch für den Mediator ist es wichtig, Mediand:innen in seinem natürlichen Redefluss und in seiner individuellen Wortwahl zu erleben, statt in möglicherweise eingeschränktem Englisch. Aus diesem Grund führt der Verein Mediation in internationalen Kindschaftskonflikten MiKK e. V. Mediationen zwischen binationalen Partnern, die sich trennen möchten, grundsätzlich mit zwei Mediator:innen durch, die jeweils die Muttersprache der beiden Parteien sprechen. *Online* lässt sich darüber hinaus unkompliziert ein Dolmetscher hinzuziehen – und es ist erheblich einfacher für seltene Sprachen die geeignete Übersetzerin zu finden, wenn Entfernung keine Rolle spielt. Der erhöhte Zeitbedarf, der entsteht, weil der Dolmetscher jede Aussage übersetzt (und damit wiederholt) kann als lästige Zeitverzögerung oder als willkommene Entschleunigung empfunden werden.

Aktuell sind Videokonferenzsysteme noch nicht standardmäßig darauf ausgelegt, dass simultan mehrere Sprachen gleichzeitig gesprochen werden[24]. Technisch wäre es jedoch möglich, mehrere Tonspuren im virtuellen Raum parallel anzubieten und individuell zuzuordnen. Wem dieser Aspekt wichtig ist, kann ein auf *Remote Simultaneous Interpreting* (RSI) spezialisierten Anbieter hinzuziehen, der mit komplett ausgestattetem Dolmetscherstudio (Remote Hubs) Simultandolmetscherleistungen alle gängigen Videokonferenztools bedient.

---

[24]Lediglich alfaview bietet laut eigener Website Simultandolmetschen an (Stand: Juli 2022; Aussage von der Autorin nicht überprüft).

Eine selbst umsetzbare Lösung ist die (unterstützende) Nutzung einer Übersetzungs-software[25], die den gesprochenen Wortlaut gleichzeitig verschriftlicht und übersetzt. Die Mediand:innen und Mediator:in können die Software auf dem zweiten Monitor oder auf dem Handy öffnen und so parallel mitlesen. Dies kann zusätzliche Sicherheit geben, wenn grundlegende Sprachkenntnisse, jedoch kein umfangreicher Wortschatz, vorhanden sind.

4.3.2 Inklusion, Barrierefreiheit & Demokratisierung

Die Möglichkeit, Menschen mit körperlicher oder psychischer Beeinträchtigung, auf unkomplizierte Weise an Kommunikationsangeboten teilhaben zu lassen, ist einer der großen Vorteile synchroner Online-Kommunikation. Gegen die Hürden einer Anreise sowie bauliche, akustische und soziale Herausforderungen im physischen Raum, erscheint die Teilnahme an einer Online-Sitzung für viele Menschen mit Einschränkungen denkbar einfach. Damit ein inklusiver Ansatz gelingt, ist Barrierefreiheit als wichtiger Bestandteil von Inklusion unabdingbar.

Richtlinien für die Barrierefreiheit von *Websites* gibt es seit geraumer Zeit. Seit Juni 2018 liegen die überarbeiteten *Web Content Accessibility Guidelines* WCAG 2.1[26] vor. Einige Anbieter von Videokonferenz-Programmen haben Barrierefreiheit schon während der Entwicklung beachtet, andere erkannten die Notwendigkeit erst später und lieferten nachträglich Updates. Eine Übersicht liefert die Tabelle der Bundesfachstelle Barrierefreiheit [4], der Artikel von Domingos de Oliveira [6] und die Liste der Überwachungsstelle des Bundes für Barrierefreiheit von Informationstechnik (BFIT) [12].

▶ **Zwei-Sinne-Prinzip** Ein wichtiges Prinzip der barrierefreien Gestaltung von Gebäuden, Einrichtungen und Informationssystemen, ist das Zwei-Sinne-Prinzip. Alle Informationen aus unserer Umwelt nehmen wir über unsere Sinne wahr. Dabei liegt der Anteil an aufgenommener Information – wenn wir uns im Alltag bewegen – durch den Seh-Sinn bei ca. 80 % und beim Hör-Sinn bei ca. 10 %. Danach folgen taktile, fühlbare Eindrücke (Tast-Sinn). Sind Sinne trotz Hilfsmitteln (z. B. Brille oder Hörgerät) in ihrer Leistungsfähigkeit eingeschränkt, nutzen die Betroffenen den eingeschränkten Sinn so gut wie möglich und versuchen den Reizverlust über die anderen Sinne zu kompensieren. Im Bereich des barrierefreien Bauens regelt eine DIN-Norm nach dem Zwei-Sinne-Prinzip, dass Informationen stets für zwei einander ergänzende Sinne angeboten ist, z. B. statt sehen – hören und tasten.

Im virtuellen Raum fällt der Tastsinn bereits weg, somit sind konsequent und mit optimaler Audio- und Videoqualität der Seh- und Hörsinn zu bedienen. Blinde und

---

[25] z. B. interprefy oder Microsoft Translator.

[26] Richtlinien WCAG 2.1 (von 2018), siehe https://www.w3.org/TR/WCAG21/ (Stand: 20.8.2022).

sehbehinderte Teilnehmende sind auf eine sehr gute Tonqualität angewiesen. Für hör-eingeschränkte und gehörlose Menschen wiederum ist eine hervorragende Bildüber-tragung unerlässlich, um die Lippenbewegungen der anderen Teilnehmenden bzw. des Gebärdensprachdolmetschendes sehen zu können.

Für **Menschen mit Sehbehinderung** ist die vorhandene Bildschirmlupe auf Mac- und Windows-Rechnern hilfreich, für Blinde reicht dieses Werkzeug nicht aus. Sie benötigen einen Screenreader (Bildschirmvorlesesoftware). Darüber hinaus sind ein kontrastreiches Design, die Möglichkeit der Tastatursteuerung und eine separate Skalierbarkeit von Fenstern und Textgröße relevant. Details finden Sie im „Barrierencheck für Konferenz-plattformen" des Deutschen Blinden- und Sehbehindertenverbands e. V.[27]

Für **Menschen mit Hörbehinderung** ist die Sprachqualität der restlichen Beteiligten von großer Bedeutung; idealerweise nutzen alle ein PC-Headset oder andere professionelle Mikrofone. Gehörlose benötigen für die barrierefreie Teilnahme eine Untertitelung des Gesprochenen und/oder der Einsatz eines Gebärdendolmetschers[28]. Hierzu ist die Deaktivierung der Sprecheransicht bzw. Spotlight-Funktion notwendig, damit der Gebärdendolmetscher sichtbar ist. Die Untertitelung kann durch eine Software erfolgen oder durch sog. Schriftdolmetscher.

Für **Menschen mit motorischen Einschränkungen** der Hände und Arme kann die Bedienung der Maus und Tastatur eine Erschwernis darstellen. Für sie ist die Steuerung des Programms über Tasten-Funktionen *(Short Cuts)* und *Touchscreen* eine große Hilfe. Schriftliche Interaktionsformate wie Kartenabfragen müssen angepasst werden, z. B. indem die eingeschränkte Person von einem „Protokollant" unterstützt wird, die die mündlichen Äußerungen der Person verschriftlicht. Eine Übersicht von Tools für Menschen mit Körperbehinderung, die am Computer arbeiten möchten, hat die Stiftung „Pfennigparade" zusammengestellt [11].

Auch vielen Menschen ohne körperliche Behinderung erleichtert Barrierefreiheit die Bedienung und Teilnahme von Videokonferenz-Programmen erheblich. Für **Menschen mit kognitiven Einschränkungen** ist die Übersetzung in leichte Sprache eine Unter-stützung. Leichte Sprache[29] kann durch Software in Form von Untertiteln oder einer dolmetschenden Person in die Online-Konferenz eingebunden werden. Ein Beispiel für eine Zoom-Anleitung in leichter Sprache hat der Verein „Kellerkinder" erstellt [13].

Menschen, die soziale Situationen scheuen, finden mitunter leichter in eine virtuelle als zu einer physischen Veranstaltung. Ob die Möglichkeiten der Einbindung und Teil-habe im virtuellen Raum für Personen mit **psychischen Belastungen** (z. B. während und

---

[27] https://www.dbsv.org/aktuell/barrierencheck-fuer-konferenzplattformen.html (Stand 20.8.2022).

[28] z. B. mit dem Schriftdolmetscherdienst TeScreipt und Gebärdendolmetscherdienst TeSign (www.tess-relay-dienste.de) (Zugriff: 30.08.2022).

[29] Informationen zur leichten Sprache, siehe https://www.leichte-sprache.org/ (Zugriff: 30.08.2022).

nach einem *Burn-Out* oder mit bestimmten Formen von Autismus) eine Entlastung darstellt und ggf. die Teilnahme am Gespräch überhaupt erst ermöglicht, muss im Einzelfall ermessen werden (abgesehen von der Eignung des Mediationsverfahrens für die betroffene Person).

Wenn wir den Inklusionsbegriff weit fassen, ist damit die Ermöglichung von Teilhabe jeglicher Art gemeint. Hier können Online-Angebote – gerade auch im internationalen Kontext – einen wesentlichen Schritt in Richtung Demokratisierung darstellen und die Partizipation ermöglichen, sofern eine technische Grundausstattung vorhanden ist und eine gemeinsame Sprache gefunden werden kann (Beispiele für inklusive Großveranstaltungen im Rahmen von Mediationsausbildungen vgl. [2], S. 251).

Aus unterschiedlichen Gründen (Armut, Flucht, Sprachbarriere, soziale Ausgrenzung, …) kann Menschen – auch in Deutschland und anderen sog. reichen Ländern – jedoch der Zugang zur notwendigen technischen Ausstattung fehlen. Auch dies stellt eine Form von Ausschluss dar. Die Verschickung von Notebooks, auf denen die Konferenzsoftware bereits installiert ist, sowie von *Headsets* (die im Nachgang desinfiziert werden) mag eine aufwändige, aber notfalls gangbare Lösung darstellen, ebenso wie die Bereitstellung von voll ausgestatteten PC-Räumen in öffentlichen Einrichtungen oder anderen Institutionen – inklusive technischem *Support*. Auf diesem Wege könnten auch digital un-afine Menschen erreicht werden.

▶ **Tipps für inklusive Online-Mediation**

- Informieren Sie die Teilnehmenden sehr frühzeitig darüber, welche Software genutzt wird, sodass sich insbesondere Menschen mit Sehbehinderung mit der Benutzeroberfläche vertraut machen können.
- Wenn Präsentationen gezeigt werden sollen, verschicken Sie diese vorab in barrierefreier Form an die Teilnehmenden. Hinweise zum Erstellen barrierefreier Powerpoint-Folien finden Sie online[30].
- In der Online-Sitzung verbalisieren Sie zusätzlich alle visuell gezeigte Informationen, d. h. geben Sie mündlich wieder, was gerade auf dem Bildschirm angezeigt wird.
- Nutzen Sie nur Software, in der der Chat sowohl *Screenreader*-kompatibel als auch vollständig mit der Tastatur steuerbar ist.
- Vereinbaren Sie mit den eingeschränkten Teilnehmenden besondere Zeichen, die sie im Chat posten können, um sich bemerkbar zu machen, z. B. ein „X" steht für „Ich möchte etwas sagen".
- Benennen Sie eine Kontaktperson, die vor und während der Online-Sitzung für technische Fragen zur Verfügung steht. Diese sollte über einen

---

[30] z. B. hier https://digitalisierung.hdm-stuttgart.de/barrierefreiheit/kurzanleitung-erstellung-barrierefreie-powerpoint-dokumente/ (Zugriff: 20.08.2022).

alternativen Kanal außerhalb des Konferenz-Tools z. B. per Telefon erreichbar sein.

- Bieten Sie ggf. an, dass sich ein technischer *Support* zur Unterstützung über Desktop-Sharing zuschaltet.

4.3.3   Nachhaltigkeit & Ressourcenschonung

Der Klimawandel und sich erschöpfende Energiereserven sind mit die drängendsten Probleme unserer Zeit. Online-Kommunikation leistet hier einen wertvollen Beitrag zur Ressourcenschonung. Sicherlich fallen auch zur Durchführung von Online-Sitzungen Kosten an, insbesondere – einmalig – für die Erstanschaffung der Hardware und – kontinuierlich – die Gebühren für den Internetanschluss und Softwarelizenzen. Jedoch lassen sich erheblich Geld (und auch Zeit) sparen, da weder passende Räumlichkeiten gefunden und gemietet, noch Reisen und Unterkünfte gebucht werden müssen.

Darüber hinaus leisten Online-Meetings einen Beitrag zur dringend notwendigen Senkung der CO_2-Emissionen. Wie viel CO_2 durch Online-Meetings tatsächlich eingespart werden kann, hängt von der Art des Datentransfers, den Reiseentfernungen und den gewählten Verkehrsmitteln ab[31]. In einer Untersuchung des Fraunhofer IZM und des Ökoinstituts für das deutsche Umweltbundesamt[32] steht, dass die Videoübertragung über Glasfaser fast 50-mal effizienter als über mobile Internetverbindungen (UMTS, 4G oder in Zukunft 5G)[33]. Je nach genutzter Übertragungstechnologie handelt es sich um rund 2 bis 13 g CO_2-Emission je Stunde Video-Streaming. Vereinfachend kann man mit einem Durchschnittswert von 6 g CO_2-Emission je Stunde Online-Meeting für Rechenzentrum und Netzwerk (Internet) rechnen. Addiert man die Emissionen aus dem Betrieb eines üblichen Notebooks dazu, ergeben sich CO_2-Emissionen von rund 10 g CO_2 pro Stunde Online-Meeting. Die österreichische Climeet-Initiative[34] (gefördert vom österreichischen Bundesministerium für Klimaschutz) hat dafür einen Klimarechner entwickelt, der sich aktuell im Prototyp-Stadium befindet.

Eine Beispielrechnung[35] in einer Studie der European Astronomical Society vom September 2020 zeigt, dass mit Online-Meetings statt Vor-Ort-Veranstaltungen

---

[31] https://www.climeet.net/wieviel-co2-verursacht-eine-videokonferenz-mit-z-b-Zoom-ms-teams/ (Zugriff: 02.08.2022).

[32] https://www.umweltbundesamt.de/presse/pressemitteilungen/video-streaming-art-der-datenuebertragung (Zugriff 30.08.2022).

[33] https://www.umweltbundesamt.de/presse/pressemitteilungen/video-streaming-art-der-datenuebertragung.

[34] https://www.climeet.net/ (Zugriff: 30.08.2022).

[35] vgl. https://www.climeet.net/beispielrechnung-fuer-co2-einsparung-durch-online-meeting/#page-content (Zugriff 30.8.2022).

CO_2-Emissionen im Faktor 20 bis 1000 eingespart werden können. Im Vergleich der CO_2-Emissionen für ein Vor-Ort-Meeting mit 40 Teilnehmenden (nur Emissionen aus der Anreise mit verschiedenen Verkehrsmitteln gerechnet, davon 50 % per Rad oder zu Fuß angenommen) und den CO_2- Emissionen eines vergleichbaren Online-Meetings ergibt sich ein Faktor von ~20: d. h. das Online-Meeting verursacht nur 1/20, also 5 % der CO_2-Emissionen des lokalen Meetings vor Ort. Bei internationalen Meetings (z. B. 50 % der TeilnehmerInnen reist per Flugzeug an) verursacht das Online-Meeting 1/1000 der Emissionen bzw. 0,1 % der Konferenz vor Ort.

Wer in einer Videokonferenz die Kamera ausschaltet, kann noch mehr CO_2 einsparen. Bei 15 Meetings von einer Stunde pro Woche, kommt man z. B. auf einen monatlichen CO_2-Ausstoß von 9,4 kg. Bleiben die Webcams aus, sinkt der Wert auf 377 g. Falls das Videobild an bleibt, lässt sich durch ein Absenken der Videoqualität der CO_2-Fußabdruck senken. Bei mehreren Stunden *Streaming* pro Tag könne das im Monat Dutzende Kilogramm CO_2 einsparen.

Laut einer Studie des Verkehrsclub Deutschland e. V. (VCD) lohnt sich schon ab fünf Kilometer Anfahrtsweg mit dem Auto der Umstieg ins Virtuelle Meeting[36]. Auch im Vergleich mit der Bahnreise schneidet das Online-Meeting deutlich besser ab. Eine Dienstreise von zwei Personen per Bahn von Berlin nach Stuttgart verursacht rund 65 kg CO_2, während bei einem Online-Treffen von vier Personen für vier Stunden lediglich rd. 1 kg CO_2 entstehen.

Dies alles sind beeindruckende Argumente für den zügigen Glasfaserausbau in Deutschland, die konsequente Nutzung von Online-Sitzungen, wenn Vor-Ort-Treffen nicht zwingend notwendig sind und die Bereitschaft, das Video in geringerer Qualität laufen zu lassen oder ganz auszuschalten (z. B. in Gruppen, in denen sich alle schon gut kennen und keine Konfliktsituation vorliegt). Auch die Mediationsbranche kann durch konsequente Online-Angebote – sowohl als Dienstleistung als auch in der Mediationsausbildung – ihren Beitrag zum Klimaschutz leisten ([2], S. 252). Als Vorreiter sei die schottische Initiative „The World Mediators Alliance on Climate Change" genannt; das dort bereitgestellte „Gründe Gelöbnis" *(Green Pledge)* kann jeder Mediator unterzeichnen[37].

4.4   Datenschutz & DSGVO-Konformität

Das Recht auf informationelle Selbstbestimmung ist in Deutschland im Grundgesetz verankert. Dazu gehört der Schutz der persönlichen Daten. Mit dem Diebstahl und missbräuchlichen Verkauf von Daten wird weltweit viel Geld verdient. Dabei muss es sich nicht immer um Cyberangriffe auf Großkonzerne durch Hacker handeln, die durch

---

[36] https://www.vcd.org/artikel/klimaschutzpotenziale-von-videokonferenzen-und-homeoffice (Zugriff: 30.05.2022).

[37] https://womacc.org/german/ (Zurgriff: 02.08.2022).

das Lahmlegen von Firmennetzen Lösegeld erpressen wollen. Der Weiterverkauf von Kundendaten zur Markt- und Meinungsforschung sowie zu Werbezwecken (sog. Daten *Sharing*) ist ein Riesengeschäft. Wer hätte nicht schon erlebt, dass Google nach einer Produktrecherche noch tagelang Werbung zu genau dem gesuchten Produkt anbietet. 2021 erregte Facebook Aufsehen, als bekannt wurde, dass Milliarden von Telefonnummern der WhatsApp Nutzer:innen mit den Facebook eigenen Daten zusammenlegt wurden. Dieser Form der Datenweitergabe an Dritte ist in Europa nicht zulässig und wird mit hohen Bußgeldern geahndet.

Seit Mai 2018 gilt in sämtlichen EU-Staaten die DSGVO [5], die die Verarbeitung personenbezogener Daten EU-weit vereinheitlicht. Sie stellt den Schutz personenbezogener Daten innerhalb der EU sicher und gewährleistet den freien Datenverkehr innerhalb des Europäischen Binnenmarktes. Das deutsche Bundesdatenschutzgesetz (BDSG) ergänzt und präzisiert die DSGVO an den Stellen, in denen den Mitgliedsstaaten Gestaltungsspielraum haben wie z. B. die Videoüberwachung oder die Verarbeitung von Beschäftigtendaten.

Der Serverstandort Deutschland bietet zudem eine hohe Datensicherheit, weil wesentlich höhere Sicherheitsstandards gelten als für Server in den USA oder Irland. Achten Sie darauf, dass das Rechenzentrum Ihres Videokonferenz-Anbieters TÜV-zertifiziert nach der ISO-Norm 27001 ist.

4.4.1   Was bedeutet DSGVO-Konformität?

Die größten und weit verbreitetsten Videokonferenz-Anbieter haben ihren Firmensitz in den USA und verarbeiten dort die personenbezogenen Daten ihrer Kunden (also der Organisator:innen von Videokonferenzen, z. B. Mediator:innen bzw. Mediationsdienstleistern) und auch deren Teilnehmenden (z. B. Mediand:innen). Der Datenschutz ist – anders als in Europa – in den USA nicht allgemein und umfassend geregelt. Insgesamt ist das Schutzniveau deutlich niedriger. Zwar gibt es branchenspezifische Regelungen, jedoch legen Unternehmen ihr Datenschutzniveau selbst fest.

Datenschutz wird in den USA als Teil des Verbraucherschutzes gesehen, somit letztendlich als Teil des Wirtschaftslebens. Entsprechend liegt die datenschutzrechtliche Aufsicht bei der *Federal Trade Commission* (FTC), der Handelskommission, die für wettbewerbsrechtliche und verbraucherschutzrechtliche Kontrolle von Unternehmen zuständig ist[38]. In Deutschland gilt der Datenschutz hingegen seit 1983 als Grundrecht. Zuständig ist eine unabhängige Datenschutzbehörde (BfDI).

Zusätzlich problematisch sind die umfassenden Zugriffsbefugnisse der staatlichen US-Behörden (wie z. B. der Geheimdienst) auf personenbezogene Daten. Grundlage hierfür ist der bereits erwähnte CLOUD Act, ein Gesetz, das den nach den Anschlägen

---

[38] vgl. https://www.datenschutz.org/usa/ (Stand 30.05.2022).

vom 11. September 2001 zur Terrorabwehr verabschiedeten PATRIOT Act ersetzt. Demnach können US-Behörden ohne richterliche Anordnung auf Daten zugreifen, die auf Servern in den USA gespeichert sind. Diese Befugnis zur breiten Auswertung von personenbezogenen Daten wird nicht nur punktuell im Verdachtsfall, sondern permanent praktiziert. Auch wenn amerikanische Anbieter Rechenzentren in Europa betreiben, ändert dies nichts daran, dass ein Datentransfer in die amerikanischen Mutterhäuser weiterhin stattfinden kann.

Personenbezogene Daten von europäischen Bürgern, die bei der Nutzung von amerikanischen E-Mail-Anbietern, Cloud-Diensten (Facebook, whatsapp, Google,...) oder Videokonferenz-Anbietern entstehen und übermittelt werden, können somit nicht als sicher gelten.

Seit 1995 sieht das europäische Datenschutzrecht vor, dass keine personenbezogenen Daten aus der EU in unsichere Drittländer übermittelt werden dürfen. Damit dennoch eine Datenübermittlung zwischen Europa und den USA möglich ist, wurden Sonder-regelungen getroffen, die darauf basieren, dass sich amerikanische Unternehmen selbst zum Datenschutz verpflichten. Dieses „*Safe Habor*-Abkommen" wurde jedoch 2015 vom Europäischen Gerichtshof (EuGH) für ungültig erklärt, weil nach Meinung des Gerichts eine Selbstverpflichtung keinen ausreichenden Datenschutz sicherstellt. Das verschärfte Nachfolgeabkommen namens „*Privacy Shield*" wurde 2020 vom EuGH ebenfalls für nichtig erklärt, als der österreichische Datenschützer Maximilian Schrems gegen die Weitergabe von Daten der Facebook Ireland Ltd. an deren Muttergesellschaft in den USA klagte[39]. Es bleibt abzuwarten, wann ein weiteres Abkommen in Sachen Datenschutz zwischen der EU und den USA geschlossen wird.

Dennoch sind amerikanische Hersteller in Sachen DSGVO-Konformität heute deut-lich besser aufgestellt als noch vor zwei Jahren. Exemplarisch sei auf die spezifischen Maßnahmen verwiesen, die Zoom eingeführt hat, um die europäischen Datenschutz-standards zu gewährleisten[40]. Noch im Frühjahr 2020 geriet das Unternehmen in die Kritik, als massive Sicherheitslücken bekannt wurden, die es Hackern ermöglichten, Sitzungen zu übernehmen und Inhalte einzuspielen.

Informationen zum AV-Vertrag, TOMs, Verschlüsselung, Tracking, Drittstaaten-Transfer von alfaview, BBB, Webex, GoToMeeting, Jitsi, MS Teams und Zoom finden Sie im Leitfaden des LfDI Baden-Württemberg [9].

Um DSGVO-konform aufzutreten, müssen Videokonferenz-Anbieter folgende technische und organisatorische Maßnahmen (TOM) umsetzen:

---

[39] Zentrale Frage war, ob die „*Privacy Shield*"-Zertifizierung den Vorgaben der DSGVO genügen; dies verneinte der EuGH mit Hinweis auf den Patriot Act („Schrems-II-Urteil"). Jedoch blieben die sog. Standardvertragsklauseln (SCC) gültig. Im Juni 2021 veröffentliche die Europäische Kommission neue SCC, die viele amerikanische Anbieter bereits gemäß der Übergangsfrist (bis Ende Dezember 2022 für bestehende Verträge) aufgenommen haben.

[40] https://explore.Zoom.us/de/gdpr/ (Stand 30.8.2022).

- **Angebot eines authentifizierten Logins**

  Damit sich nur berechtigte Personen in eine Online-Sitzung einloggen können, muss eine Nutzerauthentifizierung stattfinden, z. B. durch Vergabe von Nutzername und Passwort. Diese Erstellung eines personalisierten Accounts stellt einen hohen Zugangsschutz dar und sollte für Sitzungen mit sehr sensiblen Inhalten bzw. hohen Anforderungen an Datenschutz bevorzugt werden. Im täglichen Tun hat sich jedoch die Nutzung eines Gastzugangs – in Form eines Einladungslinks – durchgesetzt. Dieser ist nicht personengebunden und setzt keine vorherige Identifizierung des Nutzers voraus, stellt jedoch eine datensparsame Variante dar, da der Anbieter weniger Informationen über die Teilnehmenden erhält. Die Verwendung von Gastzugängen ist insbesondere dann unbedenklich und der Niedrigschwelligkeit wegen zu empfehlen, wenn gewährleistet ist, dass nur Personen den Link erhalten, die untereinander bekannt sind. Dies ist in Mediationen in aller Regel der Fall. Die Empfänger:innen des Links sollten – obwohl sich dies von selbst versteht – darüber informiert werden, dass sie den Link nicht weitergeben dürfen.

- **Data protection by Default**

  D. h. die Software erfüllt die Grundsätze des Datenschutzes durch datenschutzfreundliche Voreinstellungen. Im Sinne der Datensparsamkeit sind z. B. die Kamera, Mikrofon, Teilen des Bildschirms und die Aufnahmefunktion standardmäßig bei Betreten des Raumes ausgeschaltet.

- **Datenverschlüsselung**

  Der Anbieter hat – nach aktuellem Stand der Technik – mindestens eine Transportverschlüsselung implementiert. Diese stellt sicher, dass Dritte, die Kommunikation passiv abhören, keinen Zugriff auf die Kommunikationsinhalte erhalten. Um darüber hinaus eine Verschlüsselung von gespeicherten Daten sicherzustellen, bieten manche Hersteller bereits eine Ende-zu-Ende-Verschlüsselung an.

- **Umgang mit Verbindungs- und Telemetriedaten**

  Verbindungsdaten, z. B. wer wann wie lange von welchem Gerät aus an der Sitzung teilgenommen hat, dürfen nur im unbedingt erforderlichen Maß verarbeitet werden und müssen im Anschluss gelöscht werden. Telemetriedaten dürfen nur bei Vorliegen einer Rechtsgrundlage vom Anbieter verarbeitet werden (siehe Abschn. 4.4.2)

- **App- und Browsernutzung**

  Die meisten Videokonferenz-Tools lassen sich als Desktop- oder Mobil-App oder als Browser-Version nutzen. Die Nutzung via Browser kann datenschutzfreundlicher sein, da der Browser für die Abschottung vom restlichen System sorgt und weniger Zugriff auf sensible Daten des Rechners besteht. Zum Schutz vor *Tracking* und der Verarbeitung von Telemetriedaten können Nutzer den privaten Browsermodus aktivieren. Bei *Desktop-Apps* (heruntergeladene Software-Anwendungen) ist schwerer zu kontrollieren, welche Daten im Hintergrund während der Nutzung an den Hersteller übermittelt werden, da sie sich tiefer im System verankern und im Hintergrund starten. Als Mediator:in ist zu bedenken, dass die Desktop-Apps bei manchen Anbietern über umfangreichere Funktionen verfügt als die Browser-Variante. So ist z. B. die Übergabe von Schreibrechten rein technisch über den Browser nicht möglich.

▶ **Tipps zur Datensicherheit und Umsetzung der TOM**
- Lassen Sie Akten mit personenbezogenen Daten nicht offen herumliegen.
- Schaffen Sie abschließbare Schränke an.
- Richten Sie einen Passwortschutz auf Ihrem Rechner ein.
- Aktivieren Sie einen Virenscanner.
- Verschicken Sie nur verschlüsselte E-Mails (insbesondere die Protokolle).
- Nutzen Sie die Einstelloptionen zur Datensparsamkeit des Videokonferenz-Anbieters.
- Legen Sie ein Verarbeitungsverzeichnis an, in dem Sie alle Kommunikationsdienste listen, die Sie verwenden.[41]

4.4.2 Um welche Daten geht es?

Personenbezogene Daten sind alle Informationen, die sich auf eine natürliche Person beziehen und diese somit identifizierbar machen. Diese Identifizierung einer Person kann direkt oder indirekt mittels Zuordnung zu einer Kennung, einer Kennnummer, Standortdaten, einer Online-Kennung oder einem besonderen Merkmal, das Ausdruck der physischen, physiologischen, genetischen, psychischen, wirtschaftlichen, kulturellen oder sozialen Identität dieser natürlichen Person ist, geschehen. Zu den personenbezogenen Daten gehören somit Name, Alter, Geschlecht, Adresse, Telefonnummer, E-Mail-Adresse, IP-Adresse, Krankheiten, Religionszugehörigkeit, Gewerkschafts- oder Parteizugehörigkeit, Familienstand, Vertrags- und Bankdaten usw.

Die Verarbeitung solch personenbezogener Daten ist nach Art. 6 Abs. 1 DSGVO nur erlaubt, wenn die betroffene Person ihre Einwilligung gegeben hat oder wenn die Verarbeitung der Daten zur Erfüllung eines Vertrags, eines lebenswichtigen Interesses oder zur Wahrung einer Aufgabe von öffentlichem Interesse oder zur Wahrung eines berechtigten Interesses des Verantwortlichen oder Dritten dient. Ein berechtigtes Interesse zur Erhebung und Speicherung von personenbezogenen Daten könnte z. B. eine maßgebliche Beziehung – etwa eine Kunden- oder Angestelltenbeziehung – sein, so wie auch Mediator:innen sie zu ihren Mediand:innen haben.

Verantwortlich für die Einhaltung der DSGVO ist, wer personenbezogene Daten erhebt und verarbeitet, egal ob automatisiert oder nicht. Damit einher gehen bestimmte Pflichten, u. a. muss die Erfüllung der DSGVO auch belegt werden können (Rechenschaftspflicht). In der Online-Mediation ist somit zum einen der Mediator und zum anderen der Software-Anbieter für den Datenschutz verantwortlich. Bei der Verarbeitung der Daten

---

[41] s. Muster Verarbeitungsprotokoll des BFDI: https://www.bfdi.bund.de/DE/Fachthemen/Inhalte/Allgemein/Verzeichnis-Verarbeitungstaetigkeiten.html (Zugriff: 30.08.2022).

muss der Verantwortliche den sechs Grundsätzen – Transparenz, Zweckbindung, Daten-minimierung, Richtigkeit, Speicherbegrenzung und Integrität/Vertraulichkeit – folgen. Wer als Unternehmen personenbezogene Daten zur Verarbeitung an Dritte weitergibt, ist laut DSGVO verpflichtet, mit dem entsprechenden Dienstleister einen Auftragsver-arbeitungsvertrag (AV-Vertrag) zu schließen. Dies ist der Fall, wenn Sie als Mediator:in (=Unternehmen/Datenschutzverantwortlicher im Sinne der DSGVO) bei einem Video-konferenz-Anbieter (= Datenverarbeiter/Dienstleister) eine Software-Lizenz erwerben. Der Anbieter wird Ihnen den AV-Vertrag bei Vertragsschluss zukommen lassen.

Der Mediator wird üblicherweise personenbezogene Daten wie den Namen, Firma, Telefonnummer und E-Mail-Adresse sowie Notizen zum Fall erheben und speichern. Dabei ist egal, ob dies digital oder handschriftlich geschieht. Im Rahmen der Auftrags-anbahnung, des Vertragsabschlusses und der Durchführung der Mediation besteht eine Informationspflicht gegenüber den Mediand:innen, die Verpflichtung zur Etablierung und Einhaltung von technisch-organisatorischen Maßnahmen (TOM) sowie Dokumentations-und Löschpflichten, vgl [1], [7], [8].

▶ **Tipps zur Datensparsamkeit** Bei der Nutzung von amerikanischer Soft-ware, wählen Sie bei der Raumbuchung den Serverstandort Deutschland bzw. Europa aus, sofern diese Wahlmöglichkeit besteht. Nehmen Sie grundsätzlich bei allen Tools Einstellungen im Sinne der Datensparsamkeit vor, sofern diese angeboten werden. Dies sind:

- Deaktivierung der Aufzeichnungsfunktion
- Deaktivierung/Minderung von Trackingfunktionen
- Aktivierung von Zugangsbeschränkungen, z. B. Warteraum, Passwort
- Aktivierung der höchstmöglichen Verschlüsselung
- Deaktivierung der Speichererlaubnis für den Chat
- Deaktivierung der Feedback-Abfrage an den Hersteller am Ende der Sitzung
- Deaktivierung des File-Sharing (sofern Sie es nicht benötigen)
- Aktivierung von Löschroutinen

Der Videokonferenz-Anbieter als Auftragnehmer erhebt, verarbeitet und speichert im Rahmen der Bereitstellung seiner Software personenbezogene Daten wie z. B. die üblichen Logindaten Namen, E-Mail-Adresse, Passwort. Darüber hinaus werden system-immanent und mit Hilfe von Analysetools (Tracking) weitere Daten automatisiert erhoben, die für den Anbieter für die Verbesserung seiner Produkte und zu Werbe-zwecken von hohem Interesse sind. Dazu zählen:

- **Verkehrsdaten** (auch **Verbindungsdaten** genannt) sind technische Informationen, die bei der Nutzung eines Telekommunikationsdienstes (Telefonie/Internet) beim jeweiligen Telekommunikationsunternehmen *(Provider)* anfallen und von diesem erhoben, gespeichert, verarbeitet oder genutzt werden, z. B. die Kennung der beteiligten Telefonanschlüsse, Standortdaten, Datum und Uhrzeit der Verbindung, die übermittelten Datenmengen. Aus diesen Daten lassen sich teils sehr tiefgehende Rückschlüsse auf das Kommunikationsverhalten der Beteiligten ziehen. Sie gelten daher als personenbezogene Daten und unterliegen dem Datenschutz.
- **Telemetrie-** und **Diagnosedaten** sind statistische Daten (Rohdaten), die automatisch durch einen im Hintergrund laufenden Dienst an den Hersteller bzw. Anbieter des Betriebssystems übertragen werden, z. B. die Version des genutzten Betriebssystems, die eindeutige Geräte-ID, Daten zu Abstürzen, Verwendungsdauer, genutzte Video-breite, Häufigkeit der Nutzung von Windowsfunktionen, CPU-Last des Rechners, aber auch Internetaktivität, Präferenzen und Suchaktivitäten. Viele Hersteller sammeln solche Nutzungsdaten, um ihre Produkte zu verbessern und Fehler zu erkennen. Dies geschieht i. d. R. ohne Kenntnis und ohne deutliche Hinweise an den Nutzer. Unter Windows 10 lassen sich Einstellungen vornehmen, sodass Tele-metriedaten nicht mehr vollständig, sondern nur eingeschränkt übermittelt werden. Zumindest Teile der Telemetriedaten zählen zu den personenbezogenen Daten. Häufig ist fraglich, ob IT-Hersteller diese Daten anonymisiert nutzen oder ob sie bei Personenbezug eine Einwilligung der betroffenen Nutzer einholen.

Trotz Nachbesserungen und Selbstverpflichtungen zu DSGVO-Konformität vieler amerikanischer Videokonferenz-Anbieter kann letztendlich der Einsatz von US-Video-konferenzsystemen datenschutzrechtlich nicht als vollkommen sicher bezeichnet werden. Gleiches gilt übrigens auch für asiatische Anbieter. Im Zweifel und um absolute Rechts-sicherheit zu haben, sind Sie als Mediator:in daher nur mit einem europäischen Soft-ware-Anbieter, der seine Server in Europa hostet, auf der sicheren Seite, vgl. [7].

Die Frage ist dennoch, ob dies für Ihre konkrete Tätigkeit ausschlaggebend ist. Je nachdem in welcher Branche und Anwendungsfeld Sie unterwegs sind, mag das daten-schutzrechtliche Restrisiko, das bei der Nutzung einer amerikanischen Software bleibt, für Sie selbst nicht ausschlaggebend und Ihren Mediand:innen sogar gleichgültig sein. Nicht alle Mediationen behandeln hochsensible Inhaltsdaten. Der rasante Anstieg in der Nutzung amerikanischer Videokonferenztools – allen voran Zoom – und die seit Jahren etablierte Nutzung von amerikanischen *Social Media* Diensten (facebook, whatsapp, …) zeigen, dass sich viele Verbraucher:innen wenig Gedanken über die Weiterverarbeitung ihrer personenbezogenen Daten machen. In anderen Institutionen hingegen – Behörden, Versicherungen, Hochschulen – kommt nur ein eigenes Serverhosting oder eine europäische Software infrage. Letztendlich entscheiden Sie in Abstimmung mit Ihren Kunden, welche Software für Ihre Klientel passend ist und akzeptiert wird.

Ein Aspekt, der ausdrücklich für eine deutsche Software spricht, mag ein deutschsprachiger *Support* sein, auf den Sie selbst und ihre Mediand:innen bei technischen Fragen zugreifen können. Falls dieser direkt vom Anbieter geleistet wird, hat dies aus datenschutzrechtlicher Sicht den zusätzlichen Vorteil, dass keine Daten vom Anbieter an einen externen *Support* herausgegeben werden. Nutzen Sie zur Vorbereitung die Checkliste im Anhang Abschn. 6.4.

Literatur

1. Bertolino, C. (2019). Datenschutz im Mediationsbüro. *Zeitschrift für Konfliktmanagement, Heft 2*(2019), 58–62.
2. Bond, G. (2021). Neue Verfahrensalternativen: Online-Mediation und Online-Mediationsausbildung. *perspektive mediation, 4*(2021), 249-–255.
3. Bremmer, M. (2021). CollaborationTools. Die wichtigsten Videokonferenz-Systeme. *Computerwoche*, 20.5.2021. https://www.computerwoche.de/a/die-wichtigsten-videokonferenz-systeme, 3548602. Zugriff: 20.08.2022
4. Bundesfachstelle Barrierefreiheit, Vergleich der Barrierefreiheit von Videokonferenz-Programmen. (Stand: Juli 2021). https://www.bundesfachstelle-barrierefreiheit.de/SharedDocs/Downloads/DE/Veroeffentlichungen/videokonferenztoos-vergleich-der-barrierefreiheit.html?nn=637400. Zugriff: 30.05.2022
5. Datenschutzgrundverordnung, Der Bundesbeauftragte für den Datenschutz und die Informationsfreiheit. https://www.bfdi.bund.de/SharedDocs/Downloads/DE/Broschueren/INFO1.html. Zugriff: 30. Mai 2022.
6. De Oliveira, D. (2020). Welche Tools zur Online-Kommunikation und Online-Zusammenarbeit sind barrierefrei?   https://www.netz-barrierefrei.de/wordpress/welche-tools-zur-online-kommunikation-sind-barrierefrei/. Zugriff: 20. Mai 2022.
7. Ehrnsperger, A. (2021). Vertraulichkeit und Datenschutz bei der Online-Mediation über Videokonferenzen. *Viadrina Schriftenreihe zur Mediation, Band 29*. Wolfgang Metzner Verlag
8. Knape, A. (2021). Wie sich Zoom, Teams und Co. Für die Zukunft wappnen. In Manager magazin, 14.12.2021. https://www.manager-magazin.de/unternehmen/homeoffice-wie-sich-videokonferenz-anbieter-fuer-die-zukunft-vorbereiten-a-132a61ce-9895-48af-8f25-685b0abfce94. Zugriff: 20.08. 2022
9. Landesbeauftragter für den Datenschutz und die Informationsfreiheit Dr. Stefan Brink, Handreichung zu Videokonferenzsystemen vom 27.10.2021. https://www.baden-wuerttemberg.datenschutz.de/videokonferenzsysteme/. Zugriff: 30.08.2022
10. Lapp, T., Datenschutz in der Mediation. https://mediation.anwaltverein.de/news/einzelansicht/artikel/datenschutz-in-der-mediation. Zugriff: 20.08.2022
11. Stiftung Pfennigparade München, Top 5 Tools für Menschen mit Körperbehinderung, um am Computer arbeiten zu können. https://www.pfennigparade.de/produkte-und-dienstleistungen/digitale-barrierefreiheit/unsere-top-5-tools-fuer-menschen-mit-koerperbehinderung-um-am-computer-arbeiten-zu-koennen/. Zugriff: 20.08.2022

12. Überwachungsstelle des Bundes für Barrierefreiheit von Informationstechnik (BFIT), Vergleich Online-Meeting Tools in Bezug auf Barrierefreiheit, Stand: März 2022. https://www.bfit-bund.de/DE/Downloads/vergleich-online-meeting-tools.pdf?__blobpublicationFile&v9. Zugriff: 20. Aug. 2022.
13. Verein Kellerkinder. Zoom-Anleitung in leichter Sprache. https://landschaftstrialog.de/wp-content/uploads/2020/05/Mit-dem-Telefon-bei-Zoom-mitmachen-in-einfacher-Sprache-MIT-BILDERN.pdf. Zugriff: 20.08.2022

Zusammenfassung und Ausblick

5

Herausforderungen und Potentiale digitaler
Konfliktklärungsprozesse

Zusammenfassung

Das Kapitel fasst die Herausforderungen bzw. Hürden und mögliche Nachteile sowie die Potenziale bzw. Chancen und mögliche Vorteile von Online-Mediation zusammen und berücksichtigt dabei die für Online-Kommunikation relevanten Kategorien „Technik & Organisation", „Kommunikation" und „Emotionen & Wahrnehmung". Abschließend werden Erkenntnisse aus der Online-Mediation auf vergleichbare Gesprächssituationen wie Konfliktmoderationen und Verhandlungen transferiert sowie aktuelle Forschungs-fragen und Überlegungen zum Thema Online-Mediationskompetenz thematisiert.

5.1 Herausforderungen & Potenziale von Online-Mediation

Die Vor- und Nachteile-Listen in Bezug auf Online-Mediation in einschlägigen Publikationen (vgl. beispielhaft [6], [14]) vergleichen üblicherweise Online- mit Präsenzmediation. Dabei werden die Herausforderungen und Nachteile, die Mediation im physischen Raum mit sich bringen kann – u. a. eine langwierige Terminsuche, hohe Reisekosten, lange Wartezeit bis zum Mediationsbeginn, umständliche Dokumentation auf Flipcharts, Ausschluss von Menschen mit Einschränkungen, etc. – meist außer Acht gelassen. Daher möchte ich mich in diesem Fazit an den in Abschn. 2.1 beschriebenen Besonderheiten der Kommunikation im virtuellen Raum orientieren und nicht an der Präsenzmediation. Diese Kurzzusammenfassung der Herausforderungen und Potenziale von Online-Mediation möge auch als Argumentationshilfe im Kundengespräch oder dem Auftraggeber gegenüber dienen. Die allermeisten Risiken der Online-Mediation lassen sich durch gute Vorbereitung und passende Maßnahmen deutlich reduzieren bzw. ganz vermeiden. Lösungsansätze dazu finden Sie im jeweiligen Kapitel dieses Buches.

5.1.1   Technische & Organisatorische Aspekte

5.1.1.1 Herausforderungen und Hürden des technischen Rahmens

Es liegt in der Natur der Sache, dass die Teilnahme an einer Videokonferenz eine **technische Grundausstattung** (vgl. Abschn. 4.1) erfordert. Zahlreiche Menschen – insbesondere bei weltweiter Betrachtung – sind benachteiligt, weil sie nicht über einen eigenen Rechner und schnelles Internet verfügen.

Damit einher geht ein unterschiedliches Maß an **IT-Kenntnissen** und Erfahrung mit Online-Kommunikation (vgl. Abschn. 2.3). Unsicherheit und Unerfahrenheit in der Nutzung von Videokonferenzsystemen kann dazu führen, dass einige Menschen grundsätzlich nicht oder nur mit einem unguten Gefühl an einer Online-Mediation teilnehmen.

Während sich die Hard- und Software sehr gut vorbereiten lässt, sind wir nicht gefeit vor plötzlich auftretenden **technischen Störungen** wie Internetausfällen, PC-Abstürzen oder schwankender Bandbreiten (vgl. Abschn. 4.1.5). Dieses Restrisiko bleibt und erfordert eine souveräne Online-Moderation. Jedoch auch kleinere Störungen wie Rauschen, Audio-Delay oder Kamera-Ausfälle können die Kommunikation belasten und die Akzeptanz für Online-Mediation schmälern.

Durch die Notwendigkeit, den virtuellen Raum zu bedienen und v. a. das Gespräch stringent zu moderieren, hat die Mediatorin im virtuellen Raum ein deutliche **Verfahrenshoheit** (vgl. Abschn. 2.3). Diese technisch bedingte „Macht" kann bei Teilnehmenden ein Gefühl von Bevormundung oder Ausgeliefertsein hervorrufen, welche den Vertrauensaufbau erschwert und schlimmstenfalls zu einem Widerstand gegen die Mediatorin oder das Verfahren führen kann.

Die Problematik in Bezug auf die **Sicherheit der Daten** (vgl. Abschn. 4.3.3) und das Thema **Vertraulichkeit** (vgl. Abschn. 3.2.4) müssen thematisiert, erläutert und geregelt werden. Dies kostet Zeit und verlangt von den Mediand:innen einen Vertrauensvorschuss.

5.1.1.2 Potenziale und Chancen durch Technikeinsatz

Ortsungebunden weltweit miteinander per Video kommunizieren zu können, ermöglicht einen besonders **niederschwelligen Zugang.** Dieser Faktor schlägt umso mehr ins Gewicht, je weiter Konfliktparteien räumlich auseinanderleben bzw. je aufwändiger eine Anreise zu organisieren wäre. So können mit einem Online-Angebot **Zielgruppen** erreicht werden, denen jeder andere Aufwand schon zu viel oder ggf. auch dem Streitwert nicht angemessen wäre. Über diesen unkomplizierten und vielleicht zunächst als unverfänglicher wahrgenommenen Zugang können Menschen an die Mediation herangeführt werden, die sich andernfalls nicht auf das Verfahren einlassen würden.

In mehreren Aspekten schafft Online-Mediation hohe **Flexibilität: räumlich, zeitlich, organisatorisch, methodisch.** Die freie Wahl des Ortes und Überbrückung räumlicher Distanzen spricht für sich. Die Terminfindung ist einfach, da auch kurze Zeitslots genutzt werden können. So vergehen von der Anfrage bis zur ersten Online-Sitzung oft nur wenige Tage, sodass die Eskalationsspirale schnell unterbrochen wird.

Gleichzeitig können mehrere Sitzungen in kürzeren Zeitabständen geplant werden, sodass sich die Gesamtdauer der Mediation insgesamt verkürzt. Auch organisatorisch ist es unaufwändig, externe Gutachter:innen, Rechtsanwält:innen, Behördenvertreter. Dolmetscher:innen etc. auch kurzfristig oder nur punktuell dazu zuschalten. Unterbrechungen z. B. für Shuttle-Gespräche oder zur internen Besprechung der Parteien und/oder Mediator:innen untereinander sind kein Problem. Methodisch bieten zahlreiche Kollaborationstools und einfache Dokumentationsmöglichkeiten viel Potenzial für eine interaktive und effiziente Zusammenarbeit.

Darüber hinaus leistet die Durchführung des Mediationsverfahrens im virtuellen Raum einen wertvollen Beitrag zur Inklusion und **sozialen Gerechtigkeit** (vgl. Abschn. 4.3.2) sowie zur **Nachhaltigkeit** (vgl. Abschn. 4.3.3).

Digitalisierung ist seit Jahren weltweit einer der Mega-Trends und wirkt sich in nahezu sämtlichen Lebensbereichen des Menschen aus. Es würde fast ein wenig realitätsfern wirken, sich nicht mit diesem Thema auseinanderzusetzen. Online-Mediation im eigenen Portfolio anzubieten, hat somit auch einen **Marketingaspekt,** insbesondere für Mediator:innen, die im überregionalen Kontext arbeiten oder ihre Fach-, Branchen- oder Sprachkenntnisse in einem breiteren Radius anbieten möchten. Zudem wird die jüngere Generation, für die Online-Kommunikation eine Selbstverständlichkeit darstellt, aber auch die ältere Generation, die darin durch die Pandemie eine außerordentliche Lernkurve erlebt hat, Online-Angebote zunehmend nachfragen.

5.1.2 Kommunikative Aspekte

5.1.2.1 Herausforderungen und Hürden der virtuellen Kommunikation

Online zu kommunizieren, fordert aufgrund der vielfältigen Eindrücke und des erforderlichen Multitaskings erhöhte Aufmerksamkeit und kostet Anstrengung (sog. *Zoom fatigue*). Dies führt zu **schnellerer Ermüdung** und nachlassender Konzentration, die jedoch von Person zu Person sehr unterschiedlich sein kann und sich mit zunehmender Erfahrung reduziert.

Ein wesentlicher Unterschied zum Gespräch im physischen Raum ist die frontale **Dauer-Spiegelung** sämtlicher Gesprächspartner durch die Webcam-Bilder. Manche Menschen fühlen sich durch diese Art der Sichtbarkeit besonders verunsichert und gestresst (sog. *Zoom anxiety*), sodass sie sich weniger aktiv und selbstbewusst ins Gespräch einbringen.

Online-Veranstaltungen bieten generell die Möglichkeit, sich unkompliziert, mit einem Klick ein- und auszuloggen. In Webinar-Formaten lauschen oft Hunderten von Teilnehmenden, ohne die Kamera einzuschalten, dem Monolog eines Trainers oder Vertrieblers – und klicken sich ohne Zögern aus, wenn sie kein Interesse mehr haben. Dies **Haltung des unverbindlichen Konsumierens** kann dazu führen, dass Einzelne sich zurücklehnen und im virtuellen Raum schwerer zu aktivieren sind. Obwohl die Beteiligten in aller Regel mit hoher emotionaler Involviertheit in die Online-Mediation kommen, kann es passieren, dass die Verbindlichkeit online als weniger hoch empfunden wird. Die Parteien zeigen dann insgesamt **weniger Engagement** und Beteiligung.

Die Arbeit als Mediator läuft vom Verfahrensablauf und der grundlegenden Gesprächsführung her im virtuellen Raum identisch ab wie im physischen Raum. Jedoch müssen einzelne Interventionsmethoden in der Durchführung angepasst bzw. digitalisiert werden. Dies erfordert vom Mediator die **Auseinandersetzung und Einarbeitung in Kollaborationssoftware** und auch einen gewissen Zeitaufwand für das Testen und Ausprobieren.

Darüber hinaus fordern die Kontaktaufnahme und der Vertrauensaufbau über die Webcam vom Mediator ganzen **Einsatz in Sachen Stimme und Präsenz** (vgl. Abschn. 2.4). Sollten Sie feststellen, dass Ihnen dies trotz Übung schwerfällt oder einfach keinen Spaß macht, überlegen Sie, ob online zu arbeiten wirklich das Richtige für Sie ist.

5.1.2.2 Potenziale und Chancen durch Online-Kommunikation

Online-Moderation verlangt eine eindeutige Gesprächsführung und klare Ansagen durch den Moderator, sowohl um häufiges Ins-Wort-Fallen als auch um irritierende Pausen zu vermeiden (vgl. Abschn. 2.3). Eine stringente Moderation führt zu **diszipliniertem Redeverhalten,** was sich regulierend auswirkt. Viel-Redner:innen fassen sich im virtuellen Raum automatisch kürzer und lassen so zurückhaltenden Menschen mehr Raum. Das Erfordernis der Softwarebedienung und die Steuerungsmöglichkeiten bringen den Moderator in eine starke Position, was dem sowieso schon strukturierten Mediationsverfahren entgegenkommt.

Gerade bei Mehrparteien-Mediation und Großgruppen ist es leichter jeden einzelnen Teilnehmenden mit einzubeziehen und wahrzunehmen, da jede Videokachel gleich groß ist und die Audioqualität des Einzelnen oft besser ist als in physischer Präsenz. **Methodisch vereinfacht** sich das Arbeiten, da Ergebnisse sofort digital vorliegen und in Folgesitzungen wieder aufgelegt, ergänzt, weiterbearbeitet und im Anschluss direkt verschickt werden können.

Eher zurückhaltende Menschen fühlen sich in der etwas anonymeren Atmosphäre im virtuellen Raum in ihrem **Selbstausdruck** gestärkt. Oft agieren sie dadurch sicherer und bringen sich mehr ein. Vor einer Gruppe zu sprechen, die eigene Meinung zu vertreten, für sich selbst einzustehen, kann leichter sein, wenn **keine unmittelbare Konfrontation** stattfindet.

Auch **Emotionen zuzulassen** fällt online einigen Menschen leichter, gerade weil niemand unmittelbar daneben sitzt und zusieht, z. B. wenn sich durch den emotionalen Stress körperliche Reaktionen einstellen. Bei starkem Hierarchiegefälle, Schuldgefühlen und sozialer Ängstlichkeit kann das Online-Format Menschen in ihrer **Eigenverantwortung und Autonomie** unterstützen.

Die bereits erwähnte **höhere Flexibilität** zeigt sich auch in der unkomplizierten – auch kurzzeitigen – Zuschaltung externer Dritter wie z. B. Rechtsanwält:innen, Berater:innen, Übersetzer:innen, Fachexpert:innen. So lassen sich Unklarheiten und offene Fragen eventuell sofort klären, was den Mediationsverlauf insgesamt beschleunigt.

Die erhöhte Aufmerksamkeit, die Online-Mediation auch von der Mediatorin abverlangt, legt es nahe mit Co-Mediator zu arbeiten (vgl. [1]. Dabei sind der Wahl von optimal komplementären Kolleg:innen keine (räumlichen) Grenzen mehr gesetzt: Insgesamt kann die Mediationsdienstleistung so noch besser an die Bedarfe der Mediand:innen angepasst und fallgerecht gestaltet werden, ohne hohe Zusatzkosten zu verursachen.

5.1.3   Aspekte der Beziehungsgestaltung

5.1.3.1 Herausforderungen aufgrund der andersartigen sozialen Wahrnehmung

Durch die Wahrnehmung von körpersprachlichen Signalen können wir unser Gegenüber und seine Intention besser einschätzen und fühlen uns in der Gesprächssituation sicher, sodass wir uns öffnen können. Ohne Frage ist die Sichtbarkeit nonverbaler Signale im virtuellen Raum eingeschränkt, was den **Kontakt- und Vertrauensaufbau erschwert**. Dies ist insbesondere für den Mediator eine Herausforderung, der die Parteien noch nicht aus dem „realen Leben" kennt, aber auch unter den Parteien, die sich in den allermeisten Fällen schon physisch begegnet sind, kann das Online-Format dazu führen, dass weniger Nähe entsteht. Dies kann sich negativ auf die Einigungsbereitschaft auswirken.

Zu Hause am eigenen Schreibtisch ist die Gefahr groß, dass allerlei **Ablenkungen** (andere Menschen, Internet, Handy, Lesen, *Social Media*…) unsere Aufmerksamkeit auf sich ziehen. Zwar sind Mediand:innen naturgemäß emotional und mental bei der Sache, dennoch fehlt online das physische Zusammensitzen in einem Raum, das „Tür-zu"-Gefühl, die Abgeschiedenheit vom sonstigen Alltag, sodass die Gefahr besteht, dass die Konzentration schneller nachlässt.

Mit der erschwerten Sichtbarkeit von nonverbalen Signalen und dem höheren Anonymitätsgefühl geht einher, dass Emotionen anders wahrgenommen und ausgedrückt werden (vgl. Abschn. 3.4.1), sodass **emotionale Extreme** begünstigt werden. Dies kann bei Menschen, die ein großes Verbundenheitsgefühl brauchen, um sich zu zeigen, dazu führen, dass Emotionen unterdrückt werden oder tatsächlich nicht so stark auftreten. Dann fehlt der Mediation eventuell die Tiefe, die zu einer nachhaltigen Lösung notwendig ist. Andere Menschen haben online die Sorge, nicht genug wahrgenommen zu werden, und drücken ihre Emotionen mit einer Vehemenz und in einer Wortwahl aus, die sie in der physischen Präsenz nicht an den Tag legen würden. So kann die Situation online plötzlich schärfer eskaliert wirken als sie eigentlich ist.

5.1.3.2 Chancen in Bezug auf Emotion & Wahrnehmung im virtuellen Raum

Die höhere Anonymität im virtuellen Raum wird von nicht wenigen Menschen in Konfliktsituationen als angenehm empfunden und löst ein **Sicherheitsgefühl** aus. Ein unmittelbares physisches Aufeinandertreffen, das für erheblichen Stress sorgen würde (und in Fällen von sexueller Übergriffigkeit, körperlicher Gewalt und Mobbing sogar unzumutbar wäre), muss nicht stattfinden. Außerdem beruhigt die vertraute Umgebung zu Hause oder am Arbeitsplatz, sodass viele Menschen die Online-Gesprächssituation als „geschützten Raum" empfinden.

Dominante Körpersprache und physisches Raumnehmen Einzelner wird online nicht übertragen, sodass **Ungleichgewichte** in der körperlichen Präsenz, die häufig mit Hierarchieunterschieden einhergehen, online **weniger** zum Tragen kommen. Dies führt bei schüchternen oder verängstigten Personen zu Entspannung und *Empowerment*. Zusätzlich ist in Gruppenmoderationen eine nonverbale Absprache nicht möglich, d. h. eine (spontane) „Blockbildung", die im physischen Raum über Blickkontakt und Körpersprache wortlos stattfindet, wird online nicht abgebildet. Dies führt zu mehr Eigenverantwortung des Einzelnen und höherer **Transparenz.**

Durch die eingeschränkte Sichtbarkeit nonverbaler Äußerungen (Augenverdrehen, abwertende Handbewegungen, spöttischer Gesichtsausdruck, ablehnende Körperhaltung) wirken diese Handlungen online weniger konfrontierend und triggernd als im F2F-Gespräch. Dies kann sich deeskalierend auf den Gesprächsverlauf auswirken, da **automatisierte Reiz-Reaktions-Schemata** nicht zum Tragen kommen. Das Medium unterstützt Medianden so dabei, besser bei sich zu bleiben und sich – ohne „Störungen" von der Gegenpartei – auf ihre eigenen Bedürfnisse zu konzentrieren. Etliche Menschen können sich virtuell **klarer äußern** und trauen sich, Dinge auszusprechen, die sie von Angesicht-zu-Angesicht nicht über die Lippen bringen würden. In hoch-eskalierten Streitigkeiten kann eventuell nur so – über ein Medium – ein Gespräch überhaupt erträglich werden.

Videokonferenz-Systeme bieten als **audio-visuelle Medien** zahlreiche Möglichkeiten akustische (vgl. Abschn. 3.2.5.2) und optische Elemente (Abschn. 3.2.5.1) einzubinden, die die Atmosphäre auflockern und unterstützend den Prozess strukturieren.

5.2 Ausblick & Transfer

Wie eingangs beschrieben steckt Online-Mediation als Dienstleistung mit einer knapp 20-jährigen Geschichte und einem nun 2,5-jährigem Turbo-Schub immer noch in den Kinderschuhen. Im Zuge der weiteren Digitalisierung wird sich das Format weiter transformieren und an Normalität gewinnen. So ist davon auszugehen, dass technische Zugangshürden wie schwache Internetbandbreite oder fehlende Hardware-Ausstattung in wenigen Jahren für weite Teile der Erdbevölkerung nicht mehr relevant sein werden. Auch die Medienkompetenz wird weltweit weiter steigen und in den nachfolgenden Generationen keine Frage mehr sein. Ob dadurch auch die Nachfrage nach intensiven und emotionalen Online-Gesprächsformaten insgesamt steigen wird, bleibt abzuwarten.

Der Transfer von Erkenntnissen aus der Online-Mediation in vergleichbare Gesprächssituationen wie die Konfliktmoderation – eine Grundaufgabe von Führungskräften aller Branchen – oder auch Verhandlungen könnte interessante Potenziale freisetzen und den virtuellen Raum für intensive konfrontierende, aber auch klärende Gespräche über die klassische Mediation hinaus weiter etablieren.

Nicht zuletzt stellt sich die Frage, über welche Kompetenzen Mediator:innen verfügen sollten, um qualitativ hochwertige Online-Mediation anbieten zu können und wie sich diese Kenntnisse und Fähigkeiten im Rahmen von Mediationsaus- und -fortbildungen vermitteln und prüfen lassen.

5.2.1   Online-Konfliktmoderation & Online-Verhandlung

Unbestritten zählt das Klären von Konflikten zu den grundlegenden Führungsaufgaben und das Angebot von Führungskräftetrainings zum Thema Konfliktkompetenz ist mannigfaltig. Das Bewusstsein, dass ein aktives Konfliktmanagement Vorteile in Sachen Mitarbeiterzufriedenheit, Mitarbeitergesundheit, Betriebsklima, Produktivität und Innovation bringt, hat sich in vielen Unternehmen spätestens nach der Veröffentlichung der beiden Konfliktkosten-Studien der Unternehmensberatung KPMG aus den Jahren 2009 [7] und 2012 [8] durchgesetzt. So sind Führungskräfte heute in aller Regel für den Umgang mit Konflikten sensibilisiert und verfügen über Kenntnisse in Konfliktlösemethoden. Dennoch ist das Thema „Konfliktklärung" oft ein ungeliebtes und Konflikte werden noch viel zu häufig „ausgesessen", statt zeitnah professionell angegangen. Diese Diskrepanz verschärft sich durch die Digitalisierung und Virtualisierung von Arbeitsprozessen.

Im Zuge der Globalisierung hat sich schon in den letzten 10–15 Jahren die Zusammenarbeit in standortübergreifenden, sog. virtuellen Teams insbesondere in international agierenden Unternehmen etabliert. Durch die Pandemie haben nun viele Arbeitgeber Erfahrungen mit der Arbeit aus dem *Home-Office* gesammelt – etliche Arbeitnehmer:innen wünschen sich auch weiterhin eine höhere Flexibilität in der Wahl des Arbeitsortes. All dies erfordert von Führungskräften schon heute virtuelle Führungskompetenzen (Stichwort „New Work"). Zur Klärung von Konflikten setzen die allermeisten jedoch nach wie vor auf das Gespräch von Angesicht-zu-Angesicht im physischen Raum, denn bereits das wird als herausfordernde Gesprächssituation empfunden.

Da viele virtuelle Teams sich jedoch tatsächlich nie oder nur sehr selten physisch treffen und ausschließlich online kommunizieren, erscheint es nur als nächster logischer Schritt, dass auch Konflikte online geklärt werden. Es ist hinreichend bekannt, dass nicht angesprochene Konflikte umso heftiger eskalieren, je mehr Zeit vergeht, d. h. die Fähigkeit, Konflikte frühzeitig zu erkennen und zeitnah geeignete Maßnahmen zu ergreifen, sollte für Führungskräfte zum Standard gehören. Zunehmend haben Mitarbeitende auch die klare Erwartung an ihre Vorgesetzten, dass diese selbstverständlich in der Lage sind, emotional intensivere Gespräche – und dazu gehören neben Konfliktklärung auch Kritik- und Feedbackgespräche – online professionell durchzuführen.

Eine passende Maßnahme für bereits höher eskalierte Konflikte kann sein, einen (Online-)Mediator hinzuzuziehen. Bei noch gering eskalierten Konflikten sollte die Führungskraft selbst einschreiten und z. B. eine Konfliktmoderation anbieten, die vom Ablauf her dem Mediationsverfahren ähnelt. Die Anregungen aus dieser Publikation dienen somit hoffentlich auch vielen Führungskräften in der Umsetzung von

Online-Konfliktmoderationen – sei es in Einzelgesprächen oder mit zwei bzw. mehreren Konfliktparteien zusammen.

Neben dem souveränen Umgang mit Konflikten, gehört auch die Fähigkeit, zielführend zu verhandeln zu den Grundkompetenzen von Führungskräften. Auch dieses Gesprächsformat findet bereits häufig online stattfinden. Viele Elemente der Mediation finden sich auch in einer professionellen Verhandlungsführung wie z. B. der Vertrauensaufbau, eine empathische Grundhaltung und die Interessensklärung, wenngleich für die virtuelle Umsetzung einer strategischen Verhandlung sicherlich noch viele weitere Aspekte zu berücksichtigen sind. Gerade im Bereich der Verhandlung ist die Schnittstelle zu technologie-unterstützten Lösungen weit fortgeschritten. *E-Negotiation* Systeme sind internet-basierte Verhandlungssoftware, die eine weitgehende IT-Unterstützung von Verhandlungsprozessen bieten. Die Entwicklungen im Bereich Künstliche Intelligenz werden dieses Feld in den kommenden Jahren spürbar beeinflussen.

5.2.2 Forschungsfragen

Wie mehrfach betont stehen wir in Sachen Online-Mediation – trotz Pandemie-Schub – noch in den Anfängen, sodass hinlänglich Stoff für die Kommunikations-, Medien- und Konfliktforschung gegeben ist. Wünschenswert für den weiteren Erkenntnisgewinn wäre es, das Thema interdisziplinär im wissenschaftlichen Bereich in Bachelor- und Masterarbeiten[1] sowie Promotionen, aber auch in Ausschreibungen von Forschungsprojekten auf Bundes- und EU-Ebene zu verankern.

Aus meiner Sicht interessante beispielhafte (nur ansatzweise angedachte) Forschungsfragen könnten sein

- Wie hat sich seit 2021 der Anteil online durchgeführter Mediationen im Vergleich zu Präsenzmediationen verändert? Wie zufrieden sind Mediator:innen und Mediand:innen mit dem Online-Format?
- Erhebung der prozentualen Verteilung von asynchroner textbasierter versus synchroner videobasierter Online-Mediation im weltweiten Vergleich – wo ist welcher Einsatz sinnvoll und bereits etabliert?
- Welche Anpassungsleistungen in Bezug auf nonverbales Kommunikationsverhalten leisten Mediand:innen im virtuellen Raum und welche Auswirkungen haben diese Anpassungsleistungen auf den Mediationsprozess?

---

[1]Als Leiterin der Fachgruppe Online-Mediation im Bundesverband MEDIATION e. V. und als Leiterin des Instituts Online Mediation (IOM) kann ich seit Mitte 2020 vermehrt Anfragen von Studierenden, die Abschlussarbeiten zum Thema Online-Mediation schreiben möchten, beobachten.

- Welche zusätzlichen Kompetenzen benötigt ein:e online agierender Mediator:in? Wie lassen sich diese Kompetenzen erlernen und prüfen?
- Wie beeinflusst die Taktung von Online-Sitzungen – die Dauer und Häufigkeit der einzelnen Termine und die Dauer der Pausen zwischen den Online-Sitzungen – den Mediationsverlauf, das Ergebnis und die Zufriedenheit der Mediand:innen?
- Welchen Einfluss hat es, ob das Erstgespräch in physischer Präsenz stattgefunden hat?
- Welche Auswirkungen auf die Gesprächs- und Konfliktdynamik hat das Online-Format? Inwiefern hat insbesondere die eingeschränkte Sichtbarkeit nonverbaler Signale Auswirkungen auf die emotionalen Reaktionen der Beteiligten?
- Inwiefern können mit Online-Mediation Zielgruppen erreicht werden, die sonst nicht offen für das Verfahren Mediation sind?
- Inwieweit könnte die proaktive Einplanung von Online-Mediation – noch eher als F2F-Mediation -als Präventivmaßnahme in Großprojekten Akzeptanz finden? Könnte sich hierfür der Begriff mediative Prozessbegleitung durchsetzen?
- Wie kann Online-Konfliktmoderation zu einer selbstverständlichen Führungskompetenz werden und nicht nur Akzeptanz finden, sondern zur Selbstverständlichkeit in virtuell agierenden Teams werden?
- Wie wirkt sich das Online-Format in interkulturellen Mediationen aus? Wirkt eine Untertitelung und Simultandolmetschen entlastend und förderlich auf den Gesprächsverlauf?
- Inwieweit beeinflussen die Nutzung visuelle und auditive medialer Elemente (Musik, Geräusche, Farben, Bilder, …) den Mediationsverlauf?
- Wie wird sich die Technologie der Telepresence[2] auf Online-Mediationsverfahren auswirken
- …und Vieles mehr

5.2.3   Überlegungen zum Erwerb von Online-Mediationskompetenz

Mit der Etablierung von Online-Mediation auf dem Mediationsmarkt seit Ausbruch der Pandemie, wird auch die Frage nach einer Qualitätssicherung bzw. Vergleichbarkeit der Online-Mediationsanbieter:innen laut. Mediation ist eine stark personengebundene Dienstleistung und die Wahl des passenden Mediators eine sehr individuelle Entscheidung der Mediand:innen. Ein Entscheidungskriterium ist jedoch sicherlich die fachliche Ausbildung, inklusive Zertifizierung (in Deutschland nach Mediationsgesetz (2012) und Ausbildungsrichtlinie (2016) bzw. Lizenzierungsverfahren der Berufsverbände[3].

---

[2] siehe beispielhaft https://stanfordvr.com/projects/2020/telepresence/ (Zugriff: 02.08.2022).

[3] z. B. Bundesverband MEDIATION (BM), Bundesverband Familienmediation (BAFM), Deutsche Gesellschaft für Mediation in der Wirtschaft (DGMW) und weitere.

Die Frage, welche Kompetenzen eine Online-Mediatorin – über die Mediations-kompetenz hinaus – benötigt und wie sich diese digitalen Kompetenzen vermitteln und prüfen lassen, ist bislang in Deutschland noch nicht klar beantwortet. In anderen Ländern gibt es bereits Richtlinien z. B. des International Mediation Institute (IMI)[4] oder der – bislang von Deutschland nicht unterzeichneten – Singapore Convention on Mediation[5].

Seit 2012 gibt es in Deutschland das Mediationsgesetz[6], das neben dem Begriff, dem Verfahren und den Pflichten auch die Aus- und Fortbildung von Mediatoren regelt. Die Verordnung über die Aus- und Fortbildung von zertifizierten Mediatoren (ZMediatAusbV[7]) vom August 2016 regelt darüber hinaus die Aus- und Fortbildung von zertifizierten Mediatoren sowie die Anforderungen an die Aus- und Fortbildungsein-richtungen[8].

In den Jahren 2020/2021 führten die Kontaktbeschränkungen im Zuge der Pandemie erstmals dazu, dass Teile laufender Mediationsausbildungen online abgehalten wurden, worauf weder die Mediationsausbilder:innen noch die Teilnehmenden vorbereitet waren. Da Rollenspiele mit fiktiven Fällen ein wichtiger Bestandteil der Ausbildung sind, wurden Teilnehmende ad hoc mit den Herausforderungen der Online-Mediation konfrontiert, obwohl ihre Mediationskompetenz noch nicht gefestigt war.

Auch die Ausbilder:innen hatten in aller Regel keine oder nur geringe Erfahrung mit Online-Mediation und meist auch keine Erfahrung als Online-Trainer:innen. Die Vorbe-halte gegenüber einer Durchführung von Mediationsausbildungen im virtuellen Raum als auch gegenüber Online- Mediation allgemein waren durchweg – auch in den Berufs-verbänden – groß.

Jedoch hat sich diese Einschätzung auf Grund der – zunächst zwangs-weisen – Erfahrungen, die bereits digital praktizierende Mediator:innen und Mediationsausbilder:innen in den letzten zwei Jahren mit Online-Mediation gemacht haben, maßgeblich gewandelt. Online-Mediation wird inzwischen als nicht mehr weg-zudenkendes Format betrachtet, das auch nach der Pandemie seinen festen Platz in der Mediationslandschaft haben wird (vgl. [15], [12],[3]). Somit stellt sich die Frage, wie Mediator:innen die erforderliche digitale Mediationskompetenz erwerben können, vgl. [11], [15]. Dass hierfür die Curricula der Aus- und Fortbildungen angepasst werden müssen, steht außer Frage. Das Bundesjustizministerium lud in 2020/2021 erfahrene Praktiker:innen zu mehreren Online-Austauschtreffen und schlug im Anschluss eine

---

[4] vgl. Competency Criteria for Online Mediators https://imimediation.org/orgs/cag-odr (Zugriff: 02.08.2022).

[5] vgl. https://singaporeconvention.org/ (Zugriff 02.08.2022).

[6] https://www.gesetze-im-internet.de/mediationsg/index.html (Zugriff 30.8.2022).

[7] Einzelheiten siehe https://www.buzer.de/s1.htm?g=ZMediatAusbV&f=1 (Zugriff: 30.8.2022).

[8] Demnach darf sich zertifzierter Mediator nennen, wer mindestens 120 Präsenzzeitstunden Aus-bildung teilgenommen hat und als Praxiserfahrung einen supervidierten Fall nachweisen kann.

Änderung der ZMediatAusbV vor: die bislang 120 Zeitstunden umfassende Mediations-ausbildung soll um den Lehrinhalt „Digitalkompetenz und Online-Mediation" erweitert und auf 130 h aufgestockt werden[9]. Für detaillierte Überlegung zur Umsetzung einer Mediationsausbildung online siehe Schubert-Panecka et al. [13] und Gläßer et al. [6].

Die Berufspädagogik und Erwachsenenbildung orientiert sich heute am Begriff der Handlungskompetenz, mit der die Fähigkeit und Bereitschaft beschrieben wird, in beruf-lichen Situationen fachkompetent, zielorientiert und verantwortlich zu handeln und Probleme selbständig zu lösen. Die Mediationskompetenz an sich wird in den folgenden Überlegungen vorausgesetzt, d. h. eine Mediationsausbildung sollte abgeschlossen sein und idealerweise auch schon Praxiserfahrung vorliegen, bevor eine digitale Zusatz-kompetenz in Online-Mediation erworben wird.

Arnold/Schön [1] stellen Überlegungen für eine virtuelle Ausbildung von Mediator:innen im Sinne einer Ermöglichungsdidaktik an, die basierend auf der konstruktivistischen Lerntheorie in hohem Maße selbstorganisiertes Lernen impliziert. Dies würde ein umfangreiches digitales Lernangebot voraussetzen und die Ausbilder:innen in die neue Rolle eines Lernbegleiters versetzen. Zweifelsohne lassen sich analoge Lehr-konzepte nicht 1:1 in die virtuelle Welt übertragen.

Das Anforderungsprofil eines Online-Mediators umfasst die Kompetenz[10], eine Online-Mediation technisch vorzubereiten und das komplette Mediationsverfahren in einem Videokonferenzsystem sicher zu gestalten. Dabei muss der Online-Mediator neben dem Klärungsprozess der Mediand:innen die formal-methodischen, sozial-interaktiven und nun zusätzlich die technischen Prozesse im Blick haben, die sich alle wechselseitig beeinflussen[11].

Um mit dieser Komplexität umgehen zu können, benötigt der Online-Mediator bestimmte Kompetenzen, die im Gesamten seine Handlungskompetenz ausmachen:

Abb. 5.1 zeigt lediglich einen groben Überblick möglicher Lernziele ohne Anspruch auf Vollständigkeit. Diese müssten zur Erstellung des Curriculums einer Fortbildung zur Online-Mediator:in noch gemäß der Bloom`schen Lernzieltaxonomie nach den sechs kognitiven Lernprozessen (Wissen, Verstehen, Anwenden, Analysieren, Synthetisieren, Evaluieren) und den fünf affektiven Lernprozessen (Empfangen, Reagieren, Werten, Organisieren, Charakterisieren) konkretisiert werden. Von den psychomotorischen Lernzielen könnten die Kategorien (nach Simpson) „Wahrnehmen", „differenziertes freies Reagieren", „Adaptieren" und „Kreieren" im Rahmen der Software-Bedienung, Visualisierung und Dokumentation zum Einsatz kommen.

---

[9] vgl. Eckpunktepapier BMJ vom November 2021, https://www.bmev.de/fileadmin/downloads/mediationsgesetz/2021-11-15_Diskussionsentwurf_BMJV_Mediation_2021.pdf   (Zugriff: 30.08.2022).

[10] In Anlehnung an die Definition von John Erpenbeck und Volker Heyse.

[11] Mit Dank an die Fachgruppe Online-Mediation im BM für den Austausch und Thomas Robrecht für seinen Input, der hier eingeflossen ist.

FACHKOMPETENZ

- Eignungskriterien für Online-Mediation kennen
- Wahl der passenden Videokonferenz-Software & Bedienung
- benötigte Hardware kennen
- Online-Sitzungen technisch-organisatorisch vorbereiten können
- Technisches Trouble-Shooting beherrschen
- Kenntnisse Datenschutz & DSGVO
- Kenntnisse zu Kamera-Wirkung & Licht
- Passende Präsentationsfolien erstellen
- ....

SOZIALKOMPETENZ

- Vertrauen im virtuellen Raum aufbauen
- Empathische Gesprächsführung online
- Professionellen Einsatz der Stimme
- Online Kontakt herstellen und halten
- Online mit Emotionen umgehen
- Auf unterschiedlichen Kommunikationskanälen agieren können
- Atmosphäre im virtuellen Raum schaffen
- ...

HANDLUNGS-KOMPETENZ ONLINE-MEDIATION

METHODENKOMPETENZ

- Virtuellen Raum bedienen
- Online-Moderation beherrschen
- Mediationsmethoden online umsetzen
- Online-Visualisierung & Dokumentation
- Kollaborationstools einsetzen
- Stimme aufwärmen & gezielt einsetzen
- Musik einspielen
- ...

PERSÖNLICHKEITSKOMPETENZ

- Flexibilität & Unerschrockenheit
- Improvisationstalent & Spontaneität
- Gelassenheit & Souveränität
- Belastbarkeit & hohes Energielevel
- Ausstrahlung, Charme & Humor
- Konzentrationsfähigkeit
- Offenheit & Innovationsfreude
- Strukturiertheit & Organisationstalent
- Sprachgewandtheit & Schlagfertigkeit
- Neugier & Experimentierfreude
- ...

Abb. 5.1 Handlungsorientierte Kompetenzprofil Online-Mediator:in (ohne Anspruch auf Vollständigkeit)

Das International Mediation Institute (IMI) benennt für sein „Certification E-Mediation" Kernkompetenzen in den Bereichen „Situational Awareness", „Basic Knowledge", „Platform/Technology", „Process/Impact" und „Communication with Parties".[12]

Die dynamische Entwicklung und steigende Nachfrage im Bereich Online-Mediation macht eine zeitnahe Anpassung und Ergänzung der deutschen Ausbildungscurricula wünschenswert, damit Mediator:innen, die sich als Online-Mediator:in qualifizieren möchten, Klarheit in Bezug auf die Anforderungen erhalten und anerkannte Zertifikate erwerben können. Damit einher geht selbstverständlich auch die Weiterqualifizierung der Ausbilder:innen im Hinblick auf Online-Lehrkompetenzen.

5.3 Fazit

Zum Abschluss dieser Publikation möchte ich das Thema Online-Mediation in einen größeren gesamtgesellschaftlichen Zusammenhang betten. Das Zukunftsinstitut[13] hat als große Treiber des Wandels 12 Megatrends identifiziert. Davon sind m. E. in diesem Kontext wichtig der...

---

[12] https://imimediation.org/de/orgs/cag-odr/und https://www.youtube.com/watch?v=9yufRXolQxI (Zugriff 30.8.2022).

[13] https://zukunftsinstitut.de (Zugriff: 20.08.2022).

- Megatrend **Konnektivität:** das Prinzip der Vernetzung auf Basis digitaler Infrastrukturen verändert unser Leben, Arbeiten und Wirtschaften von Grund auf.
- Megatrend **New Work:** unter dem Einfluss von Digitalisierung und Postwachstumsbewegungen wandelt sich das Verständnis von Arbeit; die Grenzen zwischen Leben und Arbeiten verschwimmen; abseits von Karrierepfaden wird Arbeit als Summe aller Beschäftigungen gesehen, die sich über die Lebensspanne immer wieder wandeln.
- Megatrend **Neo-Ökologie:** ein neuer Werte-Kodex wirkt in jedem Bereich unseres Alltags; der Nachhaltigkeitsgedanke richtet unser gesamtes Wirtschaftssystem neu aus und bestimmt Kaufentscheidungen, gesellschaftliche Handlungsmoral und Unternehmensstrategien.
- Megatrend **Individualisierung:** durch die Zunahme persönlicher Wahlfreiheiten und Selbstbestimmung wird die individuelle Selbstverwirklichung zum zentralen Kulturprinzip der heutigen Zeit.

Gerade der letztgenannte Trend hat sich im Kontext der pandemischen Krise beschleunigt und vom Fokus her gewandelt. In Zukunft geht es weniger um „das einzigartige, autonome Ich …, sondern [um] die Verortung des Individuums in der Gemeinschaft. Das Individuum entdeckt sich als Teil einer kollaborativen Wir-Kultur neu".[14] Dieses Verhältnis von Ich und Wir sowie neue Formen von Gemeinschaft zu gestalten, wird nicht ohne Verhandlungsprozesse und Auseinandersetzungen ablaufen. Konflikte (proaktiv) wahrzunehmen und zeitnah Lösungsschritte in die Wege zu leiten, stellt zukünftig – noch mehr als heute – eine Kernkompetenz jedes Einzelnen und jeder (lernenden) Organisation dar. Sich dabei von bewährten Verfahren wie der Mediation und digitalen Technologien in passendem Maße unterstützen zu lassen, wird die (neue) Normalität sein. Denn vielen von uns ist schon heute bewusst, dass in einer immer komplexeren Welt die Bereiche, die wir wirklich und in erster Linie beeinflussen können, unser eigenes (Körper-Geist-Seele) System und unsere unmittelbare Umgebung sind. In diesem Zusammenhang kann Online-Mediation einen unschätzbaren Beitrag zur Verbreitung des mediativen Gedankens und mehr Leichtigkeit im Umgang mit Konflikten leisten. Nun geht es nicht mehr darum, Mediation im virtuellen oder im physischen Raum im Sinne eines „besser-schlechter" bzw. „entweder-oder" gegenüberzustellen, sondern Wege zum „sowohl-als auch" aufzuzeigen und so die Handlungsoptionen von Mediator:innen weltweit zu erweitern. Meine Motivation für diese Publikation ist es, Mediator:innen, aber auch anderen Personen, die in einer verhandelnden, moderierenden, klärenden, beratenden Rolle in virtuellen *Settings* tätig sind, praktisches Wissen an die Hand zu geben, damit Ihre Arbeit online nicht nur „funktioniert", sondern echte Mehrwerte und tiefe Zufriedenheit aller Akteure schafft.

---

[14] Zitat https://www.zukunftsinstitut.de/dossier/megatrend-individualisierung/ (Zugriff: 20.08.2022).

Literatur

1. Arnold, R., & Schön, M. (2021). Ausbildungsprozesse digital gestalten und begleiten. *Grundbedingungen für virtuelle Mediationsausbildung im Sinne einer Ermöglichungsdidaktik, Zeitschrift für Konfliktmanagement, 2*(2021), 48–52.
2. Dendorfer-Ditges, R. (2020). Auf Distanz. Online-Mediation in Zeiten von Lock-Down und "New Normal". *Konfliktdynamik*, 2(2020), S. 139–145.
3. Ebner, N. (2021). The Human Touch in ODR: Trust, Empathy and Social Intuition in Online Negotiation and Mediation. In D, Rainey, E. Katsh, & M. Abdel Wahab (Hrsg.), *Online Dispute Resolution: Theory and Practice* (2. Aufl., S. 73–136).
5. Gläßer, U., Sinemillioglu, N. S., & Wendenburg, F. (2020). Online-Mediation Teil 1, Technische Möglichkeiten und praktische Verfahrensgestaltung der Mediation im virtuellen Raum. *Zeitschrift für Konfliktmanagement, 23*, Heft 3(2020), 80–85.
6. Gläßer, U., Sinemillioglu, N., & Wendenburg, F. (2020). Online-Mediation Teil 2. Chancen, Herausforderungen, Perspektiven. *Zeitschrift für Konfliktmanagement*, 23, Heft 4(2020), S. 133–138.
8. Kenny, T. (2021). Adopting to mediation online: The Irish experience. *Journal of Mediation & Applied Conflict Analysis, 7*(1). https://mural.maynoothuniversity.ie/15193/. Zugegriffen: 1. Mai 2022.
9. KPMG Konfliktkostenstudie I: Die Kosten von Reibungsverlusten in Industrieunternehmen. (2009). https://kpmg-law.de/content/uploads/2018/07/2009_Konfliktkosten_Reibungsverluste_in_Unternehmen.pdf. Zugegriffen: 30. Okt. 2022.
10. KPMG Konfliktkostenstudie II: Best Practice – Konflikt(kosten)-Management – Der wahre Wert der Mediation. (2012). https://kpmg-law.de/content/uploads/2018/07/2012_Best_Practice_Konfliktkosten-Management.pdf. Zugegriffen: 30. Mai 2022.
11. Klappenbach, D. (2012). Perspektiven mediativer Kompetenzentwicklung. Eine explorative Studie zur retrospektiven Evaluation einer Mediationsausbildung durch interkulturell arbeitende Kräfte aus sozialen und pädagogischen Handlungsfeldern.
14. Rickert, A. (2019). Online-Mediation – ein Zukunftstrend? *Konfliktdynamik,* Jg. 8, Heft 1/2019, 64–71.
15. Schubert-Panecka, K., Weigel S., & Winhart, F. (2021). Mediation Training Online. *Perspektive,* *4*(2021), 256 ff. https://www.verlagoesterreich.at/mediation-training-online/99.105005-pm202104025601. Zugegriffen: 1. Okt. 2022.

Checklisten

6.1   Checkliste: Ist der Fall für Online-Mediation geeignet?

Ob ein Fall für die Durchführung im virtuellen Raum geeignet ist, lässt sich nicht pauschal beantworten. Die häufiger Sie in den folgenden Listen ein Kriterium mit „Ja" angekreuzt haben, desto eher ist der Fall für eine Online-Bearbeitung „nicht geeignet" bzw. „geeignet", sodass Sie im Nachgang eine fundierte Entscheidung abwägen können.

NICHT-EIGNUNGSKRITERIUM *Je häufiger Sie JA ankreuzen, desto weniger ist der Fall für Online-Mediation geeignet*	JA
Besteht in Hinblick auf die technische Ausstattung ein massives Ungleichgewicht zwischen den Parteien, das sich auch durch Organisation von Leihgeräten etc. nicht beheben lässt?	
Besteht in Hinblick auf IT-Kenntnisse und Erfahrungen mit Online-Kommunikation allgemein ein massives Ungleichgewicht zwischen den Parteien, das sich auch durch einen Technik-Check, eine Einführung in die Software und die unterstützende Gesprächsführung des Mediators nicht beheben lässt?	
Haben die Mediand:innen Bedenken im Hinblick auf den Datenschutz, da hochsensible oder hochvertrauliche Themen besprochen werden sollen?	
Ist an einem der Standorte der Parteien die Bandbreite so schlecht, dass keine stabile Audioverbindung zustande kommt? Bleibt das Audio trotz aller Maßnahmen abgehackt oder wird nur mit Verzögerung übertragen?	
Hat eine der Parteien Kamera-Angst, fühlt sich sichtlich unwohl in der Spiegelung durch die Webcam und kann sich aus diesem Grund nicht in gut ins Gespräch einbringen und behaupten?	
Hat eine der Parteien ein besonders hohes Bedürfnis nach Nähe und Austausch?	
Handelt es sich um eine Mehrparteien-Mediation mit über 6–8 Personen, und Sie fühlen sich in Hinblick auf die Moderation von größeren Gruppen online (noch unsicher)?	

A. Rickert, *Online-Mediation,* https://doi.org/10.1007/978-3-658-39414-1_6

NICHT-EIGNUNGSKRITERIUM *Je häufiger Sie JA ankreuzen, desto weniger ist der Fall für Online-Mediation geeignet*	JA
Handelt es sich um eine Großgruppenmediation und Sie finden keine:n passende:n Co-Mediator:in, die Sie online unterstützt?	

EIGNUNGSKRITERIUM *Je häufiger Sie JA ankreuzen, desto besser ist der Fall für Online-Mediation geeignet*	JA
Halten die Parteien sich an weit entfernten Orten auf, sodass für ein physisches Treffen lange Fahrtzeiten und hohe Kosten aus sich genommen werden müssten?	
Ist eine der Parteien körperlich eingeschränkt oder nicht reisefähig, sodass eine Anreise zu einem physischen Treffen nicht möglich/nicht zumutbar wäre?	
Besteht hoher Leidensdruck oder gilt es Fristen zu wahren, sodass die Mediation so schnell wie möglich, am besten sofort, starten sollte?	
Ist eine der Parteien psychisch belastet, z. B. aufgrund von Burn-Out, Mobbing, Schicksalsschlag, allgemeiner psychischer Labilität, sodass ein Gespräch online eher leistbar erscheint als eine Anreise und Konfrontation im physischen Raum?	
Ist der Konflikt online entstanden und hat seine Ursache gerade in den Gegebenheiten im virtuellen Raum, sodass die Problematik nur online auftritt?	
Sind sich die Parteien noch nie begegnet und werden auch zukünftig keine persönliche Beziehung miteinander pflegen?	
Hat der Konflikt einen niedrigen Streitwert oder handelt es sich um einen reinen Sachkonflikt?	
Sind die Parteien technik-afin und gewöhnt (miteinander) online zu kommunizieren?Sind Videokonferenzen für die Parteien eine Selbstverständlichkeit, die sie bereits regelmäßig (z. B. beruflich) praktizieren?	
Ist der Konflikt so hoch eskaliert, dass die Parteien aktuell keine Bereitschaft für ein physisches Treffen haben bzw. dieses nicht förderlich/zumutbar wäre?	

6.2   Checkliste: Technisch-organisatorische Vorbereitung

TECHNISCH-ORGANISATORISCHE ASPEKTE	ERLEDIGT
Gesamtablauf der Mediation konzipieren (grober Zeitplan); bei Blended Mediation: Entscheidung, welche Sitzungen (voraussichtlich) online, welche offline stattfinden (mehrere Tage vor der 1. Sitzung)	
Videokonferenz-Tool wählen & inkl. Datenschutzhinweise an Mediand:innen kommunizieren, i. d. R. zusammen mit dem Arbeitsbündnis (mehrere Tage vor der 1. Sitzung)	
Klären, ob Technik-Check notwendig/gewünscht (wenn JA, Termin vereinbaren, 2–3 Tage vor 1. Sitzung)	
Virtuellen Raum buchen (pro Sitzung) & Link an Medianden verschicken (ca. 3–4 Werktage vor Termin)	

TECHNISCH-ORGANISATORISCHE ASPEKTE	ERLEDIGT
Eigene optimale technische Ausstattung (Bandbreite, Audio, Video) anschaffen (bis 1 Woche vor Termin) und aktuelle Verfügbarkeit prüfen (spätestens 1 Std. vor der Sitzung)	
Hintergrund, der über Webcam sichtbar ist, vorbereiten, z. B. Tisch umstellen, Blumen aufstellen, Bilder umhängen (spätestens 1 Std. vor der Sitzung)	
Lichtquellen (von vorne) aufstellen; Einstellungen (je nach Tageszeit) & Funktion prüfen (spätestens 1 Std. vor der Sitzung)	
Passende Kleidung & Schmuck auswählen(spätestens 1 Std. vor der Sitzung)	
Für das eigene Wohlbefinden vor und während der Sitzung sorgen (Essen, Getränk, Taschentücher, Halsspray, Duftlampe, Musik, …) (ca. 30 Min vor der Sitzung)	
Körper & Stimme aufwärmen, eigenes Energielevel durch entsprechende Übungen anheben (ca. 30 Min vor der Sitzung)	
Falls Kooperation mit Co-Mediator, kurzer gegenseitiger Technik-Check (15–30 Min. vor Sitzungsbeginn)	
Dokumente & Vorlagen auf Rechner öffnen & auf 2. Monitor bereitlegen (15 Min vor der Sitzung)	
Als Erste:r einloggen (15 Min vor der Sitzung), Warteraum im Blick haben und lächeln	

6.3   Checkliste: Selbstmanagement & persönliche Vorbereitung

ASPEKTE SELBSTMANAGEMENT & SELF-CARE für Mediand:innen und Mediator:innen	ERLEDIGT
Sorgen Sie für Ungestörtheit in Bezug auf Lärm: Fenster/Türen zu; Telefon aus/umleiten; Handy aus; Haustiere aus dem Zimmer	
Sorgen Sie für Ungestörtheit durch andere Personen: Informieren Sie Ihre Mitbewohner:innen (insbesondere Kinder) und Kolleg:innnen; Hängen Sie ein „Nicht-Stören"-Schild an die Tür	
Schalten Sie Ablenkungen aus: E-Mail-Programm, andere Programme und alle nicht benötigten Browserfenster schließen	
Stellen Sie sich ausreichend Wasser oder Tee bereit (ca. 1 L für 90 Min)	
Legen Sie Taschentücher bereit: für Mediand:innen, falls Tränen fließen; für Mediator:innen, falls die Nase plötzlich läuft	
Kommen Sie entspannt und ausgeruht in die Sitzung. Bewegen Sie sich vorher etwas (Spaziergang, Yoga), halten Sie sich an der frischen Luft auf, führen Sie keine anstrengenden Meetings/Telefonate bis kurz vor der Sitzung	
Sorgen Sie für Pufferzeiten: wenn irgend möglich vor der Sitzung 30 Min Pause; vermeiden Sie auch danach keine harten oder wichtigen Anschlusstermine	

ASPEKTE SELBSTMANAGEMENT & SELF-CARE für Mediand:innen und Mediator:innen	ERLEDIGT
Sorgen Sie für Sauerstoff & Frische im Zimmer: lüften Sie vor der Sitzung und auch in jeder Pause; zünden Sie ggf. eine Duftlampe mit belebenden Aromaölen an	
Falls Sie an der Online-Mediation von zu Hause aus teilgenommen haben, sorgen Sie nach der Sitzung dafür, dass der Konflikt nicht in ihrem Wohn- oder Schlafzimmer „hängen bleibt" und das Klima vergiftet. Lüften Sie, räumen Sie die Technik weg und stecken Sie den Konflikt mental in eine Schachtel, wo er ruhen darf, bis Sie sich wieder mit ihm befassen möchten	

6.4   Checkliste Datenschutz & DSGVO-Konformität

HINWEISE & PFLICHTEN DATENSCHUTZ VERANTWORTLICHER	ERLEDIGT
• Informiere Sie Ihre Mediand:innen rechtzeitig (bei der Auftragsanbahnung) darüber, welche Software Sie in der Online-Mediation verwenden möchten. Bieten Sie ggf. verschiedene Tools zur Auswahl an	
• Benennen Sie die von Ihnen gewählte Videokonferenz-Software in Ihrem Mediationsvertrags (Arbeitsbündnis) und verlinken Sie darin auf die Datenschutzhinweise des Software-Anbieters. Mit der Unterzeichnung des Arbeitsbündnisses stimmen die Mediand:innen der Nutzung dieser Software zu	
• Erstellen Sie Hinweise zur Datenverarbeitung zum Download auf Ihrer Website und als Anhang zu Ihrem Arbeitsbündnis.	
• Aktivieren und deaktivieren Sie bei Buchung des virtuellen Raums die Einstellungen entsprechend Ihrer Bedürfnisse (vgl. Abschn. 4.4.3)	
• Treffen Sie geeignete technische und organisatorische Maßnahmen (TOM, vgl. Abschn. 4.4.1). Diese müssen in Anbetracht der tatsächlichen Risiken ein angemessenes Schutzniveau gewährleisten und sich in einem vernünftigen Kostenrahmen bewegen.	
• Legen Sie ein sog. Verarbeitungsverzeichnis an, in dem Sie alle Kommunikationsdienste listen, die Sie verwenden (vgl. Abschn. 4.4.1)	
• Dokumentieren Sie Ihr Vorgehen und Ihre Maßnahmen (Rechenschaftspflicht)	

Glossar

ADR (engl.) Abkürzung für Alternative Dispute Resolution; (dt.) Alternative Streitbeilegungsverfahren; Oberbegriff für sämtliche außergerichtlichen Streitbeilegungsverfahren wie z. B. Schiedsgericht, Schlichtung, Mediation, Konfliktmoderation,…

Avatar Repräsentanz einer Person im virtuellen Raum, z. B. in Form eines Porträtfotos

Big-Five Persönlichkeitsmodell durch eine Vielzahl an Studien belegtes, universelles Standardmodell der Persönlichkeitspsychologie (auch „Fünf-Faktoren-Modell", engl. OCEAN-Model), dem zufolge sich jeder Mensch auf einer Skala in Bezug auf die fünf Hauptdimensionen „Offenheit für Erfahrungen", „Gewissenhaftigkeit", „Extraversion", „Verträglichkeit/Kooperationsbereitschaft" und „Neurotizismus/emotionale Labilität" einordnen lässt

CLOUD Act seit 2018 bestehendes US-amerikanisches Bundesgesetz, das amerikanische Internet-Firmen und IT-Dienstleister dazu verpflichtet, US-Behörden auch dann Zugriff auf gespeicherte Daten zu gewährleisten, wenn die Speicherung nicht in den USA erfolgt. Von Datenschutzorganisationen und auch vom Microsoft-Konzern scharf kritisiert, da der CLOUD Act einen Eingriff in die Privatsphäre und eine Beschneidung der Grundrechte darstellt

DSGVO Abkürzung für Datenschutz-Grundverordnung der EU; in Deutschland gültig seit Mai 2018

E-Commerce-Konflikt Konflikt, der durch eine ökonomische Transaktion im Internet entstanden ist (z. B. ebay-Kauf); typsicherweise wohnen die Konfliktparteien weit voneinander entfernt und kennen sich nicht persönlich, häufig sind auch die Streitwerte sehr niedrig

E-Mediation Synonym für Online-Mediation

Face-to-Face (F2F) (engl.) Gespräch von Angesicht zu Angesicht; abgekürzt: F2F

Freedom Act US-amerikanisches Bundesgesetz, das seit 2015 den damals abgelaufenen PATRIOT Act ersetzt und die Speicherung von Telekommunikationsdaten bei Telekommunikationsanbietern regelt. Amerikanische Behörden können jederzeit die Herausgabe gespeicherter personenbezogener Daten verlangen, sodass einer massenhaften Überwachung und Auswertung von Telekommunikationsdaten auch ohne Begründung möglich ist

Interaktivität Ausmaß, in dem Benutzer eines Mediums die Form oder den Inhalt der computer-übermittelten/virtuellen Umgebung mit beeinflussen können, z. B. durch mündliche oder schriftliche Beiträge, Gesten, Symbole, Beteiligung an Übungen, …

IuK-Technologie Abkürzung für Informations- und Kommunikationstechnologie

IT Abkürzung für Informationstechnologie

Latenz (Ping) Zeitraum, den ein kleines Datenpaket vom eigenen Gerät zu einem Server im Internet und zum eigenen Gerät zurück benötigt; wird in Millisekunden (ms) gemessen; abhängig von der Qualität der Datenleitung (z. B. DSL-Verbindung 40–50 ms, Glasfaser 5–10 ms)

LAN Abkürzung für Local Area Network; ein räumlich begrenztes Computer-Netzwerk, in dem verschiedene Computer und weitere Geräte– entweder kabelbasiert (LAN) oder kabellos (WLAN = wireless LAN) – verbunden sind

Legal Tech(nology) Bereich der Informationstechnik, der sich mit der Automatisierung von juristischen Tätigkeiten und Rechtsdienstleistungen befasst, mit dem Ziel, die Effizienz des rechtlichen Arbeitens zu erhöhen. Der Begriff beschreibt ein weites Spektrum verschiedener IT-Produkte: von der digitalen Dokumentenverwaltung und Rechtsrecherche (Legal Tech 1.0), über automatisierte Erstellung juristischer Klage-schriften und ODR (Legal Tech 2.0) bis hin zu mit Künstlicher Intelligenz aus-gestatteten Substituten für menschliche Anwälte (Legal Tech 3.0)

Lurking-Effekt gedankliches Abschalten, mentales „Wegdriften" in Online-Sitzungen

Megatrend Modell für den langfristigen (Halbwertszeit mind. 50 Jahre) Wandel in der Welt; beschreibt eine komplexe globale Veränderungsdynamik, die auf allen Ebenen der Gesellschaft (Unternehmen, Institutionen, Individuen) und Lebensbereiche wirkt; Grundlage für Entscheidungen in Wirtschaft, Politik und auf persönlicher Ebene

ODR (engl.) Abkürzung für Online Dispute Resolution; (dt.) Online- Streitbeilegungs-verfahren; Oberbegriff für sämtliche Streitbeilegungsverfahren, in denen Online-Dienste wie Videokonferenzsysteme, Online-Telefonie, Online-Selbsthilfetools, Online-Formulare, etc. zum Einsatz kommen

Online-Präsenz hier: Sichtbarkeit, Wahrnehmbarkeit und Wirkung einer Person im virtuellen Raum; im Unterschied zum allgemeinen Sprachgebrauch, in dem damit die Sichtbarkeit einer Organisation im Internet und in den Sozialen Medien gemeint ist

Physische Präsenz hier: Synonym für Face-to-Face (F2F), Zusammentreffen im physischen Raum

Rezenzeffekt menschliche Eigenart, dass der letzte Eindruck psychologisch besonders wichtig und bleibend ist; das Kurzzeitgedächtnis sorgt dafür, dass wir den zuletzt erfassten Informationen ein stärkeres Gewicht beimessen und sie länger erinnern

Shuttle-Mediation Mediation, in der der Mediator abwechselnd einzeln mit den Parteien spricht

Systemisches Konsensieren Entscheidungsverfahren, in dem eine Gruppe aus einer Reihe selbst entwickelter Lösungsvorschläge denjenigen ermittelt, der in der Gruppe die geringste Ablehnung erfährt

Telefon-Mediation Abwicklung des Mediationsverfahren rein mündlich über das Telefon; i. d. R. handelt es sich um eine Shuttle-Mediation; weit verbreitet bei Rechtsschutz-Versicherungen

Telepräsenz Ausmaß des durch ein Kommunikationsmedium vermittelten Gefühl der Präsenz (im Gegensatz zur nicht-übermittelten physischen Präsenz) (engl. *telepresence*)

Telepräsenz-Plattform Software mit hochempfindlichen Mikrofonen und Spezialkameras, die automatisch zum Sprecher *zoomen* bzw. im Raum schwenken, sodass sowohl der Sprecher optisch hervorgehoben als auch die gesamte Gruppe dargestellt werden kann; spezielles Licht sorgt für besseren Raumeindruck und erleichtert Augenkontakt

Together-Mode Feature in der Videokonferenz-Software MS Teams, der alle Teilnehmenden vor einem gemeinsamen Hintergrund platziert; zur Stärkung des Wir-Gefühls und der Wahrnehmung als Gruppe

Tool [engl. Werkzeug] hier: Software, Programm

Videokonferenz-Software Überbegriff für alle Software-Systeme, in denen synchrone videobasierte Online-Kommunikation stattfinden kann. Dies kann ein Virtual Classroom (für E-Learning) oder eine Webkonferenz-Software (für E-Meetings) sein. Generell gleichen sich die Software-Systeme in ihrem Funktionsumfang in den letzten Jahren immer mehr an, sodass die o. g. Zuordnung nicht mehr eindeutig möglich ist

Virtual Classroom Software (VC) Im Online-Trainingsbereich übliche Bezeichnung für ein Videokonferenz-System, das speziell für Online-Trainings, Online-Schulungen und Online-Lehre gestaltet ist; die pädagogischen und didaktischen Nutzungsmöglichkeiten stehen im Fokus; Ziel ist es, hohe Interaktivität und Kollaboration zwischen den Teilnehmenden zu gestalten; Beispiele: BBB, GoToWebinar, vitero, …

VPN-Verbindung Abkürzung für Virtual Private Network; von Unbeteiligten nicht einsehbare Netzwerkverbindung; Mitarbeiter:innen im *Homeoffice* loggen sich üblicherweise über eine solche geschützte Verbindung ins Unternehmensnetzwerk ein

Webconferencing Software Videokonferenz-Software, die überwiegend für Online-Meetings und einfache Online-Kommunikation gestaltet wurde; der mündliche Austausch und die reine Informationsübermittlung steht im Vordergrund; umfangreiche Interaktions- und Kollaborationsmöglichkeiten fehlen meist, gleichzeitig ist die Software einfacher in der Bedienung, da nicht viele Optionen zur Auswahl stehen. Beispiele: GotoMeeting, MS Teams, Adobe Connect, …

Virtuelle Präsenz hier: synchrones Zusammentreffen im virtuellen Raum; zeitgleiches Eingeloggt-Sein in ein Videokonferenzsystem

The manufacturer's authorised representative in the EU is Springer
Nature Customer Service Centre GmbH, Europaplatz 3, 69115 Heidelberg,
Germany. If you have any concerns regarding our products, please
contact ProductSafety@springernature.com

Printed and bound by CPI Group (UK) Ltd, Croydon, CR0 4YY
28/04/2026
02098505-0003